管理原理与实践

主　编　陈　琳　龚秀敏
副主编　刘　成　温　强　李英爽

国防工业出版社

·北京·

内容简介

本书在综合介绍管理的产生、发展及其本质特征的基础上,先阐述了决策原理与实践,而后论述了管理的四大职能原理与应用,最后介绍了管理思想的发展历程。

本书的读者定位是需要培养管理能力和掌握管理技能的大学本科学生(尤其是应用性大学本科生)、需要接受管理培训的工商界人士和行政管理者,以及一些对管理有浓厚兴趣的自学者。相信本教材使用者会在轻松的阅读中领悟管理的真谛,掌握管理的原理,培养管理的能力和技能,拓展作为管理者的视野。

图书在版编目(CIP)数据

管理原理与实践/陈琳,龚秀敏主编. —北京:国防工业
出版社,2017.1重印
ISBN 978-7-118-08987-5

Ⅰ.①管… Ⅱ.①陈… ②龚… Ⅲ.①管理学
Ⅳ.①C93

中国版本图书馆 CIP 数据核字(2013)第 179745 号

※

国防工业出版社出版发行

(北京市海淀区紫竹院南路 23 号 邮政编码 100048)
涿中印刷厂印刷
新华书店经售
*
开本 787×1092 1/16 印张 16 字数 380 千字
2017 年 1 月第 1 版第 5 次印刷 印数 10001—12000 册 定价 30.00 元

(本书如有印装错误,我社负责调换)

国防书店:(010)88540777   发行邮购:(010)88540776
发行传真:(010)88540755   发行业务:(010)88540717

前　言

　　管理是效率和效果的统一。在资源稀缺和竞争日益加剧的今天,组织能否有效地配置其所拥有的有限资源是其成功与否的关键。管理是科学性与艺术性的统一,是理论与实践的结合。这就要求一个管理者不仅要掌握一定的管理知识,而且要懂得如何应用这些知识为管理工作服务。管理是一门实践性很强的学科,离开实践和应用的管理知识是僵硬的教条,而离开管理科学知识去谈管理必将是粗浅的、零散的经验,难以发挥对管理实践的指导作用。

　　本书为在校的大学生学习管理知识的同时,提供了丰富的管理实践素材、间接经验,以帮助他们积累实践经验;也为实际的企业或行政管理者提供言简意赅、通俗易懂的系统的管理理论知识,成为他们业余充电的有益助手。同时,本书作为一本管理学的入门读物,还力争做到由浅入深、循序渐进,并通过大量事实材料加深读者对管理原理的理解和应用。相信通过阅读本教材,能使读者受益匪浅。

　　在本书的编写过程中,我们参阅了大量的相关著作、教材和案例资料,在此谨向这些作者、译者表示由衷的感谢。本书编写工作的分工为:第一章"组织中的管理"、第二章"管理环境"由陈琳完成,第三章"国际环境中的企业管理"由龚秀敏完成,第四章"决策"由李英爽完成,第五章"计划"由龚秀敏完成,第六章"组织"由温强完成,第七章"领导的有效性"、第八章"激励"、第九章"信息沟通"由陈琳完成,第十章"控制与控制过程"、第十一章"管理控制方法"、第十二章"控制工作的基本原则与策略"由刘成完成,第十三章"管理思想的演进"由陈琳完成。

　　本书具有以下两大特色。

　　(1) 在内容安排上突出应用性特色。在理论知识的处理上采取凝练、精简的方法,重点是训练对管理原理的应用能力。

　　(2) 本教材为教学工作提供了大量的实际素材、案例、思考题,为教师组织课上和课下的学习活动提供了便利条件。

　　由于是对应用性本科层次管理学教材的一种探索,加上作者的水平有限,书中难免有疏漏之处,敬请读者批评指正。

编者

2013 年 5 月于北京

目　录

第一章　组织中的管理

本章知识地图

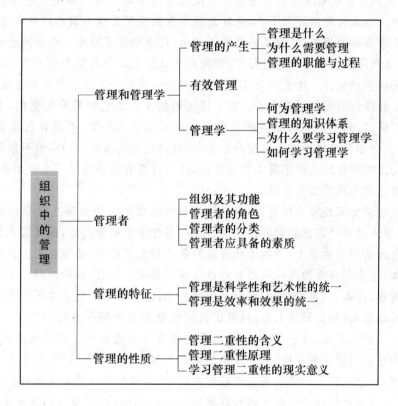

组织中的管理
- 管理和管理学
  - 管理的产生
    - 管理是什么
    - 为什么需要管理
    - 管理的职能与过程
  - 有效管理
  - 管理学
    - 何为管理学
    - 管理的知识体系
    - 为什么要学习管理学
    - 如何学习管理学
- 管理者
  - 组织及其功能
  - 管理者的角色
  - 管理者的分类
  - 管理者应具备的素质
- 管理的特征
  - 管理是科学性和艺术性的统一
  - 管理是效率和效果的统一
- 管理的性质
  - 管理二重性的含义
  - 管理二重性原理
  - 学习管理二重性的现实意义

学 习 目 标

（1）理解管理的必要性、管理的职能、管理的过程、管理者的角色和职责、管理的特征和性质、管理学的学科性质及学习方法。

（2）掌握管理、管理学、管理者等概念和理论。

案例:升任公司总裁后的思考

郭宁最近被一家生产机电产品的公司聘为总裁。在他准备去接任的前一天晚上,他浮想联翩,回忆起他在该公司工作的 20 多年的情况。

他在大学时学的是工业管理,大学毕业获得学位后就到该公司工作,最初担任液压装配单位的助理监督。当时他感到真不知道如何工作,因为他对液压装配所知甚少,在管理

1

工作上也没有实际经验。他几乎感到手忙脚乱,可是他非常认真好学,一方面,他仔细阅读该单位所订的工作手册,并努力学习有关的技术书刊;另一方面,监督长也主动对他进行指点,使他渐渐摆脱了困境,胜任了工作。经过半年多时间的努力,他已有能力独担液压装配的监督长工作。可是,当时公司没有提升他为监督长,而是直接提升他为装配部经理,负责包括液压装配在内的4个装配单位的领导工作。

在他当助理监督时,他主要关心的是每日的作业管理,技术性很强。而当他担任装配部经理时,他发现自己不能只关心当天的装配工作情况,他还得做出此后数周乃至数月的规划,还要完成许多报告和参加许多会议。他没有多少时间去从事他过去喜欢的技术性很强的工作。当上装配部经理不久,他就发现原有的装配工作手册已经基本过时,因为公司已安装了许多新的设备,吸收了一些新的技术,这令他花了整整一年时间去修订工作手册,使之切合实际。在修订手册过程中,他发现要让装配工作与整个公司的生产作业协调起来是需要很多讲究的。他主动到几个工厂去访问,学到了许多新的工作方法,他把这些吸收来也写到修订的工作手册中去。由于该公司的生产工艺频繁发生变化,工作手册也不得不经常修订,郭宁对此都完成得很出色。他工作了几年后,不但自己学会了这些工作,而且还学会如何把这些工作交给助手去做,教他们如何做好,这样,他可以腾出更多时间用于规划工作和帮助他的下属工作得更好,并可以花费更多的时间去参加会议、批阅报告和完成自己向上级的工作汇报。

在他担任装配部经理6年之后,正好该公司负责规划工作的副总裁辞职应聘于其他公司,郭宁便主动申请担任此职务。在同另外5名竞争者较量之后,他被正式提升。他自信拥有担任此新职位的能力,但由于此高级职务工作的复杂性,使他在刚上任时碰到不少麻烦。例如,他感到很难预测一年之后的产品需求情况。而且,在新的岗位上他还要不断协调市场营销、财务、人事、生产等部门之间的关系,这些工作他过去都不熟悉。他在新的岗位上越来越感到:越是职位上升,越难仅仅按标准的工作程序去进行工作。但是,他还是渐渐适应了该项工作,做出了成绩,后来又被提升为负责生产工作的副总裁,而这一职位通常是由该公司资历最深的、辈分最高的副总裁担任的。到了现在,郭宁又被提升为总裁。他知道,一个人当上公司最高主管职位之时,他应该自信自己有处理可能出现的任何情况的能力,但他也明白自己尚未达到这样的水平。因此,他不禁想到就要上任了,今后数月的情况会是怎样? 他不免为此担忧!

问题:

试分析郭宁当上公司总裁后,他的管理职责与过去相比有了哪些变化,以及他应当如何去适应这种变化。

第一节　管理和管理学

一、管理的产生

在现代社会中,管理可以说无时不在,无处不在。不管人们从事何种职业,人人都在参与管理:或管理国家,或管理家庭,或管理业务,或管理子女。国家的兴衰、企业的成败、家庭的贫富、个人的幸福与快乐,无不与管理是否得当有关。

【管理实践】

七人分粥

有七个人住在一起,每天共喝一桶粥,显然,粥每天都不够。一开始,他们抓阄决定谁来分粥,每天轮一个。于是每周下来,他们只有一天是饱的,就是自己分粥的那一天。后来他们推选出一个道德高尚的人出来分粥。强权就会产生腐败,大家开始挖空心思去讨好他,贿赂他,搞得整个小团体乌烟瘴气。然后大家开始组成三人的分粥委员会及四人的评选委员会,互相攻击扯皮下来,粥吃到嘴里全是凉的。最后想出来一个方法:轮流分粥,但分粥的人要等其他人都挑完后拿剩下的最后一碗。为了不让自己吃到最少的,每人都尽量分得平均,就算不平均,也只能认了。大家快快乐乐,和和气气,日子越过越好。

上述故事告诉我们管理的真谛在"理"不在"管"。管理者的主要职责就是建立一个像"轮流分粥,分者后取"那样合理的游戏规则,让每个员工按照游戏规则自我管理。游戏规则要兼顾公司利益和个人利益,并且让个人利益与公司整体利益统一起来。责任、权利和利益是管理平台的三根支柱,缺一不可。缺乏责任,组织就会产生腐败,进而衰退;缺乏权利,管理者的执行就变成废纸;缺乏利益,员工就会积极性下降,消极怠工。只有管理者把"责、权、利"的平台搭建好,员工才能"八仙过海,各显其能"。

1. 管理是什么?

管理在现实世界中表现为多种多样的形式,如吃饭应酬是"公关",开会讨论是"决策",计划组织是"分配资源",与人谈话是"做思想工作",审核签字是"监督把关",考核奖惩是"激励"等,从管理工作的表现形式看,管理工作确实呈现出了多样化现象,而且正是由于管理工作表现形式的多样化,使人们在面对管理时会觉得无从下手、难以理解。

从管理工作的内容来看,公关就是"协调组织与组织之间关系",决策就是"协调目标之间、现状与目标之间关系",计划就是"协调目标与资源、活动与活动之间关系",沟通就是协调人与人、组织与组织之间关系,而考核则是"协调计划与实绩之间关系"。可见,从管理工作的内容看,不管管理工作有多少种表现形式,其实质内容都是一样的,那就是协调。管理工作表现形式的多样化是由于管理协调对象的多样化所导致的。

从理论上看,"管理"的中文含义是管辖、治理的意思,在英文中 Management 是指工商管理,而 Administration 是指行政管理。关于管理的定义,至今仍未得到公认和统一。长期以来,许多中外学者从不同的研究角度分别对管理做出了不同的解释,其中比较有代表性的有以下几个。

古典学派如泰勒、法约尔等认为,管理就是计划、组织、指挥、协调和控制等职能活动。

行为学派如梅奥认为,管理就是做人的工作,它的主要内容是以研究人的心理、生理、社会环境影响为中心,激励职工的行为动机,调动人的积极性。

决策学派的代表、美国管理学家赫伯特·A·西蒙(Herbert A Simon)认为,管理就是决策。

美国管理学家小詹姆斯·H·唐纳利等认为,管理就是由一个或者更多的人来威胁他人的活动,以便收到个人单独活动所不能收到的效果而进行的活动。

美国学者弗里蒙特·E·卡斯特等认为,管理就是计划、组织、控制等活动的过程。

美国学者托尼·布洛克特认为,管理是筹划、组织和控制一个组织或一组人的工作。

美国管理学家丹尼尔·A·雷恩说:"给管理下一个广义而切实可行的定义,可把它看成是这样的一种活动,即它发挥某种职能,以便有效地获取、分配和利用人的努力和物质资源,来实现某个目标。"

美国学者R·M·霍德盖茨认为,管理就是通过其他人来完成工作。

我国学者张尚仁认为,管理就是指由专门机构和人员进行的控制人和组织的行为,使之趋向预定目标的技术、科学和活动。

综合各种定义,我们认为管理就是在特定的环境下,对组织所拥有的资源进行有效的计划、组织、领导、控制,以便达成既定的组织目标的过程。这个定义包含着以下四层含义。

（1）管理是服务于组织目标实现的有意识、有目的的活动。

（2）管理工作要通过综合运用组织中的各种资源来实现组织的目标。

（3）管理的过程是由一系列相互关联、连续进行的工作活动构成的,这些活动包括计划、组织、领导、控制等,它们成为管理的基本职能。

（4）管理工作是在一定环境条件下开展的,有效的管理必须充分考虑组织内外的特定条件。

可见,管理的主体是管理者,管理的客体是组织资源,管理的载体是组织,管理的职能是计划、组织、领导和控制。

2. 为什么需要管理

需要管理的根本原因在于要协调人类欲望的无限性与所拥有的资源的有限性之间的矛盾。

自人类开始组成群体来实现个人无法达到的目标以来,管理工作就成为协调个人努力必不可少的因素了。人类为了抵御危险、征服自然,为了实现单个人力量所无法实现的各种目标,组成了群落,这实际上就是"组织"现象。所谓组织,就是由两个或两个以上的个人为了实现既定的组织目标而结成的有机整体。这样的有机整体虽然由单个个体组成,但不是单个个体的简单相加,而是通过有序的安排显现出不同于单个个体的一些特征。整体功能区别于单个个体的功能,至于整体功能是大于、等于还是小于单个个体功能之和,取决于组织内部的协作或协调状况,这就需要管理。在人类漫长的历史长河中,许多重大事件、卓越发明、宏伟工程的背后无一不存在精心的策划和有效的管理。从历史记载的古今中外的管理实践来看,以世界奇迹著称的埃及金字塔、巴比伦古城和中国的万里长城,其雄伟的建设规模足以证明人类的管理和组织能力,同时也是人类社会发展史上的伟大的管理实践。

管理是伴随着组织的产生而产生的。正如马克思指出的那样:一切规模较大的直接劳动或共同劳动,都或多或少地需要指挥,以协调个人的活动,并执行生产总体的活动所产生的各种一般职能。一个单独的小提琴手是自己指挥自己,一个乐队就需要一个指挥。指挥之于乐队,就像管理人员之于企业,他们的存在就是确保组织各项活动实现预定目标的条件。

事实上,自从人类开始集体协作、共同劳动以来,管理就一直是人类各种活动中最重要的活动之一。在共同劳动过程中,为了保持各工种之间、工序之间、人与人之间、人与物之间,乃至物与物之间的前后衔接、左右相连、上下相接,一切井井有条,交叉而不紊乱,就必然需要有人来协调人们的劳动,变分散的意志为统一的意志,将单个的力量结合成一个整体活动的力量。这种协调活动就是管理的最基本内涵,其目的是维持劳动秩序。

【管理实践】

"管理,从根本意义上讲,意味着用智慧代替鲁莽,用知识代替习惯与传统,用合作代替强制。"

——彼得·F·德鲁克

共同劳动中分工和协作的深化扩充了管理的内容。共同劳动的规模越大,劳动分工和协作越精细、复杂,即组织越复杂,管理工作也就越精细、复杂和重要,组织的发展带动着管理的水平不断提高。随着组织规模越来越大,结构越来越复杂,其内部需要合作和协调的内容也越来越多、越来越复杂,对管理水平的要求也就越来越高。早期的组织规模比较小,结构和关系比较简单,需要管理的内容比较少,管理工作也很简单,通常没有专职的管理人员,如早期的企业主都是自己管理公司。但随着科技经济的发展,组织规模不断扩大,内部关系越来越复杂,管理工作的内容也越来越复杂,需要的管理水平也越来越高,需要有专业人员来管理,于是出现了管理者阶层和管理工作的职业化。当今,随着科技经济的不断发展,不仅存在着超大型的世界级跨国公司、地区性联盟等超级组织,而且还出现了许多新型的组织形式,如虚拟组织等。对管理者来说,对这些组织的管理既是一个巨大的挑战,同时也是提高管理水平的重要契机。

管理是促进作业活动实现组织目标的手段和保证。事实上,组织的活动包括作业活动和管理活动两个部分(图1-1)。组织需要开展业务活动(亦称作业活动),如医院中的诊治活动、学校中的教学活动、工业企业的生产活动等。任何组织都是通过业务活动实现组织目标的。组织开展业务活动离不开组织所拥有的各种资源,如人力资源、物力资源、财力资源、知识技术资源、关系资源等的运用,而运用这些资源能否达到组织的预期目标,一方面取决于各种资源的利用效率,另一方面取决于各种资源之间的配合和协调状况,这

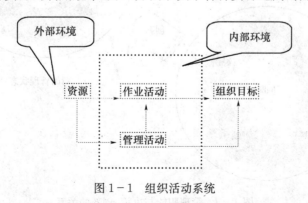

图1-1 组织活动系统

就需要管理活动,它是促成作业活动顺利实现组织目标的手段和保证。

在当今高新技术突飞猛进、世界经济加速一体化的知识经济时代,管理日益与科学和技术一起被称为人类文明的三大支柱,成为推动人类社会前进的巨大动力。

3. 管理的职能与过程

管理是一个由计划、组织、领导和控制等职能组成的一个系统的过程(图1-2)。管理的实质是人们为了有效地实现目标而采用的一种手段。管理的功能在于通过科学的方法来提高资源的利用率,从而达到以有限的资源实现尽可能多的欲望的目的。

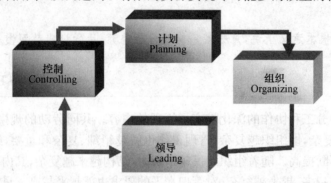

图1-2 管理职能

计划:确立目标、制定行动方案——着眼于有限资源的合理配置。

组织:组织设计、人员配备、权力配置——着重于合理的分工与明确的协作关系的建立。

领导:指导、协调、激励——致力于积极性的调动和方向的把握。

控制:检查和监督——着力于纠偏。

管理是一个由四大职能所构成的一个循环往复的过程,在这个循环过程中,通过管理创新管理水平得到不断提高(图1-3)。

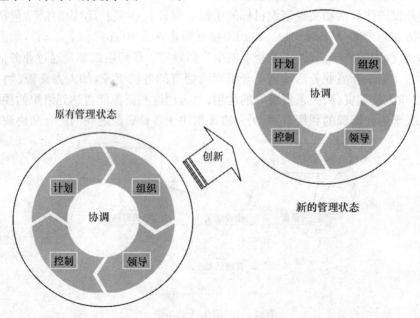

图1-3 管理职能与决策、创新的关系

二、有效管理

有效的管理是既要讲究效率又要讲究效果。只讲究效率而不讲究效果会导致碌碌无为,而只讲究效果却不讲究效率则会导致得不偿失。对于有效管理来说,两者缺一不可(图1-4)。

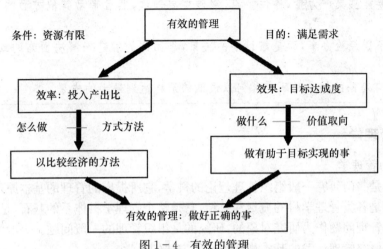

图1-4 有效的管理

如何做对的事取决于目标定位;而如何把该做的事做好(效率),则取决于方式方法的使用。

一般来说,管理的结果可能会出现四种情况(图1-5)。"高效率/高效果"是管理工作的目标。

高效率/低效果 管理者目标选择不当,但资源利用充分。 结果:高质量的产品,但顾客不需要。	高效率/高效果 管理者目标选择正确,并充分利用资源以实现组织目标。 结构:产品是顾客需要的,且质量、价格都合适。
低效率/低效果 管理者目标选择错误,利用资源不充分。 结果:低质量的、顾客不需要的产品。	低效率/高效果 管理者目标选择正确,但不善于利用资源实现组织目标。 结果:产品是顾客需要的,但因为太贵而买不起。

图1-5 管理的结果

【管理实践】

实现有效管理的五要素

德鲁克是美国最著名的管理学家之一。他在《有效的管理者》一书中提出,效率问题对于组织来说是十分重要的,要提高效率就要实行有效的管理,实现有效管理有5个要素。

（1）管理者不是从接受任务开始工作，而是从研究如何利用时间着手，知道自己的时间花在什么地方最有价值。管理者应努力提高时间的利用效果。

（2）重视工作的效果，不是为工作而工作，而是为成果而工作。

（3）善于发现自身、他人和客观环境的潜在优势，充分释放"能量"，发挥优势。

（4）要能够集中力量，抓住重点，突破重要领域，然后带动其他方面的工作，多出成果。

（5）不凭经验办事，而是靠科学的决策，靠团体的智慧来解决面临的或未来的各种难题。

德鲁克理论的核心是研究如何以最低的消耗达到最大的成果。

三、管理学

1. 何为管理学

管理学是一门研究一般组织管理理论的科学，它所提出的管理的基本原理、基本思想和基本原则是各类管理学科的概括和总结，它是整个管理学科体系的基石，是以所有的组织所共有的管理问题作为研究对象的，研究的是组织管理的一般问题。一般而言，管理学是指系统地研究管理活动的基本规律和一般方法的科学。

【管理实践】

管理在不同的组织中是有所不同的——毕竟组织的使命决定了组织的战略，而战略决定组织的结构。但是管理一个沃尔玛和管理罗马天主教的众多教区之间的差别，远远要比人们认为的小得多。差别只在于管理的形式，而不是管理的原则。例如，这些组织的管理者都同样要花费大部分的时间协调人的问题——而这些人的问题几乎是一样的。

——彼得·F·德鲁克

管理学是适应现代社会化大生产的需要产生的，其目的在于研究在现有的条件下，如何通过合理的组织和配置人、财、物等因素，提高生产力的水平。管理学具有以下特征。

（1）管理学具有一般性。管理学是从一般原理、一般情况的角度对管理活动和管理规律进行研究的，它是研究所有管理活动中的共性原理的基础理论科学，无论是"宏观原理"还是"微观原理"，都需要管理学的原理作基础来加以学习和研究，管理学是各门具体的或专门的管理学科的共同基础。

（2）管理学是一门综合性的交叉学科。从管理内容上看，管理学涉及的领域十分广阔，它需要从不同类型的管理实践中抽象概括出具有普遍意义的管理思想、管理原理和管理方法。从影响管理活动的各种因素上看，除了生产力、生产关系、上层建筑这些基本因素外，还有自然因素、社会因素等。从管理学科与其他学科的相关性上看，它与经济学、社会学、心理学、数学、计算机科学等都有密切关系，是一门非常综合的学科。

（3）管理学是一门应用性和实践性很强的学科。管理学是为管理者提供从事管理的有用的理论、原则和方法的实用性学科。管理学所提供的理论与方法都是实践经验的总结与提炼,同时管理的理论与方法又必须为实践服务,才能显示出管理理论与方法的强大生命力。管理的实用性或实践性就是说管理学只有与管理实践结合起来才能发挥这门学科的作用,只有与具体的管理实践相结合才能服务于经济建设,管理学自身也才能得到丰富和发展。

(4)管理学具有历史性特征。任何一种理论都是实践和历史的产物,管理学也不例外,管理学是对前人的管理实践、管理思想和管理理论的总结、扬弃和发展,管理学会随着管理实践的发展而发展。

2. 管理学的知识体系

管理学知识体系主要包括管理的四大职能,分别是计划、组织、领导和控制,由于管理离不开环境,而且环境对管理越来越重要,所以管理环境成为管理学理论的重要组成部分,而导论部分则总体介绍了管理学的产生与发展及相关基本概念和基本问题。本书的知识架构体系如图1-6所示。

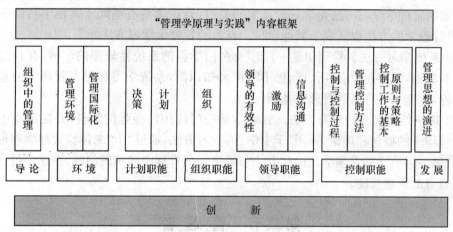

图1-6 本书知识框架体系

3. 为什么要学习管理学?

(1)管理在社会生产生活中发挥着重要作用。如前所述,管理在社会生产生活中发挥着重要作用。每个人都是一个或多个组织的成员,在组织中要么是管理者,要么是被管理者。而"管理学"课程所讲授的是各类组织管理活动的原理和一般规律,是每个组织成员从事实际工作(无论是作为管理者或被管理者)所必须具备的基本知识。作为管理者,学习"管理学"理论可以使自己获得成为有效的管理者的系统知识;作为被管理者,学习管理学可以更好地理解上司的行为方式和组织的内部运作方式,适应组织的需要,更好地做好本职工作。

(2)管理和科技一起成为推动社会发展的两个车轮。从宏观层面来看,随着经济发展,资源的稀缺性与人类欲望的无限性之间的矛盾越来越突出,经济的可持续发展成为人们关注的焦点问题,而管理和科技创新成为人们解决这一矛盾的必然选择,管理和科技一起成为推动社会发展的两个车轮;从微观层面来看,管理和技术是企业提高绩效和竞争力的必由之路。

(3)满足未来职业发展的需要。正如本章案例中的郭宁,在其职业生涯发展过程中,

9

必然会经历由"专业人才"向"管理人才"的转变。一般来说,刚毕业的大学生到企业要从最基础的技术工作做起,但随着自身的技术水平不断提高和工作业绩越来越好,迟早会被提升到管理岗位上,就会遇到案例中郭宁所遇到的问题。在从"技术人才"到"管理人才"的转化过程中,管理知识和技能显得十分重要。所以从人一生的职业生涯发展过程来看,对管理学知识的学习和对管理技能的培养是为未来的需要而做的储备。

【管理实践】

　　既懂管理又懂技术的人才是一流人才!
　　只懂管理不懂技术的人才是二流人才!
　　只懂技术不懂管理的人才是三流人才!

---

4. 如何学习管理学

有效的管理学学习方法是学好管理学的关键,管理学具有不同于其他学科的一些特征,学习管理学的方法也区别于其他学科。有效的管理学学习方法如下。

(1) 系统学习方法。管理学是一门涉及多门学科的系统性较强的学科,有自己的特定规律和原则,需要通过看、听、读、思不断扩大知识面,系统学习和思考管理学的基本问题和理论,才能打好自己的管理学基础。

(2) 理论结合实践的学习方法。管理学是一门应用性很强的学科,要在实践中理解和掌握管理学的概念和理论,采用"干中学"的学习方法,通过"干"来体验管理学理论与方法,并尝试运用所学的管理学理论和方法来解决组织管理中遇到的问题,在这个过程中不断增强自身的管理技能。

第二节　管理者

管理活动通常是由人来承担的,人是管理的主体,因此把执行管理任务的人统称为"管理人员"或"管理者"。美国管理学者德鲁克在《有效的管理者》中指出,在一个现代的组织里,如果一位知识员工能够凭借其职位和知识,对该组织负有贡献的责任,因而能实质地影响该组织的经营能力及达成的成果,那么他就是一位管理者。管理者是组织的最重要的资源,其表现直接影响到组织的成败兴衰。德鲁克说:"如果一个企业运转不动了,我们当然是去找一个新的总经理,而不是另雇一批工人。"德鲁克的这个定义给人们的启示是:①管理者必须是知识工作者。管理者主要是用头脑而不是凭体力和手的技巧来工作;②管理者必须对组织有贡献。衡量管理者贡献大小的标准,既不是他下属人员的多少,也不是他职位的高低,而是对该组织成果的影响力大小,即在多大程度上影响人们"做正确的事情"和"正确地做事情";③管理者必须时时做出决策,而不仅仅是执行命令。否则,他至多是一个"传声筒"或"接收器"。因此,他必须承担相应的责任;④并非所有的知识工作者都是管理者。

在一个组织中,管理工作是由管理者来组织开展并对此负责的。什么样的人是管理者?管理者是干什么的? 这是一个组织搞好管理必须要明确的重要问题。管理者是组织当中的一种角色,管理者的管理对象是组织,要明确管理者职责,首先必须明确组织的功能。

一、组织及其功能

组织具有三大特征：①由一群人组成（≥2）——组织成员；②有一个共同的目标——组织目标；③有一个系统化的结构——组织结构。

组织的主要功能是通过分工、充分发挥各人特长、成员协作形成集团力量等以克服个人力量的局限性，实现靠个人力量无法实现或难以有效实现的目标。

组织从本质上讲是一个利益共同体，在一个组织中，损人必损己。同时，人们对组织的关心，归根到底是出于对自己在这个组织中的利益的关心，凭借组织能够在一定程度上实现个人目标是一个人之所以愿意留在一个组织中的根本原因，而个人目标的实现程度取决于通过群体努力而得到的组织目标的实现程度，所以个人与组织之间是"一荣俱荣"、"一损俱损"。

二、管理者

1. 管理者的角色

角色是个体在与其他个体相互作用中的一种特殊行为方式；角色是占有一定地位的个体外显的可观察的行为。

角色定位就是要认清自己的位置与职责、确定自己在与组织其他成员相互作用中的行为方式。管理工作中管理者必须对自己的角色有一个明确的目标定位，管理者的目标定位是企业管理工作的基础。角色定位要解决如下六大问题：①希望的位置：是指在你扮演角色的过程中，你的希望如何，你对这个位置还有什么迫切的需要，你能否进行创新，能否在你现在的这个位置上创造出更大的财富，为企业做出更多的贡献；②位置的执行能力：你是否胜任这个岗位，思想上是否做好准备，行为上是否真正地脚踏实地去做，是否为实现这个位置赋予你的权利、义务而做出了努力；③位置的责任：反思在这个位置上你具体的责任是什么，你如何去承担这份责任，你的义务是什么，你可能面对的法律或是道义上的责任是什么等；④你的支援：作为管理者，必然要与相关部门进行沟通，相关部门的主要领导者是你的支援。同样，还有你的家人、朋友、亲戚、上级等都是你的支援；⑤你的忍耐：就是你在为完成你的工作、在你的角色定位前提之下、在承担职位职责的前提之下，应该忍辱负重；⑥职务行为与定位相配：你的职务行为和你的定位相匹配的过程，就是你在强化自己职务行为的执行力，反思自己职务行为的过程。

管理者在工作中扮演着很多角色，每一个角色都有自己的特点和任务。管理者针对每一种角色都要考虑人们对自己有哪些期待、自己该如何进入角色、如何吃透角色。1955年著名的管理学家彼得·F·德鲁克提出了"管理者角色"（The role of the manager）的概念，他认为，管理是一种无形的力量，这种力量是通过各级管理者体现出来的。所以管理者扮演的角色或者说责任大体上分为三类。

（1）管理一个组织，求得组织的生存和发展。为此管理者必须做到：一是确定该组织是干什么的？应该有什么目标？如何采取积极的措施实现目标？二是谋取组织的最大效益；三是"为社会服务"和"创造顾客"。

（2）管理管理者。组织的上、中、下三个层次中，人人都是管理者，同时人人又都是被管理者,因此管理者必须做到:一是确保下级的设想、意愿、努力能朝着共同的目标前进;二是培养集体合作精神;三是培训下级;四是建立健全的组织结构。

(3)管理工人和工作。管理者必须认识到:一是关于工作,其性质是不断急剧变动的,既有体力劳动又有脑力劳动,而且脑力劳动的比例会越来越大;二是关于人,要正确认识到"个体差异、完整的人、行为有因、人的尊严"对于处理各类各级人员相互关系的重要性。

20世纪60年代末期,加拿大管理学家亨利·明茨伯格(Henry Mintzberg)在大量观察和研究的基础上,提出管理者扮演着10种不同的但却高度相关的角色,它们是挂名首脑、领导者、联络者、监听者、传播者、发言人、企业家、混乱驾驭者、资源分配者和谈判者。这10种角色又可以进一步组合成三个方面的角色,即人际关系方面的角色、信息传播方面的角色和决策制定方面的角色。

人际关系方面:

(1)挂名首脑:象征性的、社会性的、法律性的例行义务。

(2)领导者:激励和动员下属、人员调配、培训和交往。

(3)联络员:主动维护组织内外部的关系网络。

信息传播方面

(1)监听者:通过各种渠道获取各种信息,作为组织内外部信息中心。

(2)传播者:将从外部和下属那里获得的信息传递给组织的其他成员。

(3)发言人:向外界发布组织的计划、政策等信息,举行董事会议。

决策制定方面:

(1)企业家:寻求组织内外环境中的机会,制定技术和管理创新的方案。

(2)混乱驾驭者:当组织面临重大的、意外的动乱时,负责采取补救行动。

(3)资源调配者:负责调配组织各种资源。

(4)谈判者:在主要的谈判中作为组织的代表。

这10种角色是一个相互联系、密不可分的整体。人际关系方面的角色产生于经理在组织中的正式权威和地位;这又产生出信息方面的3个角色,使他成为组织内部信息的重要神经中枢;而获得信息的独特地位又使管理者在组织做出重大决策(战略性决策)中处于中心地位,使其得以担任决策方面的4个角色。这10种角色表明,从组织的角度来看,管理者是一位全面负责的人,但事实上却要担任一系列的专业化工作,既是通才又是专家。

2. 管理者的分类

按照不同的标准,可以将管理者划分为不同的类型,这里主要介绍两种常用的划分方法。

1)按管理者的层次划分

组织的管理人员按其所处的管理层次可以划分为高层管理者、中层管理者和基层管理者。组织的管理人员的层次结构如图1-7所示。

(1)基层管理人员。亦称第一线管理者,他们处于作业人员之上的组织层次中,负责管理作业人员及其工作。如:制造工厂中的领班、工头或者工段长,运动队中的教练,学校中的研究室主任等。

图 1-7　组织的管理人员的层次结构

（2）中层管理人员。中层管理人员指直接负责或者协助管理基层管理人员及其工作的人，这些人主要负责日常管理工作，在组织中起承上启下的作用。如：部门或办事处主任、科室主管、项目经理、地区经理、产品事业部经理、分公司经理等。

（3）高层管理人员。高层管理人员处于组织的最高层，主要负责组织的战略管理，并在对外交往中以代表组织的"官方"身份出面。如：公司董事会主席、首席执行官、总裁或总经理及其他高级资深经理人员，高校的校长、副校长，其他处在或接近组织最高层位置的管理人员等。

【管理实践】

当你仅有一百人时，你必须站在第一线，即使你叫喊甚至打他们，他们也听你的。但如果发展到一千人，你就不可能留在第一线，而是身居其中。当企业增至一万名职工时，你就必须退居到后面，并对职工们表示敬意和谢意。

——日本松下电器公司创始人松下幸之助

一个管理者，不论他在组织的哪一层次上，其所承担的管理职责、工作的性质和内容基本上是一样的，都包括计划、组织、领导和控制几个方面。不同层次的管理者工作上的差别，不是职能的不同，而是各项管理职能履行的程度和重点不同，如图1-8所示。

图 1-8　管理者的层次分类与管理职能

由图1-8可知，高层管理人员花在计划、组织和控制职能上的时间要比基层管理人员的多些，而基层管理人员花在领导职能上的时间要比高层管理人员的多些。即便是就同一管理职能来说，不同层次管理者所从事的具体管理工作的内涵也并不完全相同。例如，就计划工作而言，高层管理人员关心的是组织整体的长期战略规划；中层管理人员偏重的是中期、内部的管理性计划；基层管理人员则更侧重于短期的业务和作业计划。而当一个企业的规模扩大后，管理的复杂性随之增大，管理方面的职能分工相应深化，逐渐分化为制定大政方针的战略管理者和负责具体事务的日常管理者。

【管理实践】

　　在古代的军队中,当军队规模较小时,制定决策的"帅才",常常又是英勇善战的"将才"。但当军队规模越来越大时,一个军队首领就不可能一身二职了,制定决策的"帅才"与英勇善战的"将才"被区别开来。《后汉书》中记载了刘邦和韩信的一次精彩的"论将":

　　刘邦问韩信:"像我这样的人,能领兵多少?"

　　韩信说:"陛下能领兵十万。"

　　"而你呢?"

　　"我是多多益善啊!"

　　"多多益善,那你为何被我所擒?"

　　"那是因为陛下虽不能领兵,却善于将将(用将之意)的缘故。"

　　这段对话中韩信提出了一个十分重要的军事人才分类原则,即所谓"能领兵者,谓之将才也","能将将者,谓之帅才也"。

　　由此可见,"将才"和"帅才"是活动在不同的管理层次中的领导人物,他们的管理职能也就有所不同:"将才"可以过问十分具体、十分详细的事情;而"帅才"则不能这样干,他必须把精力放在与全局密切相关的总体决策上。

　　2) 按管理人员的领域划分

　　按管理人员所从事管理工作的领域及专业性质的不同,可将管理人员划分为综合管理人员与专业管理人员,如图 1-9 所示。

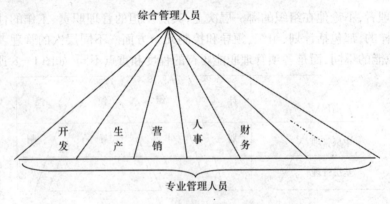

图 1-9　管理者的领域分类

　　综合管理人员指的是负责管理整个组织或组织中某个分部的全部活动的管理者。对于小型组织来说,可能只有一个综合管理者,那就是总经理,他要统管该组织中包括生产、营销、人事、财务等在内的全部活动。而对于大型组织(如跨国公司)来说,可能会按产品类别设立若干个产品分部,或按地区设立若干个地区分部,此时,公司总经理和每个产品或地区分部的总经理都是该公司的综合管理人员,因为每个分部经理都要统管该分部包括生产、营销、人事、财务等在内的全部活动,因此也是全面管理者。

专业管理人员仅仅是负责组织中某一类活动或业务的专业管理的管理者。根据管理者所管理的专业领域性质的不同,可以具体划分为生产部门管理者、营销部门管理者、人事部门管理者、财务部门管理者、研究开发部门管理者等。这些部门的管理者,通常被称为生产经理、营销经理、人事经理、财务经理和研究开发经理等。不同专业领域的管理者在履行相同的管理职能中可能会产生具体工作内容侧重点上的差别。如:同样开展计划工作,营销部门做的是产品定价、推销方式、销售渠道等的计划安排;人事部门做的是人员招募、培训、晋升等的计划安排;财务部门做的则是筹资规划和收支预算,他们各自的目标规定及目标实现途径也有很大不同。

三、管理者应具备的素质

素质通常是指事物内在的特征。狭义地说,素质是指生理与心理范畴内人的先天遗传的解剖生理特点;广义来讲,素质包括素养、性格、品质和能力。素养主要是指人的先天遗传特征;性格主要是指受后天的社会经验和环境的影响而形成的个性心理特征;品质主要是指政治修养、道德礼仪以及为人处事的态度;能力则是指人的体能、技能和智能。

关于管理者应具备什么素质的观点很多,下面介绍几种主要观点。

我国 2000 多年前的《孙子兵法》提出了智、信、仁、勇、严五要素。19 世纪初,英国的罗伯特·欧文把自己善于与工人和睦相处的成功经验归纳为两条:一条是一丝不苟、准确无误的工作习惯;另一条是对人性的深入细致、敏锐犀利的观察力。美国的泰勒在《工厂管理》一书中提出了"职能工长"应具备的九种品质:智能;教育;专门的或技术的知识,手脚灵巧和有力气;机智老练;有干劲;刚毅不屈;忠诚老实;判断力和一般常识;身体健康。泰勒认为,要找到一个具备上述三种品质的人并不困难,找到一个具备上述五种或六种品质的人就比较困难,而要找到一个能具备七种或八种上述品质的人,那几乎是不可能的。

发表于 1955 年的《哈佛商业评论》上的"高效管理者的三大技能"一文是罗伯特·卡茨(Robert. L. Katz)针对当时美国企业界涌起的一股寻找"理想经理人"的狂热而撰写的经典文章。文中,他提出了管理的"技能"说。他解释说,"技能"(Skill)一词,指的是一种能力,这种能力可以是后天培养的,并不一定要与生俱来;这种能力要在实际行动中得以展现,并不仅仅蕴藏于潜能之中。因此,根据行为结果来评判一个管理者,比根据他表面上的性格加以评判更加有效,因为技能比性格特质更容易辨认,技能是展现在外部的,可以观察和评估;而内在的性格则不易辨识,常常被曲解。他认为,有效的管理者应当具备三种基本技能:技术性(Technical)技能、人际性(Human)技能和概念性(Conceptual)技能。

(1) 技术性技能。技术性技能是指从事自己管理范围内的工作所需的技术和方法。如生产车间主任要熟悉各种机械的性能、使用方法、操作程序,各种材料的用途、加工工序,各种成品或半成品的指标要求等;办公室管理人员要熟悉组织有关的规章、制度及相关法规,熟悉公文收发程序、公文种类及写作要求等;财务科长要熟悉相应的财务制度、记账方法、预算和决算的编制方法等。

(2) 人际性技能。人际性技能是指与人打交道的能力,即联络、处理和协调组织内外人际关系的能力,激励和诱导组织内工作人员的积极性和创造性的能力,正确地指导和指挥组织成员开展工作的能力。

(3) 概念性技能。概念性技能指的是对事物的洞察、分析、判断、抽象和概括的能力。

显然,各个层级的管理人员都需要在一定程度上掌握这三种技能。但是,这三种技能的重要性是相对的,随着管理层级的不同而发生变化。对于基层管理,技术性技能和人际性技能最重要。对于中层管理,管理成效在很大程度上取决于人际性技能和概念性技能。而到了高层管理,概念性技能就成为管理取得成功的首要技能(图 1 - 10)。

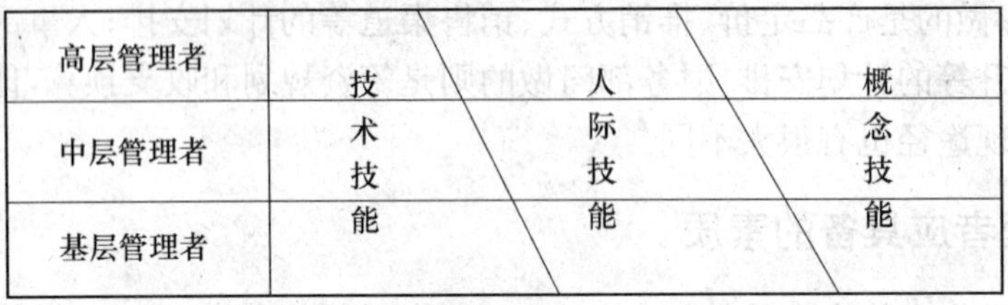

高层管理者	技	人	概
中层管理者	术技	际技	念技
基层管理者	能	能	能

图 1 - 10　不同层次的管理者应具备的管理技能的异同

这一管理技能框架学说对实践有着重大的指导意义,在经理人的挑选、培训和提拔等方面大有用武之地。首先,对管理岗位的候选人进行培训时,要确定该岗位最需要哪些技能,然后进行针对性的技能开发。其次,可以利用技能互补的人员来组成管理团队。最后,在选拔管理人员时,要根据他们是否拥有相应职责所必需的技能来决定,而不是根据性格特质的测试来定夺。

另外,美国管理学会把管理者必备素质归纳为五类:①企业家的特征:有主动进取精神,工作效率高;②才智特征:有逻辑思考能力、分析问题能力、概括能力、判断能力;③人事方面有信心:能以自己的行为影响他人,能帮助他人提高,善于用权,善于调动别人积极性等;④成熟的个性:能自我克制,正确估计自己,能取人之长,补己之短;⑤知识丰富。日本企业界则认为,管理者应具备 10 项品德和 10 项能力。10 项品德是使命感、责任感、信赖感、积极性、忠诚老实、进取心、忍耐心、公平、热情和勇气。10 项能力是思维决断能力、规划能力、判断能力、创造能力、洞察能力、劝说能力、对人理解能力、解决问题能力、培养下级能力和调动积极性能力。

我国在改革过程中从政策上明确了管理者素质的基本要求是实现"四化",即革命化、年轻化、知识化、专业化。其实,"四化"是我国管理干部队伍建设的基本方针,对管理者素质的基本要求应该是德才兼备。作为管理者应具备的具体素质,我国尚没有统一的说法。

第三节　管理的特征

一、管理是科学性和艺术性的统一

1. 管理的科学性

管理是一门科学,它是以反映客观规律的管理理论和方法为指导,有一套分析问题和解决问题的科学的方法论。人类在长期的管理实践中积累了丰富的管理知识和经验,这些知识和经验经过学者和专家的总结与提炼就形成了今天的管理理论。管理的科学性是指管理反映了管理活动自身的特点和客观规律性。但管理是一门不精确的科学,这一方面是由于管理是一门正在发展的科学,有一个逐步完善的过程。

2. 管理的艺术性

由于管理工作所处的环境和要处理的事物常常是复杂多变的,管理科学不能为管理者提供一切问题的标准答案,要求管理人员在实际管理工作中要因地制宜地将管理知识与具体的管理活动结合起来,创造性地进行管理工作,这决定了管理具有艺术性。所谓管理的艺术性是指管理者在管理实践活动中对管理原理运用的灵活性,以及对管理方式和方法选择的技巧性。管理的艺术性强调了管理的实践性、灵活性。

3. 管理是科学性和艺术性的统一

管理既离不开科学性,又离不开艺术性。管理的科学性与艺术性之间不是一种排斥的关系,而是一种互补的关系。不注重管理的科学性,只强调管理工作的艺术性,这种艺术性将会导致管理的随意性;不注重管理工作的艺术性,只强调管理的科学性,管理科学将变成僵硬的教条。

总之,管理的科学性与艺术性统一于管理实践活动之中。任何管理理论都是建立在对管理实践经验的概括、总结和提炼的基础上的,任何管理的艺术性都体现了管理理论对具体实践环境的应变性和灵活性。所以,管理的科学性和艺术性都产生于实践,又都统一于实践。

二、管理是效率和效果的统一

管理通过计划、组织、领导和控制,指导人们"正确地做事情",以达到管理效率的目的;管理通过目标的选择和资源的分配,引导人们"做正确的事情",以达到管理效果的目的。做正确事情的关键是判明有效果的领域;正确地做事情的核心是寻找做事情的有效方法。很明显,如果以最高的效率去做本来就不该做的事情,那是最徒劳无益的。所以,管理的目的应该是效率与效果的统一(这个统一体叫做效益)。

效率是指投入与产出之间的比值。常用的衡量指标有设备利用率、劳动生产率、资金周转率、单位成本以及工时利用率等。在组织确定了有效果的领域后,摆在管理者面前的首要问题是如何运用组织所拥有的有限而稀缺的资源来获得最大的成果,所以提高效率就成为管理工作的一个重要目标。当然,组织的高效率必须建立在实现正确的活动目标之上。一个有效的管理者,应该一方面既能指出应当做什么才能取得好的效果,另一方面又能指出应当怎么做才能使组织保持高的效率,这样的组织才具有最大的有效性。

第四节　管理的性质

管理的根本属性在于它具有二重性。

一、管理二重性的含义

管理二重性,就是指管理具有与生产力相联系的自然属性和与生产关系相联系的社会属性。所谓管理的自然属性,是指与生产力和社会化大生产相联系的、由生产力发展引起和决定的、反映生产力特征的属性。社会化生产中的协作活动需要管理,与具体的生产方式和特定的社会制度无关,体现了不同的社会制度下管理的共同属性,它不因生产关系和社会文化的变化而变化。管理的社会属性,是指管理的与生产关系和社会制度相联系、为统治阶级服务的属性,指管理受一定生产关系、政治制度和意识形态的影响和制约。管理是人类的社会活动,而人的活动都是在一定的生产关系下和一定的社会文化中进行的,所以必然受到生产关系和社会文化的影响和制约,这就是管理的社会属性,它是不同社会制度下管理的特殊性。

因此,管理既要适应生产力运动的规律,也要适应生产关系运动的规律。

二、管理二重性原理

管理二重性原理的主要内容具体如下。

(1) 管理具有二重性是一种客观存在。这是由人类的劳动过程具有生产力和生产关系两个方面的属性决定的。人类的任何劳动都首先体现为其与自然之间的关系,即具有生产力属性,因而管理就必然具有与生产力关联的自然属性。其次,人与人之间总是以一定的方式结合在一定的社会关系中而发生关系的,所以管理也必然具有与生产关系相联系的社会属性。因此,任何社会的管理、任何组织的管理都具有自然属性和社会属性,这是不以人的意志为转移的。

(2) 管理的二重性是不可分割的,存在于同一管理过程之中。管理的自然属性和社会属性是管理的两个不可分割的方面,即管理的"指挥劳动"与"监督劳动"是紧密联系在同一管理过程中的,这是由于生产力和生产关系是同一生产过程的两个不可分割的方面。管理的"指挥劳动"同生产力直接相联系,这是由共同劳动的社会化性质决定的,是社会化大生产的一般要求和组织劳动协作过程的必要条件。管理的"监督劳动"同生产关系直接相联系,这是由共同劳动所采取的社会结合方式的性质决定的,是维护社会生产关系和实现社会生产目的的重要手段。正如生产过程是生产力与生产关系的统一,管理的自然属性和社会属性也统一于同一管理过程之中。

三、学习管理二重性原理的现实意义

管理二重性原理告诉我们,管理既具有自然属性,又具有社会属性。各个国家和地区的管理既有相同的地方,又有区别。因此在借鉴国外先进管理经验和成果的时候,要区分出哪些是共性的东西,哪些是个性的东西。对于共性的东西,即与生产力发展相联系的内容,要学习和借鉴;而对于个性的东西,即与生产关系和社会制度相联系的内容,则是要抛弃的内容。只有这样,才能正确评价西方发达国家的管理理论,吸取其精华,剔除其糟粕,避免"拿来主义"的做法;也只有这样,才能在学习和借鉴的基础上,针对我国的具体管理实践,构建具有中国特设的中国管理学理论体系,具体意义如下。

(1) 马克思关于经济管理的二重性理论,既是揭露资本主义实质的锐利武器,也是指导社会主义加强和提高管理的理论基础,对我国现代组织管理理论研究和我国组织管理实践,有着重要的指导作用。

(2) 有利于全面而深刻地理解管理产生的客观必然性,管理的性质、基本职能以及管理在组织社会化生产和实现社会化生产目的等方面的重要作用。

(3) 学好管理二重性原理,才能分清不同社会制度下管理之间的共性与个性,正确处理管理中的继承与批判的关系,实事求是地研究、借鉴国外管理中有益的东西。

(4) 只有学好二重性原理,才能正确总结和吸取以往经验教训,避免犯走两个极端的错误。既要摒弃全盘肯定国外的管理理论的做法，又要防止封闭自守、夜郎自大的做法。

思考题：

1. 为什么需要管理？
2. 管理的四个职能之间的关系如何？
3. 对照本章案例中郭宁的经历，结合自己的实际谈谈学习管理学的必要性。
4. 结合本章案例分析管理者在组织中应该扮演的角色。
5. 试分析本章案例中郭宁在职位变化过程中其岗位职责的变化及其所要求的技能的变化。
6. 如何理解管理的科学性和艺术性及其两者之间的关系？实践中如何处理两者之间的关系？
7. 结合实际谈谈管理的效率和效果之间的关系。
8. 什么是管理的二重性？
9. 试运用管理二重性原理分析如何借鉴西方先进的管理理论。

第二章　管理环境

本章知识地图

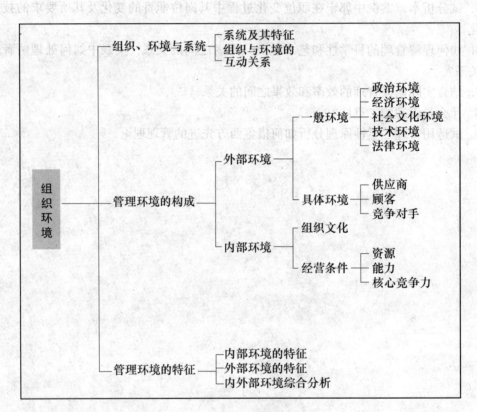

学习目标

（1）理解组织与环境之间的关系、环境对组织绩效的影响。

（2）掌握组织的外部及内部环境构成、环境分析方法。

案　例

（情形1）我国的永久、飞鸽自行车都是国内外久负盛名的优质产品，但在卢旺达却十分滞销，因为卢旺达是一个山地国家，骑自行车的人经常要扛车步行，我国的永久、飞鸽车重量大，令当地人感到十分不便。日本人瞅准这一空子，在做了详细的市场调查后，专门生产一种用铝合金材料作车身的轻型山地车，抢夺了市场。我国的企业由于只知己不知彼，错过了一个很好的占领市场的机会。

(情形2)20世纪80年代初,我国向某阿拉伯国家出口塑料底鞋,由于忽视了研究当地人的宗教信仰和文字,设计的鞋底的花纹酷似当地文字中"真主"一词,结果被当地政府出动大批军警查禁销毁,造成了很大的经济损失和政治损失。

问题:

案例反映了组织与外部环境的关系问题,组织外部环境主要有哪几类? 社会环境对组织的作用有哪些?

第一节 组织、环境与系统

组织与环境之间的关系是复杂的。从系统论的角度来理解组织环境,有利于更清楚地分析组织发展与环境之间的关系,有利于全面认识和把握组织环境变量,从而有利于建立组织与环境之间的良性互动。

一、系统及其特征

"系统"一词在古希腊是指复杂事物的总体,近代科学家和哲学家常用系统一词来表示复杂的具有一定结构的整体。在宏观世界和微观世界,从基本粒子到宇宙,从细胞到人类社会,从动植物到社会组织,无一不是系统的存在方式。从不同的研究和目的出发,可对系统作不同层次和不同范围的划分,例如一个细胞、一个器官、一个人、一个家庭、一条街道、一座城市等,都可相对独立地划为一个系统来进行研究,一个系统可以包括若干子系统,但它本身又是另一个更高层次系统的子系统。

贝塔朗菲是一般系统论的创立者。1945年他发表了《关于一般系统论》一文,奠定了一般系统论的基础。一般系统论是研究系统中整体和部分、结构和功能、系统和环境等之间的相互联系、相互作用问题。系统的特征可归纳为以下几点。

(1)整体性。系统是由相互依赖的若干部分组成的,各部分之间存在着有机的联系,构成了一个综合的整体,以实现一定的功能。系统不是各部分的简单组合,而要有统一性和整体性,要充分注意各组成部分或各层次的协调和连接,提高系统的有序性和整体的运行效果。

(2)相关性。系统中各部分的特性和行为相互制约和相互影响。

(3)目的性和功能。大多数系统的活动或行为可以完成一定的功能,但不一定所有系统都有目的,例如太阳系或某些生物系统。人造系统或复合系统都是根据系统的目的来设定其功能的,这类系统也是系统工程研究的主要对象。例如,经营管理系统要按最佳经济效益来优化配置各种资源;军事系统为保全自己,消灭敌人,就要利用运筹学和现代科学技术组织作战,研制武器。

(4)环境适应性。一个系统和包围该系统的环境之间通常都有物质、能量和信息的交换,外界环境的变化会引起系统特性的改变,相应地引起系统内各部分相互关系和功能的变化。系统要存在和发展下去,就必须具有对环境的适应能力。

(5)动态性。物质和运动是密不可分的,各种物质的特性、形态、结构、功能及其规律性,都是通过运动表现出来的,要认识物质首先要研究物质的运动,系统的动态性使其具有生命周期。开放系统与外界环境有物质、能量和信息的交换，系统内部结构也可以随时间变化。一般来讲，系统的发展是一个有方向性的动态过程。

（6）有序性。由于系统的结构、功能和层次的动态演变有某种方向性，因而使系统具有有序性的特点。一般系统论的一个重要成果是把生物和生命现象的有序性和目的性同系统的结构稳定性联系起来，也就是说，有序能使系统趋于稳定，有目的才能使系统走向期望的稳定系统结构。

二、组织与环境的互动关系

系统论被移植到管理领域，出现了系统管理理论。它把企业作为一种开放的系统来看待，认为它是一个物质的、人力的、信息的各种资源相互作用的综合体。这些资源构成的子系统与系统本身有紧密联系，又与环境相互作用。把企业看成是一个复杂的投入—产出系统，各种资源依次经过一定流程，即通过有序的作业流程和有效的管理活动达到组织设计的目标。

组织与环境之间的关系可以概括为以下几个方面。

1. 环境是组织管理系统建立的客观基础

组织的使命是组织存在的依据，它来自于环境对组织的需求。例如正是有了社会环境对企业创造经济价值的需要，企业才有了存在的依据；正是有了社会环境对培养人才的需要，学校才有了存在的必要。反过来，如果这些组织没能完成或者没能很好地完成社会赋予的历史使命，那么它们也就失去了存在的理由。组织正是根据社会环境对其功能的期待来设计自己的目标的。

2. 环境是组织生存和发展的必要条件

组织达成目标需要各种资源，如人力、物力、财力、知识、信息、技术等，而这些资源也存在于环境中。企业要达到自己的目标，要生存和发展下去，就必须与其所处的环境进行物质、能量和信息等各方面的交换，否则就会死亡。因此，组织必须像生物体一样对环境开放，建立一种与周围环境融洽的关系。

3. 组织与环境之间是相互联系、相互作用的

这里的环境包括内部和外部影响组织业绩的各种力量和条件因素的总和。对于企业管理者而言，为了提高管理效率，达到其管理目的，不仅要了解政治、经济、文化需求和竞争等外部环境因素，而且要掌握员工的价值观、组织其所拥有的资源等内部环境因素，这样才能做出正确的决策。对现代企业而言，其外部环境的变化是空前的，对企业管理的冲击也是空前的。

第二节　管理环境的构成

管理环境是指存在于组织内外部的影响组织业绩的各种力量与条件因素的总和。管理环境＝组织外部环境＋内部环境，组织外部环境＝一般环境因素＋任务（具体）环境因素，一般环境因素是指间接影响组织业绩的外部因素，任务环境因素是指直接影响组织业绩的外部环境因素。内部环境＝组织文化＋经营条件，组织文化是指存在于组织之中的共同的观念系统，经营条件是指组织所拥有的各种资源和能力的数量与质量。所以，判断一个因素是不是环境因素,取决于该组织的目标定位。凡是对组织目标的实现有影响的因素,对于该组织而言就是环境因素。至于一个环境因素是什么环境因素,则取决于该环境因素存在于组织内部还是外部,对组织业绩是直接影响还是间接影响。

管理工作所面对的环境可分为外部环境和内部环境。外部环境是指处于组织外部对组织产生影响的各种要素总和,如政治法律环境、社会文化环境、市场竞争环境等。内部环境是指处于组织内部对组织产生影响的各种要素总和,如组织的各种资源、能力等。

一、外部环境

依据环境因素对组织产生影响的重要程度不同,外部环境可以分为一般环境和任务(具体)环境。

1. 一般环境——PEST 分析

对一般环境往往采用 PEST 分析,即政治(Political)、经济(Economic)、社会(Social)、技术(Technology)分析。

1) 政治环境

政治环境是指总的政治形势,它涉及社会制度、政治体制、党派关系、政府的政策倾向和人民群众的政治倾向等。政治环境的变化有时对企业的经营活动产生直接的作用,但更多地表现为间接影响。例如国家权力阶层的政治分歧或矛盾所引发的政局动荡和罢工浪潮,无疑会给当地乃至全国企业的经营管理活动造成直接的冲突。由这种政治环境的变化所导致的新制度、新法规和新经济政策,将对全国范围内企业的经营和决策产生广泛、深远的直接或间接影响。历史经验证明,只有政治局面安定,经济才能持续发展,企业经营管理活动才能顺利进行。

2) 经济环境

经济环境是指影响组织生存发展的社会经济状况和国家的宏观经济政策,是影响组织特别是作为经济组织的企业活动的重要环境因素,主要指整个宏观经济的状况,包括经济增长速度、经济结构、生产力布局、要素市场发育程度等。这些宏观经济环境因素的变化,都将通过改变企业的供给环境和产品市场环境来影响企业经营管理决策。在经济高速增长时期,企业往往面临更多的发展机会。企业可能增加投资,扩大生产和经营规模;当经济处于停滞或衰退时期,企业的发展机会较少,企业之间竞争的紧张程度会加剧。经济结构的调整,将使顺应调整方向的企业兴旺发达,背离发展趋势的企业走向衰败和终结。国家重点工程、重点项目的实施,会使某些企业获得发展机遇。

3) 社会文化环境

社会文化环境内容丰富,其中对企业经营影响较大的因素有人口状况、教育与文化,以及宗教信仰和风俗习惯、审美观念、价值观念等。人口结构影响组织的市场结构;文化水平影响居民的需求层次;宗教信仰和风俗习惯会倡导或抵制某些活动的进行;价值观念会影响人们对组织目标、组织活动及组织存在的态度;审美观念则会影响人们对组织活动内容、活动方式及活动成果的态度。因此,一个组织必须使其经营适应所在国家的社会文化环境。也就是说,组织提供的产品和服务以及它们的内容政策都必须随着社会文化环境的变化而作相应的改变。

4) 技术环境

技术环境是指与本行业有关的科学技术状况及其发展趋势,包括新技术、新设备、新材料、新工艺的发明(或发现)和可应用情况。科技是最重要的生产力,也是最具活力的生产要素。随着科学技术的日新月异,新产品不断涌现,产品寿命周期不断缩短。如果一个企业不关注行业技术动态和趋势,不能在相关领域技术研发方面建立起自己的优势,在市场竞争中很容易被淘汰。技术环境的变化对企业的影响表现为两个方面:一是使企业开发新产品成为可能;二是使企业的产品变得落后。所以说,技术环境的变化对企业来说既是机遇,更是挑战。

另外还有自然环境,它包括地理位置、气候条件以及资源状况等自然因素。地理位置是决定组织活动特别是企业经营的一个重要因素,如北京要打造中国的金融中心必须凭借首都的地理位置。气候条件也是如此,如南方多雨,对伞具需求就可能较多。此外资源状况也会影响产业布局和各类组织的发展,如山西煤炭资源丰富,因此,在山西省与煤炭相关的企业和管理机构及从业人员就较多。

2. 具体环境

具体环境通常被称作是组织的微观环境或任务环境,指与特定组织直接发生联系的那些环境要素,包括供应商、顾客、竞争对手、政府机构、同盟者和特殊利益团体等。与一般环境相比,具体环境对特定组织的影响更为明显,也更容易为组织管理者所识别、影响和控制。不同的组织所面对的具体环境是不一样的,而且会随着组织所提供的产品或服务的范围及其所选择的细分市场的变化而发生改变。

1) 供应商

供应商是指为组织供应原材料和设备的上游厂商,以及提供资本和劳动等生产要素的供给者,即所有生产要素的供给者。供应商对组织的影响至关重要,因为任何组织特别是企业离开供应商就不能获得生产要素的供给,从而也就不能进行生产经营活动或组织其他活动。如近年来珠三角和长三角地区的"民工荒"等现象,不同程度地制约了当地民营企业的发展。

2) 顾客

所谓顾客就是组织产品或服务的购买者,主要包括所有出于直接使用目的以及为再加工或再销售目的而购买产品或服务的个体或组织。由于组织通常都是为了满足某种顾客需要而设立的,因此顾客或消费者便构成了组织的消费市场,没有他们,组织便不能生存,即使生存也没有意义。作为组织,要想方设法争取更多的顾客支持,预测、分析顾客的变化,满足顾客的需求,才能得以持续发展。

3) 竞争对手

竞争对手是指与本组织存在资源和市场争夺关系的其他同类组织,既包括市场内已有的竞争对手,又包括潜在的竞争对手。竞争对手是组织的重要环境要素,由于它与组织存在资源和市场的争夺及此消彼长的关系,因此作为组织,必须时刻关注竞争对手的发展状况和趋势,做到"知己知彼"并差别定位,力求在竞争中找到立足点,并在竞争中发展自己。如可口可乐与百事可乐,竞争十分激烈,但两者都在竞争中得到了快速发展。

另外还有同盟者和特殊利益集团等具体环境。

二、内部环境

内部环境包括组织文化和经营条件。

（1）组织文化。组织文化是存在于组织之中的共同的观念系统，即以共同的价值观为核心而形成的群体意识、风俗习惯、行为准则、组织形象。组织文化由组织价值观念（文化理念）、组织行为规范、组织形象三部分组成，也就是以精神文化为核心、行为和制度文化为主体、物质文化为表象构成的一个体系。

组织文化的构成如图2-1所示。

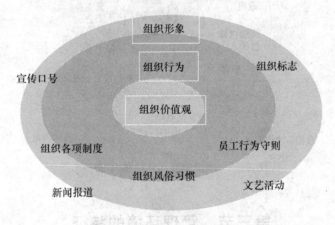

图 2-1　组织文化的构成

总之，组织文化是存在于组织之中的共同的价值观，和以共同的价值观为核心形成的行为准则、组织形象的集合体。组织文化以价值体系为核心、以行为准则为主体、以组织形象为表体。通过组织文化理念手册、员工行为守则和各项制度、组织形象设计和使用手册明确一个组织的文化。

（2）经营条件。组织工作面对的经营条件是指组织的资源和能力的总体。任何组织都是独特资源和能力的集合体，它是管理工作的基础。由于各个组织的资源和能力的差异，使得即便是在同一外部环境条件下采取大致相同的管理措施，其组织绩效也可能会大相径庭。组织工作所面对的经营条件可以从资源、能力和核心能力三个方面考察，这里以企业为例来分析组织工作的内部环境。

① 资源。资源是指企业生产经营过程的投入。它可以是有形资源如土地、厂房、资金等；也可以是无形资源如知识、信息、商誉、专利、诚信等。值得指出的是，随着知识经济时代的到来，无形资源的价值不断上升，成为影响到企业生存和发展的关键资源。

② 能力。能力是指一组资源的有机组合。它不是组织资源的简单堆砌，而是一种有机结合。能力与资源有本质的区别，资源只有通过一定的组合和转换机制方可转变成企业的能力，而能力对企业才是最有价值的。

③ 核心能力。企业核心能力又称企业核心竞争力（Core Competence），它是1990年帕拉汉德和哈默在《哈佛商业评论》上发表的"The Core Competence of the Corporation"一文中首次提出的，是指"组织中的积累性知识，特别是关于如何协调不同的经营生产技

术和有机结合的多种技术流的学识"。企业核心能力是能够为企业带来相对于竞争对手的持久优势的能力。它是企业生存和发展的基础。

组织的外部环境和内部环境结构如图2-2所示。

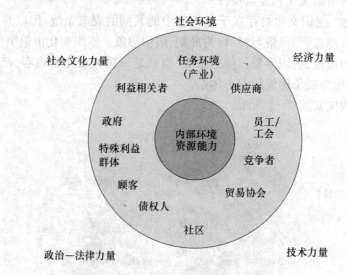

图2-2 组织的外部环境和内部环境

第三节 管理环境的特征

管理环境的特征分析是对组织所赖以生存和发展的环境进行分析,这种分析有助于把握这种环境的性质、特点和变化趋势,制定正确合理的决策。

一、外部环境的特征

外部环境的不确定性程度对企业经营有着重大影响。依据企业所面对环境的复杂性(环境构成要素的类别与数量)和动态性(环境的变化速度及这种变化的可了解和可预见度),可以将组织环境划分为四种不确定性情形,如图2-3所示。

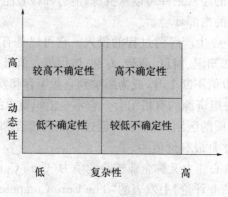

图2-3 外部环境的特征

26

(1) 低不确定性,即简单和稳定的环境。

(2) 较低不确定性,即复杂和稳定的环境。如医院、大学、保险公司和汽车制造商等经营规模较大的组织就常处于这种环境状态中。

(3) 较高不确定性,即简单和动态的环境。有些组织所面对的环境复杂性并不高,但因为环境中某些要素发生动荡变化,使环境的不确定性明显升高。如玩具制造商和时装加工企业就处于这种动态环境中。

(4) 高不确定性,即复杂和动态的环境。当组织面对许多环境因素,而且经常有某些因素发生重大变化,且这种变化很难加以预见时,这种环境的不确定性程度最高,对组织管理者的挑战最大。如电子行业、计算机软件公司、电子仪器制造商就面对这种最难对付的环境。

通过对环境的不确定性分析,一方面要求管理者能够积极地适应环境,寻求和把握组织生存和发展的机会,避开环境可能造成的威胁;另一方面,组织也不能只是被动地适应环境,还必须主动地选择环境,管理者要力图通过自己主动的影响将环境不确定性减至尽可能低的程度。

除此之外,管理工作所面对的外部环境分析还可从行业成长性、组织竞争性、组织合作性等角度进行。

二、内部环境的特征

对管理工作所面对的内部环境分析,就是要分析组织所拥有的组织文化、资源和能力,甄别出企业相对于竞争对手的优势和劣势。所谓优势,就是对组织生存发展有利的方面,它形成组织的良性资产,即通常所说的"核心竞争力";而劣势是对组织生存发展产生不利影响的方面,它构成了组织的负担或债务,对应地称为"核心惰性"。核心竞争力是组织生存和发展的基础,判断核心竞争力的标准有:有价值性、稀缺性、难以模仿性、不可替代性。

三、内外部环境综合分析

事实上,任何组织的经营过程,都是不断在其内部环境、外部环境及其经营目标三者之间寻求动态平衡的过程。组织的内、外部环境是不可分割的,只有将两者结合起来综合分析管理工作所面对的环境,才能帮助管理者做出科学正确的决策。

SWOT分析是一种最常用的内外部环境综合分析技术。它通过将外部环境分析结果归纳为机会和威胁,将内部环境分析的结果归纳为优势和劣势,形成了环境分析矩阵。这种综合分析方法将对外部环境中的机会和威胁的分析和对内部环境中的优势的分析结合起来,指出组织应该充分发挥自身优势,把握外部环境中的机会,避开内部的劣势和外部环境中的威胁。尽管这种分析方法存在着一些不足之处,但它将错综复杂的内、外部环境分析通过一个简单的平面二维矩阵反映出来,直观且简单,因此被广泛地应用于各行各业的管理实践中,成为最常用的管理工具之一。

思考题:

1. 组织与环境之间的关系如何?

2. 组织的环境是如何构成的?
3. 什么是 SWOT 分析法?
4. 什么是 PESTL 分析法?
5. 简述组织文化及其构成。

第三章 国际环境中的企业管理

本章知识地图

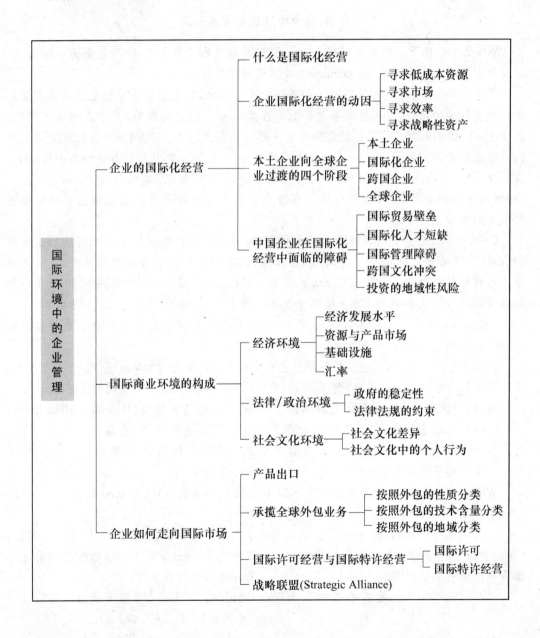

学习目标

（1）了解什么是国际化经营、企业国际化经营的动因、本土企业向全球企业过渡的四个阶段、中国企业在国际化经营中面临的障碍。

（2）知晓国际商业环境的构成：经济环境、法律政治环境、文化环境。

（3）掌握企业走向国际市场的路径。

案例：当咖啡店遇见饮茶大国

Whitbread 旗下的咖啡连锁店 Costa 拟将其伦敦咖啡烘焙厂的产量提高一倍有余，以满足中国对卡布奇诺（Cappuccino）与日俱增的需求。

与19世纪用快速帆船将茶叶运回英国的贸易相反，如今这家咖啡企业正在英国工厂烘焙更多的咖啡，再出口到世界各地。它正在建造第三座烘焙设施，为中国经销店供货。到2016年，Costa 的中国门店数量按计划将翻一番以上，达到500家。"我们在英国之外的扩张主要由中国带动，"Costa 首席执行官克里斯托弗·罗杰斯（Christopher Rogers）说。他补充道，为适应当地口味，公司甚至还推出了一款"绿茶"拿铁咖啡（Latte）。他说，Costa 在中国的举措，是各咖啡公司为在这个以饮茶为主要习惯的国家抢占市场份额而展开大规模攻势的一部分。

Costa 从非洲、南美洲和亚洲采购咖啡豆，但通过伦敦的烘焙厂为海外门店加工所有的咖啡（印度除外）。罗杰斯的解释是，在印度，比起进口焙制咖啡的繁文缛节，在当地建立小型烘焙厂更加经济。按照 Costa 已实施一半的五年计划，门店数量将在2016年中期翻番至3500家，其中将有2000家位于英国。它还计划到2015年中期再安装3000台 Costa Express 咖啡机。去年，Costa 斥资5950万英镑收购了拥有900台咖啡售卖机的 Coffee Nation，将业务扩大到加油站和旅游中心等地。

按门店数量计，Costa 已在两年前超过星巴克成为英国最大的咖啡连锁店。但分析师称，国际市场上的增长（该公司在亚洲表现强劲）才是 Costa 成为 Whitbread 集团佼佼者的原因。

目前，中国的咖啡饮用量仍然较低。去年，北京咖啡行业协会（Beijing Coffee Industry Association）会长称，中国的平均咖啡饮用量是每人每年3杯，全球平均值则是240杯。但 Mintel 的研究显示，由于都市青年们的追捧——他们将咖啡视为一种提神饮料——中国咖啡店销售额自2007年以来年均增长近30%。

Whitbread 表示，其中国业务将在本财年实现盈亏平衡。Whitbread 还在东欧、中东和印度开设了 Costa 门店。

罗杰斯说："Whitbread 的规模让我们受益：我们的业务遍及全球26个国家。"而且，Costa 国际化经营的益处并非都是单向的。罗杰斯透露，用于运输 Costa 咖啡豆的黄麻纤维袋会被回收利用为 Whitbread 旗下 Premier Inn 酒店的地毯背衬。

（案例资料来源：英国《金融时报》，"当咖啡店遇见饮茶大国"，

克里斯托夫·汤普森，2012,10,14）

问题：

试分析英国咖啡企业 Costa 为什么要来中国开店销售咖啡？它在进入中国市场的国际化经营中会遇到哪些问题？

第一节　企业的国际化经营

【管理实践】

全球化链条定律

一部科幻小说中曾经有这样的故事：若干年后，人类开始移民月球。开拓者们携带着先进设备和必需的工具登陆月球，还带来了各种植物和牲畜甚至小小的蚂蚁。几年过去了，这个离地球 38 万千米之遥的"生物圈"内，植物繁殖效率低下，动物吃不饱，连带人类也开始饿肚子。最后查明的原因竟然是：当初忘记带蜜蜂了。

"全球化链条定律"是跨国企业一直遵循的定律，即追随客户和他们的全球协议伙伴。在商业价值链上互为客户让跨国公司形成了"竖看一条线，横看一张网"的类似于本土的商业环境。如果每一个环节都有他们熟悉和适应的伙伴，他们将如鱼得水。

一、什么是国际化经营

21 世纪的今天，对全球很多企业来讲，向海外市场扩张，进行国际化经营已经成为企业重要的发展战略。这些企业不但从海外市场中发现了新的需求，而且还从一些国家中发现了廉价而丰富的生产资源。这些新的发现为企业带来了更乐观的利润增长以及更强大的竞争力。因此，国际化经营已经成为全球化背景下当代企业活动中的重要趋势。

所谓全球化是指世界各国经济在生产、交换、分配及消费等环节上实行全球一体化。

它将生产要素在全球范围内进行配置，使各国经济彼此间的联系及依赖加强，使任何一个国家或地区都不能与世界经济脱节而单独发展。在这个大背景下的国际化经营则是指：企业为开拓国际市场，在对国内外的生产要素进行配置的基础上，对生产、劳务、资本、技术等经济资源进行跨国间的输入或输出的活动过程。对于国际化经营这个概念，很多人都会把它简单地理解为将企业的产品销售到国外市场，在国际市场中赚钱的过程。实际上，这只是企业走向国际化的一个方面。真正意义上的国际化应该是企业在全球范围内发现资源、整合资源和利用资源的过程，是一种资源配置方式的改变和突破。国际化经营的最终目的是企业通过资源配置的全球化，生产出低成本、高质量的产品，成为国际市场上具有强大竞争力的行业巨人。

尽管全球企业都在争先恐后地登上国际化的列车，在海外投资办厂或收购外国企业，但是，很多企业的国际化道路走得并非一路平坦。这一点，从下面这些企业的挫折中可见一斑。

(1) 2005 年 10 月，台湾明基公司完成了对德国西门子旗下手机业务的收购。此项收购使"明基西门子"成为全球第四大手机制造商。但仅仅时隔一年，明基公司就对外公开承认，其对西门子手机业务的收购是一个失败。在收购后的一年里，明基亏损了 8 亿欧元。虽然明基有非常好的经营方案，但由于双方漫长的讨论和决策，直接导致明基的手机新品上市慢、利润低。德国人对设计和工艺的严格要求以及对产品品质的完美追求也极度地消耗了时间,而这正是在追求速度的手机行业无法接受的。最终,由于管理上的问题以及东西方文化差异,明基没能如愿其国际化过程中的企业目标。

(2)可口可乐公司自 1979 年进入中国市场以来,其碳酸饮料在中国市场取得较大的成功。随着碳酸饮料市场的日趋成熟和竞争加剧,可口可乐公司需要通过收购来加强和拓宽果汁饮料的业务。于是,2008 年 9 月,可口可乐公司宣布以 24 亿美元作为条件,向中国汇源公司进行全部股份的要约收购。但其结果是该收购案未通过中国商务部审查,可口可乐公司承认收购失败。可口可乐虽然已经是一家全球性的行业巨人,但是,它在国际化经营过程中依然会遇到坎坷和障碍。

(3)2011 年 2 月,美国最大电子产品零售商百思买在进入中国市场 5 年后因"水土不服"宣布正式关闭在华的 9 家零售自有品牌门店。这意味着首家进入中国的外资家电零售巨头正式告别中国市场。百思买在美国家电零售业属于叱咤风云的企业,但是在中国,它却遇到了无法逾越的障碍。这个障碍可能来自于文化的差异和消费者行为模式的不同。

(4)在中国已经成为经济大国的今天,中国企业家的形象已比过去大为改观:他们成功、富有,衣着和行为都很得体,在各自的领域有足够的影响力。但是,在进入跨国竞争领域时,他们可能因缺乏良好的英语沟通能力而失去很好的机会,尤其与欧美生意伙伴谈判时,显得底气不足。不少英语培训的业内人士倾向于拿中国和印度作对比:在 IT 业的外包领域,印度人有明显的优势,他们更能体会到欧美客户对某一项目细节上的要求。语言上的优势已经被公认为印度高级人力资源的"核心竞争力"之一,而中国的企业家和高级管理者在这个竞争力方面是严重失分的。

(5)2011 年 8 月,北京中坤集团向冰岛政府提出请求,欲投资约 2 亿美元在冰岛开发旅游项目,其中约 800 万美元用于购买冰岛一块 300 平方千米未开发土地,其余资金用于具体项目建设。中坤公司计划将该项目打造成一个世界级的旅游度假品牌。然而,在等待了三个月的审批后,中坤得到的是被否定的结果。冰岛内务部长宣布,拒绝中国民营企业北京中坤投资集团有限公司购买冰岛北部土地并进行旅游开发的要求。在"走出去"的道路上,中国企业赴海外投资再次遭受挫折。

以上种种事实表明,企业的国际化经营是未来的大趋势。当企业考虑国际扩张时,管理层必须考虑适合其相对优势的最佳进入模式和走向国际的战略理念,同时还要了解目的地国家的政治、经济、法律制度、商业规则以及社会文化层面的差异,这样才能在国际竞争领域获得更大的主动权。

二、企业国际化经营的动因

不同的企业走向国际化的具体原因千差万别,但是,无论出于何种原因,企业的国际化经营从根本上来说都是出于整体战略的考虑,即为了寻求更大范围的竞争优势。企业国际化经营的基本动因可以概括为以下几点。

1. 寻求低成本资源

由于各国在资源的丰富程度、劳动力规模、成本、技术水平等方面存在着巨大的差异,导致了各国间的生产要素成本的明显不同。那些资源较为匮乏或生产要素成本较高的国家中的企业往往会寻找不同的方法来降低其生产成本,这是企业走向国际化的重要动因之一。

2. 寻求市场

企业从事国际化活动最直接的动因就是开发海外市场,在国内市场趋于饱和时为现有的产品和服务寻找新的顾客。市场寻求者包括那些维持和保护现有市场、探索和发展新市场的企业。发现、开拓和占领新的市场对实现企业的战略来说十分重要。

3. 寻求效率

效率寻求者的目的在于,以某种方式对现有资源的投资结构进行合理化调整,从而使不同区域的投资活动能获得更大收益。2004年10月FORTUNE杂志引述摩根士丹利的一项研究表明,从20世纪90年代中期开始,中国的便宜货替美国消费者节省了大约6000亿美元,替美国制造业在零部件上省下了数十亿美元。省下来的这些钱,使联储局能把利率维持在低点,让更多美国人买得起房子,也让企业有更多的资金投入创新。从这个事实结果来看,美国实施的低端产品中国造的战略的确使得美元的效率大大提高了。但对中国来讲,我们的效率在哪里? 这是值得思考的问题。

4. 寻求战略性资产

战略性资产寻求与效率寻求是紧密相关的。这类企业可能追求一体化的全球性或区域性战略。战略性资产是能够为企业带来长期竞争优势的资产,它是一种难以被模仿或替代的、非交易性的、积累过程缓慢且符合市场需求的资产。比如顾客资产、渠道资产以及包含知识、技术、信息和组织制度、企业品牌在内的有形或无形资产。实际上,在不同的资产中,那些可以通过捐赠、购买、签订特许协议以及结盟共享等方式而迅速、廉价取得的资产仅能为企业提供短期的竞争优势,只有战略性资产才能为企业带来持久竞争优势。

【管理实践】

全球化过程中的真实故事

博帕尔是印度中部的一座中等城市,人口约50万。在那有一座属于美国的联合炭化物公司的大型化工厂。该厂生产的大量杀虫剂和其他药物的毒性很大,在生产、储备、运输的各个环节都有很大的危险。由于在美国设立这样的工厂要受到严格的限制,因此,美国生产商为了达到直接在印度销售杀虫剂、利用当地廉价劳动力和赚取高额利润的目的,在印度设立了这家工厂。1984年12月3日凌晨1点,这家化工厂的三个地下储气库由于化学反应失去控制,安全阀门没有关上,造成大量的毒气外泄。博帕尔全城的居民有多达20万人受到毒气伤害,其中10万人被送入医院治疗,5万人有失明的危险,几千人受重伤,2500多人死亡,其中包括许多天真烂漫的孩子。成千上万的家庭受到了毁灭性的打击。

三、本土企业向全球企业过渡的四个阶段

当企业的管理者带着全球视野进行思考和决策时,他就拥有了全世界提供给他的想法、资源、信息、市场和顾客。虽然未来充满许多风险和不确定因素,但是每个企业都渴望

走上国际化的道路,为企业带来更大的发展空间。企业的国际化是一个漫长的过程,一个企业要想实现从本土企业向全球企业的转化,它需要经历四个阶段(图3-1)。

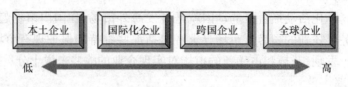

图3-1 企业国际化进程

1. 本土企业

在这个阶段,企业发展的最大空间就是本国国内的市场。企业对绝大多数资源的采购基本上都在本国境内完成。企业的生产和销售都以国内市场为限,管理者虽然对国际市场也有些许了解,但是并没有参与任何国际市场的业务。

2. 国际化企业

在本阶段中,企业经营仍然以本国市场为主,但是企业开始从其他国家采购相当数量的资源或者通过出口等方式从其他国家赚取一定的外汇收入。出口的增加使企业与国际市场的联系更加密切,企业也更为关注出口目的国的消费习惯以及文化差异,以便在产品的设计、营销和广告方面更符合当地消费者的需要。

3. 跨国企业

在本阶段,企业更为积极地参与全球市场的竞争。企业在国际市场上进行原料采购和融资,并在许多国家拥有自己的生产设施和生产基地。不仅如此,企业还会将其产品在多个国家进行销售,其相当一部分收入均来自海外市场。比如美国福特汽车公司就是一个典型的跨国公司。从20世纪70年代开始,福特公司着手在全球范围内评估和挑选供应商,以获得高质量、低成本和先进技术的提供者。福特公司主要在加拿大、日本、墨西哥、德国、巴西和其他一些国家进行原材料和零部件的采购,在印度和中国设置工厂。目前它在全球已建有90多个制造厂,并将福特品牌汽车销往全世界。在全球范围内对原材料、零部件的配置已成为企业在国际化进程中获得竞争优势的一种重要技术手段。

4. 全球企业

进入全球企业阶段后,企业不再归属于任何一个单独的国家,其所有权、高管人员设置以及企业的控制权都分散于不同国籍的人员,企业以全球为市场,在能够提供最多机会和最低成本的国家进行经营,从而成为一个真正超越国家边界的企业。

四、中国企业在国际化经营中面临的障碍

国际管理是指对那些在一个以上的国家开展经营活动的企业的管理。中国企业的国际化经营已经进入了新的发展时期,并在参与国际竞争的过程中取得了明显的进步。2012年7月美国《财富》杂志发布了最新的世界500强榜单。榜单显示,中国企业的规模继续快速壮大,包括台湾、香港在内,中国共有79家公司赫然上榜。其中,中石化、中石油和国家电网分别以第五、六、七的排名位列世界500强的前10名,这在20多年前是很难想象的。中国企业群体在全球化潮流中异军突起,使中国在国际上的地位和形象大大提升。但是,我们也应清醒地意识到,中国企业基本上仍然还属于本土企业,而不是跨国企

业或全球性企业，距离成为全球性企业还有很大差距。这表现在中国企业的境外收入占比很低、资本回报率不高、对全球市场布局以及吸纳整合全球资源的能力还不高。

面对企业国际化的进程，中国企业的管理者们应该做好充分的准备。管理者不仅要应对本土复杂的经济局面，还要在国际资本的运作、国际人才的吸纳、跨国文化的沟通等方面提升自己的能力。从目前来看，我国企业的管理者在企业国际管理方面存在着以下几方面的障碍。

1. 国际贸易壁垒

近年来，中国在走出去的过程中遭遇了来自国外很强劲的贸易壁垒的阻碍。无论在美国、欧洲，还是在日本、韩国，我国企业都遇到了不同程度的贸易保护的挑战。这些挑战主要表现为反倾销规定、高技术门槛、绿色环保标准以及商业政治化倾向。比如，中国目前是全球最大的鞋类产品生产国。2005 年 6 月 30 日和 7 月 7 日，欧盟连续对中国出口欧洲的劳保鞋和部分皮鞋启动反倾销调查程序，涉案金额高达 8.49 亿美元，创下欧盟对华反倾销涉案金额之最。因此，中国企业要想在国际市场上立足，首先要跨越形形色色的国际贸易壁垒。

2. 国际化人才短缺

国际化企业需要国际化的人才，中国企业在国际化过程中还面临国际化人才匮乏的问题。一方面，国内企业现有的管理者大多不适应国外市场环境，也不具有管理海外企业的经验和能力；另一方面，企业在营销、法律、金融等专业领域又缺乏精通国际语言、熟悉国际惯例和了解国际市场运作规则的专业人才以及具有全球视野、把握全球战略的领导人才。这些都限制了中国企业的国际化发展。

3. 国际管理障碍

国际化经营对企业管理提出了更高的要求。目前中国企业普遍缺乏跨国管理的经验，仅靠现有的管理能力很难适应企业国际化的需要。国际管理障碍突出表现在：没有全球化的组织架构；缺乏跨文化整合能力；不具备全球化思维模式以及缺乏正常的语言沟通能力。

4. 跨国文化冲突

文化冲突是指两种或两种以上的文化，由于文化习俗、思维方式、价值观、宗教信仰等方面的差异而产生的矛盾和冲突。在国际型企业中的文化冲突主要表现在沟通方式、人才聘用、经营决策和薪酬待遇等方面，这些差异和冲突常常被企业界称为水土不服。因此，在中国企业国际化进程中，如何整合文化资源，克服国家间的文化差异将是对外投资企业的管理者们应该高度关注的问题。

5. 投资的地域性风险

近 10 多年来，中国企业的海外投资数量越来越大，但主要集中在地缘比较近的地方或不太成熟的新兴市场。根据国家外汇管理局的统计，2010 年，中国非金融部门在亚洲地区的投资占对外总投资的 65%；在拉美的投资约占 19%；在大洋洲的投资占 5%；欧洲占 5%；北美占 4%；非洲占 2%。这个数据意味着在新兴市场和不发达地区进行大量投资可能使我国境外投资企业面临较大的投资风险以及来自政治、经济和文化方面的冲突。这种较高的不确定性也导致了我国企业在国际化过程中投资规模小，发展速度低，海外并购质量不高以及投资回报率较低。而相对于不发达市场或新兴市场来说，欧美是一个成熟的市场经济体系,但我国企业在这些发达国家的投资比重却非常少,这也说明中国企业在主流的市场上还不具备强大的竞争力,还没有取得核心的优势地位。

从上述种种问题来看,中国企业的国际化进程还有很长的路要走。中国企业要想成为在国际上有竞争力和影响力的巨人,其经营者和管理者还要熟练掌握有关国际化的相关知识,了解国际商业环境的构成,掌握企业走向国际市场的方法,这是未来成功的基础。

第二节　国际商业环境的构成

企业与商业环境的关系就好比一棵树与其生态环境的关系一样。生态环境的优良与否决定了每一棵树的存活期限以及存活状态,而商业环境的好坏则直接影响着每个企业的生存空间和生存质量。不仅如此,一国的商业环境还对该国的整体形象以及吸纳国际资本的数量和程度有着巨大的影响。根据世界银行发布的《2011 年商业环境报告》显示,新加坡的商业环境综合指数在全球排位最高,它已连续五年在商业环境和便捷度方面位居全球首位,其次是香港、新西兰、英国和美国。中国在 183 个经济体中排在第 79 名。实际上,这个排名是在帮助国际投资者对国际商业环境进行评估。"Money never sleeps."由于商业的逐利性,国际资本永远只流向有商业机会、经济景气好、投资环境佳、经营风险小的国家和地区。因此,当一个企业决定走出国门,走向国际时,它首先要做的事情就是考察不同国家和地区的商业环境,以保证其投资的安全性和收益性。商业环境对任何一个走向国际化的企业来说都至关重要。

所谓国际商业环境是指在国际化过程中影响企业国际商业活动及其目标实现的外部条件,它是由来自东道国的经济、法律/政治和文化等不可控的力量和环境因素构成的。

一、经济环境

这里的经济环境是指一家国际机构在其开展经营活动的国家的经济状况。它包括该国的经济发展水平、基础设施、资源和产品市场以及汇率等因素。

1. 经济发展水平

当企业准备进入外国市场进行投资时,首先要考虑的因素就是该国的经济发展水平。经济发展水平是指一个国家经济发展的规模、速度和所达到的先进程度。各国的经济发展水平不同,其市场的容量、购买力程度、消费者行为模式也会不同。实际上,世界各个国家和地区的经济发展水平存在着极大的差别,而 GDP 总量、人均 GDP 以及经济增长速度等是衡量一个国家经济发展水平的重要指标,根据这些指标,可将全世界的国家分为发达国家和发展中国家两大类。大多数国际企业都会前往发展水平较高、市场经济成熟的发达国家或者经济正在快速发展的新兴经济体国家寻找投资机会。

就拿中国和印度来说,其经济发展水平正在快速提升,因而已成为全球倍受瞩目的国家。在过去的几十年里,世界学术界常常把"龙"(中国)与"象"(印度)的比较作为热门话题来谈。作为全世界人口最多的两个国家,其经济都出现了明显的变化和转折。中国目前已成为全球吸纳 FDI(外国直接投资)最多的国家之一。根据经济学人智库(Economist Intelligence Unit,EIU)的研究显示,中国服务业吸引的外来投资正在不断增加,在最近 5 年内,服务业批发和零售两个领域的 FDI 都以每年近 40% 的速度增长。而另一个人口大国印度则在软件设计、IT外包服务以及精密工程方面成为全球越来越有影响力的国家。

除中国和印度以外,巴西和俄罗斯也正在走自己的经济振兴之路,它们与印度和中国一道被看作是新兴经济体的典型代表,因其英文首字母组成了英语单词的砖"BRIC"字,后被世界称为"金砖四国"。2010年12月南非正式获邀加入"金砖国家"合作机制,于是"金砖四国"变成了"金砖五国",其英文缩写也由"BRIC"变为"BRICS"。无论是"金砖五国"还是其他国家,各国都在努力提高本国的经济发展水平,只有这样,才能吸引更多的国际资本入驻,才能在全球化过程中获取更多优势资源。

2. 资源与产品市场

当一个企业准备在另外一个国家开展经营活动时,它的管理者还必须对该国的市场需求、市场容量以及资源成本和获取资源的难易程度进行评估。如果一个国家有着旺盛的市场需求和巨大的市场容量,那么该国会吸引众多的国外投资者前往投资。而较低的资源成本和获取资源的便利程度将有利于外国企业在该国兴建工厂。

从这个意义上来讲,中国因资源价格的优势以及市场前景的广阔已经成为全球最大的、最有潜力的市场。1840年,一个英国人曾在书中对中国市场之大发出感慨:"如果我们能够说服所有中国人把他们的衬衣下摆加长一英尺,我们就能够让兰开夏①的工厂昼夜不停地运转。"今天的中国市场正吸引着越来越多世界商人的目光,甚至影响着全世界的投资行为和产品设计方向。从下面这些数据和投资活动中可以看出,中国正成为全球重要的投资市场。

(1) 2009年,通用汽车(GM)虽然在美国申请破产,但该公司在中国的销售却增长了67%。遭受金融危机打击的跨国公司,在中国找到了新的利润增长来源。

(2) 2010年,福特(Ford)公司已经将其亚太及非洲地区总部从泰国曼谷迁至中国上海,并预计未来10年该公司全球业务中70%的增长将来自这一地区。

(3) 中国消费者的品味已经开始影响到全球厂商对商品的设计。劳斯莱斯汽车公司(Rolls-Royce Motor Cars)表示,中国对汽车后座饮料架和酒柜的喜爱,已促使该公司在其他市场上也添加这些额外配置。

(4) 中国对多功能高科技产品的热情,甚至已开始影响到卫生间等平常商品。厨卫设备公司科勒(Kohler)生产了一款价值6400美元的"智能"马桶,其拥有的一些功能主要是受到了醉心娱乐的中国消费者的启发。

(5) 很多奢侈品牌越来越钟情于中国市场:博柏利(Burberry)将其股价的上涨(以及随后的下跌)都归因于中国,尽管中国市场仅占该公司销售额的10%。

(6) 长期以来,汽车制造商都会给后排更大的腿部空间,以迎合配备专职司机的中国企业家的需要。后来他们发现,其他国家的人也像中国乘客一样,喜欢更为宽敞的后排空间。在底特律销售的君越汽车的后排座椅,就是受到上海产君越的影响。

(7) 2011年3月,咨询公司麦肯锡(Mckinsey)发布了一份报告,预计到2015年,中国消费者的奢侈品支出将每年增长18%,达到270亿美元左右。届时,中国将超过日本成为最大的奢侈品市场。

目前,中国消费者已成为跨国企业眼中的贵宾,中国市场的潜在空间正在积极吸引着

---

① 兰开夏(Lancashire)是英国西北部的一个郡。早在英国工业革命时期,该地曾是著名的纺织城。

国际投资者,中国消费者的偏好也正在影响着中国乃至全世界的商品设计和营销模式(不仅在中国如此,在全世界亦然。)

3. 基础设施

所谓的基础设施是指一个国家用来支持其经济建设和经济活动的物质设施。基础设施一般包括交通设施(公路、铁路、机场、港口等)、能源生产设施(风能、水利、火力发电站等)以及通信设施(电话、无线电广播、网络等)。这些基础设施的条件状况对吸引外国投资者有着重要的影响作用。在欠发达的国家进行经营活动的企业将面临技术条件差、基础设施不完备、通信手段落后等难题和困境。比如:公路交通不便、铁路运输不畅、电力供应不足、网络速度过慢、港口规模有限等问题势必给跨国投资的企业带来很多发展局限,甚至导致会效率低下。

当然,从事物的两面性来看,有的时候,基础设施不完善恰恰成为某些跨国公司的大机会。比如,帮助落后国家建设铁路、修建水库大坝、搭建核电站、开发手机市场、提供网络服务等。

基础设施建设是经济建设的基础,因此,在企业国际化过程中,东道国基础设施的完备程度是影响跨国企业重要的经济环境因素。

4. 汇率

汇率是指一国的本币在与另一个国家的货币进行兑换时的比率。对于进军国际市场的企业来说,它们不仅要关注所进驻的目标国的经济发展水平、资源和产品市场情况以及基础设施的先进程度,还要特别关注本币与该国外币的汇率变化关系。汇率的波幅会给进入外国市场的企业带来交易汇率风险、折算汇率风险以及运营汇率风险。

(1) 交易汇率风险是指根据合约的承诺,企业在运用外币进行计价收付的交易中,因外汇汇率的变动而蒙受损失的可能性。

(2) 折算汇率风险,又称会计风险,指企业在对资产负债表的会计处理中,将外国货币转换成记账货币(通常是本国货币)时,因汇率变动而导致账面损失的可能性。

(3) 运营汇率风险是指意料之外的汇率变动通过影响企业的生产销售数量、价格、成本,引起企业未来一定期间收益或现金流量减少的一种潜在损失。

1997年亚洲金融危机就是一次典型的汇率战争,其惊险程度和造成的外汇损失使许多在东南亚国家进行投资的国际企业不堪回首。在1997年的一则新闻报道中有过这样的一段文字描述:小刘在某外企任职,因业务关系,经常往来于泰中之间。可是7月的一个星期三的早晨,他发现自己着实赚了一笔——1美元兑换的泰铢突然变多了。稀里糊涂的他还以为是银行的小姐弄错了。事实上,泰国人的国际购买能力在这一天锐减了16.7%,一场规模空前的金融风暴正登陆东南亚。可见,在企业实施国际化经营的过程中,国际汇率波动带来的风险很难避免。作为企业的管理者应该时刻关注国际市场的汇率动向,以便将企业的风险降至最小。

二、法律/政治环境

企业在走向国际化的过程中会经常与外国的不熟悉的政治体制、法律制度和市场规则打交道。这些正是国际企业所面临的法律和政治环境,它涉及政府的稳定性和法律法规的约束程度。

1. 政府的稳定性

政府的稳定性可以从两个方面进行考量:一方面是政府执政权利的稳定性;另一方面是政府经济政策的稳定性。

国际企业在进入某个国家时,如果该国政府执政权利不稳定,那么动荡的政治环境势必对企业的经营产生重大负面影响。政府执政权力不稳涉及以下方面:民间暴动、国内骚乱、军队倒戈、反政府武装、政府权力更迭等。任何一届政府权力的更迭都必然伴随着政府领导人、政治理念、执政纲领以及政府政策的变换,这将给国际企业带来不稳定的局面和由此产生的暴力威胁以及经济损失。

从另一个方面讲,政府经济政策的不稳定,也会对国际企业造成很大伤害。比如,某些国家的政府可能会基于政治理由而采取行动或措施,限制国外企业的经营活动、没收国外企业的资产或制定更为苛刻的经济政策,对外来企业施加控制。因此,对于国际企业来说,政治风险分析已经成为国际商业环境评估中的一个重要部分。

2. 法律法规的约束

各个国家之间政府制定的法律法规是千差万别的。各国政府为防止国外企业损害本国企业的利益,可能会出台名目繁多的商业法规,以保护本国企业的发展空间。比如在商业法规中,政府会规定外国企业不允许进入某些领域,或通过企业税、关税、配额等来限定外国企业的商业行为。不仅如此,各国政府还可能在消费者保护、反垄断、信息披露、就业和安全以及薪酬待遇等方面制定严格的法规,以保护企业员工和消费者的个人利益。

比如在德国,根据德国的法律要求,5人以上员工的公司都要设立工会以便代表雇员的利益,帮助员工解决与公司之间的种种矛盾。工会还有权参与公司解雇员工的决策。在这样一个背景下,如果我国企业在并购德国企业之后,就不能完全按照中国的管理模式去运行,而是要受到德国企业原有的工会力量的制约和影响,这就形成了并购后的管理模式融合的法律风险。一旦融合失败,或违反了德国的法规,那么,再划算的并购也会以失败告终。

因此,对于国际企业来说,当它们的经营战略与东道国的发展方向不一致,或者采取某种手段逃避东道国的税收,或者在东道国破坏自然资源,造成环境污染时,这些企业必将受到东道国法律的管束,甚至受到惩罚,最终可能导致企业在海外经营的失败。

三、社会文化环境

1. 社会文化差异

社会文化环境及其对企业的影响是国际企业管理者们需要面对的第三个环境挑战。国家之间的社会文化差异通常较为复杂,正因如此,国际企业很难将全球市场视为同质市场。不同国家的社会文化差异主要体现在价值观、传统文化、宗教信仰、种族以及语言方面的差异上。在实际管理中,如果国际企业的管理者不能恰当地处理好这种存在于企业内部和外部的文化差异,那么就必将导致文化差异带来的文化冲突。

这里所说的社会文化(Social Culture)是指,在同一社会的人们所共同持有的价值观及规范的体系。其中,价值观是一个人对周围的客观事物的意义及重要性的总评价和总体看法。价值观一方面表现为价值取向、价值追求;另一方面表现为价值尺度和准则,它是人们判断事物有无价值及价值大小的评价标准。规范(Norms)则是描述特定环境下恰当行为的社会规则及指导方针。

在国际企业的跨国经营过程中,当企业所秉持的本国文化与东道国文化相似时,社会文化因素可能不会对企业经营造成太大的困扰和影响。然而,如果本国文化与业务所在国的文化几乎没有重叠时,企业的管理者们可能就要花费许多时间来处理文化差异带来的纷争和矛盾,并采取积极措施进行跨文化管理。比如,绝大多数美国经理们认为英国的文化同美国类似。他门都说同样的语言,有着近似的习俗礼仪,两国间在历史上也有很强的商业关系。但是,如果美国经理到日本或印度开展经营活动,那么几乎所有的相似性就都不存在了。

许多大型跨国公司都曾因对文化差异的忽视而使经营在异国受挫。其中最典型的例子就是迪斯尼公司进军欧洲市场受到重创。1955 年,迪斯尼公司在美国南加州建立了全球第一个主题乐园,并且获得了极大的成功。之后,迪斯尼公司又分别于 1970 年和 1983 年在美国佛罗里达州和日本的东京建立了第二个和第三个迪斯尼乐园,同样引发了巨大的轰动。1992 年 4 月,欧洲迪斯尼乐园在法国巴黎正式向游人开放。当迪斯尼公司正期待着缔造又一个业绩传奇时,他们期待的美梦却变为噩梦,仅仅一年的时间,巴黎迪斯尼就亏损了 9.6 亿美元。迪斯尼遇到了很多意想不到的问题:游客人数比预期少很多;每名游客的人均花费比在日本少了一半;法国当地媒体对迪斯尼的负面报道,使公司的公众形象不佳;在公园内禁酒、禁止带宠物引起了欧洲人的不满;对乐园工作人员衣着外表及要求都沿用美国模式,被法国人看作是一种不人道的"洗脑训练"。在经历了巨大的挫败后,迪斯尼公司调整了营销手段,公司开始考虑不同欧洲游客的不同习惯,采取"本地化"营销策略。去除了文化中的傲慢后,迪斯尼开始被欧洲游客接受。如今,巴黎迪斯尼乐园是欧洲最大的景点,甚至比卢浮宫和埃菲尔铁塔还受欢迎。从这个例子可以看出,对于跨国企业在海外拓展市场来说,文化差异的影响力是非常明显的。

2. 跨国企业面临的主要文化差异

1)信息理解的差异

不同国家语言不同、文化背景不同,因而在对同一信息的理解上可能出现分歧,甚至会得出截然不同的结论。比如日本某公司在美国投放了一则英文广告"We love v. d"。广告贴出后,立即被全部揭走,这个结果实在出人意料。实际上,这则广告中 v. d 原本表示录像设备的英文缩写,但 v. d 还可以是 "Venereal Disease"(性病)的略语。于是,这则"我们喜欢性病"的广告用语因跨文化中的信息理解障碍,变成了一个茶余饭后的笑谈。想必做广告的公司也没料到会是这样的尴尬结果。

2)沟通方式的差异

沟通是人际或群体之间交流信息的过程。不同的文化模式有不同的沟通方式,如果沟通双方来自不同的文化便会存在沟通障碍。例如:馈赠礼品既是国际商务谈判中的一种润滑剂,又是一种文化地雷阵。它一方面能加深感情,促进与客户的关系,但另一方面却可能由于文化差异而冒犯种种禁忌。在法国,酒是很受欢迎的礼物,但在阿拉伯国家却被视为禁品。欧美人比较看重礼物的意义,而不太在意其价值。如果礼物价值过重,则送礼人会有贿赂之嫌。

3)管理风格差异

管理是一种艺术,而非一种教条。一个优秀的跨国公司管理者不仅要具备在本土经营和管理公司的能力,更应具备在不同文化环境中从事管理的能力。如果片面地死守教条,不知变通,势必导致管理上的失败。

4) 法律和政策意识差异

在跨国经营中,西方企业更注重契约,尊重规则和制度,因而他们在处理问题时常常是轻人情、重法律。但东方文化更习惯于从伦理道德或舆论方面来考虑问题,更愿意依赖"组织"而不是法律来解决问题。这种情况也容易导致双方的摩擦与冲突。

5) 民族个性差异

不同的民族文化积淀了不同的民族心理和精神气质。处于不同文化之中的群体及成员有着特定的价值取向,遵循着特定的风俗习惯和文化规范。比如,中国人把个体看成是群体的一员,倾向于个人利益服从集体利益,做到尽量合群。而美国文化恰恰相反,他们认为每个人都应该是独立的个体,应该追求与众不同的想法和个性。因而,这种个性差异就会导致行为差异,甚至引起文化间的冲突。

6) 思维方式上的差异

在思维方式上,一般认为中国与西方人士也存在着明显的差异。在逻辑特征方面,一般认为:西方人的特点是就事论事的象棋逻辑;中国人则是顾虑全局的围棋逻辑。因此,中方人士在商务往来中一般不会开门见山,直入主题,而是习惯于绕圈子,这可能让逻辑简单、就事论事的西方人难以捉摸。此外,还有人认为,西方人在思维方式上更重原则,而中国人则更重等级。因此,在跨国管理中,这种由思维方式上的差异而引发的矛盾和冲突就不难理解了。

3. 社会文化中的个人行为

不同国家的社会文化对该国国民的影响是长期的,是潜移默化的。国家间社会文化的差异也带来了不同文化中个人行为的差异以及对事物态度的差异。比如,德国人会惊讶于美国人直呼其名的做法。如果一个资历较浅的美国年轻的管理者对一名年长且资历较深的德国管理者直呼其名的话,德国人会将该行为视作一种侮辱。再比如,当一个美国商人与一个拉丁美洲的商人站立在那里面对面交谈时,美国商人会下意识地一边谈话一边往后退,而拉丁美洲的商人会下意识地不断向前靠近美国人。这种奇怪的现象背后正是文化差异在起作用。实际上,不同的文化对私人空间圈有不同的接受程度。个人空间圈就是每个人在心理上所需要的最小空间范围。由于美国商人习惯接受的个人空间范围比较大,而拉丁美洲商人的空间圈距离较小,所以,美国人会感觉对方咄咄逼人,而拉美商人则会将美国人的后退行为视作疏远和冷漠。由此可见,不同的社会文化会对个人行为产生不同的影响。因此,关注不同文化背景下个人行为的差异也应该是国际企业管理者要做的事情。

在研究不同国家的个人行为以及跨文化理论方面,荷兰管理学者霍夫斯泰德(Geert Hofstede)应该是最权威、最具影响力的一个人。20 世纪 80 年代初,霍夫斯泰德在收集了 40 个国家,包括从工人到博士和高层管理人员在内的 116000 个调查问卷数据的基础上,撰写了著名的《文化的结局》(Culture's Consequences)一书,因此被世人看作是文化比较研究的创始人。他的最具影响力的理论就是文化维度理论。根据霍夫斯泰德的理论,不同的文化差异可通过五个维度来反映。

1）权力差距（Power Distance）

权力差距是指人们对组织或机构内权力和权威的不同接受程度。霍夫斯泰德认为，在高权力差距的社会里，人们接受组织中的权力差异，敬畏权威、头衔、级别和地位。但在低权力差距的社会里，人们对于个人的等级地位看得不是很重，组织中的员工认为自己与上司是平等关系，他们会质疑高层所做出的决策，甚至可能拒绝接受命令。

2）不确定性避免（Uncertainty Avoidance Index）

不确定性规避是指人们对不确定性所带来的威胁的容忍程度。在任何一个社会中，人们对于不确定的、含糊的、前途未卜的情境都会感到紧张和威胁，不确定性规避程度高的群体，面对外部威胁时感受的压力大，因而由此带来的情绪紧张和焦虑也会相应地增大；不确定性规避程度低的群体在面对外部威胁时，感受到的压力要相对小一些。

3）个人主义与集体主义（Individualism versus Collectivism）

该维度表示个人与群体间的关联程度。其中，"个人主义"是一种结合松散的社会组织结构，每个人重视自身的价值与需要，依靠个人的努力来为自己谋取利益。在个人主义倾向的社会中，人们个体之间的关联较为松散。而"集体主义"则是指一种结合紧密的社会组织结构。在集体主义的社会里，人与人之间倾向于形成一个凝聚力很强的整体。

4）文化中的男性化与女性化（Masculine versus Feminality）

男性化的文化中强调的是竞争、自信、野心、力量和物质主义，注重对工作目标的追求。女性化的文化中人们更注重社会关系、生活的品质以及对他人的关心，追求友好的气氛或与上级和同事和睦相处。

5）时间维度（Time Orientation）

时间维度是霍夫斯泰德后来又提出的第五种文化价值尺度，它是由长期取向和短期取向的价值观构成的。长期取向的价值观更关注未来，十分注重节约与坚持不懈。而短期取向的价值观更尊重传统，履行社会责任。

今天，很多学者还在不断探索和扩展霍夫斯泰德的跨文化理论，他的理论也为国际企业的管理者们拓宽对不同国家社会价值观的理解提供了有力的帮助。

第三节　企业如何走向国际市场

经济全球化加快了全球各国间经济和产业的相互合作与渗透，使得企业的跨国经营成为一种逐渐普遍化的经济行为。实施跨国经营所面临的一个问题就是进入模式的选择，进入模式的选择受很多因素的影响，并且这种选择也会影响着企业国际化的长远发展。那么，一个企业如何进入国际市场并逐渐发展成一个全球性的企业呢？本章将对企业走向国际市场的进入模式作一个介绍。

一、产品出口

当一家企业首次进入国际市场时，会遇到许多复杂的问题，因此企业通常会从小规模起步，采用风险较低，较容易控制的方式进入国际市场。而对外出口就是这样一种风险相对较低的进入模式。

所谓出口是指企业在国内制造产品，在国外销售产品的过程。当一个本土企业准备走向国际市场时,出口应该是企业走向国际化的一个便捷方式。虽然出口确实会遇到诸如距离遥远、政府法规约束、外汇风险以及文化差异等难题,但是与企业直接到海外投资建厂相比,还是要便宜得多,而且风险也相对较小。

不过,我们也应当看到,企业以出口的方式开始其国际化进程并不是一种积极的参与国际化的方式,它具有一定的被动性,因为这种方式建立在对国外订单的依赖基础上。中国目前是世界出口大国,很多大中企业,甚至是小企业都与国外商家有着出口贸易关系。从家具到服装,从儿童玩具到手编竹筐,中国产品源源不断地出口到世界各地,"Made in China"已经占据了国外市场的很大份额。连年的外贸顺差促使许多中小企业稳步地驶入国际化的快车道。但是,2008年由美国次贷危机引发的全球金融危机着实地让中国企业看到了被动性出口带来的灾难性后果——国外经济不景气导致订单量大幅减少,致使包括全球最大玩具生产商合俊集团在内的大批企业倒闭。与此同时,人民币的加速升值更使中国的出口型企业面临严峻的生存危机。由此可见,在国际环境不佳的市况下,企业要想通过出口的方式完成迈向国际化的第一步,也要做好付出代价的准备。

二、承揽全球外包业务

全球外包指的是企业在全球范围内动态地配置生产要素,把企业非核心的生产或服务项目拿到那些劳动力便宜、资源供应充足的国家去做,利用企业外部的资源为企业服务的一种商业组织方式。企业通过这种资源整合可以获得更大的生存空间和更强的竞争力。从目前全球外包市场来看,外包商大多是来自欧美等发达国家的大型跨国企业,而承揽外包业务的企业,或称外包供应商,常常是来自中国、印度等发展中国家的企业。发展中国家的这些企业通过承揽国际外包商的业务,逐渐融入国际市场,这对企业转变为国际化企业起到巨大的促进作用。一般来说,全球外包可以从以下三个角度进行分类。

1. 按照外包的性质分类

按照工作的性质来分,外包可分为制造业外包和服务业外包。制造业外包就是将产品制造过程外包给其他企业来完成。而服务外包就是将技术开发与支持系统以及其他服务项目进行外包。

随着国际分工的深化和世界制造业的产业转移,生产外包已经成为当今世界的主流趋势。目前,中国已成为全球巨大的制造业外包基地。中国制造业企业通过承接跨国公司的生产外包项目,逐渐融入到全球生产分工体系中,参与制造业的国际竞争,这也有助于推动中国从低端制造业向高端制造业的转型和升级。

而从服务外包来看,印度的班加罗尔(Bangalore)无可争议地被视为全球服务外包之都。目前,班加罗尔已经建立了从低端到高端服务领域的服务外包平台。它已经被认为是在软件研发、业务分析、英语联络中心、工程服务、金融服务、医疗卫生服务、人力资源外包以及动漫游戏等领域的成熟服务外包目的地。

2. 按照外包的技术含量分类

按照技术含量和层次来分,外包主要分为OEM生产和ODM生产。OEM(Original Equipment Manufacturer,原始设备制造商)也称代工生产,是指一家受托企业根据委托企业的要求和其提供的设计图纸与样品,在合同规定的条件下为其生产产品的方式。ODM(Original Design Manufacturer,原始设计制造商)则是指一家受托企业按照委托企业的要求,除了生产组装外,还进行产品研发设计,但不拥有自主品牌,也不负责产品销售。

从 20 世纪 80 年代初开始,一些大型国际制造商为了降低生产成本,应对快速的技术变革和不断缩短的产品生命周期,纷纷开始通过国际外包和全球采购等方式剥离加工制造等非核心价值环节,将这个部分的生产转移到资源便宜、劳动力低廉的发展中国家和地区。之所以这样,是因为在制造业产业链中大致可以划分为技术环节、生产环节和营销环节,而这三个环节中,技术和营销环节的增值能力比较高,生产环节增值能力最低。所以,发达国家将战略重点放到产品设计、技术研发和品牌营销方面,而将生产环节转移到别的国家进行。

随着制造业产业的转移和国际分工的深化,许多制造业的产业价值链条呈现出全球性分散布局、区域集中的格局。正是在这个大格局中,中国逐渐搭建起全球最大的制造业外包供应商平台,并成为著名的世界工厂。但是目前,由于我国还没有完成产业结构升级,企业的竞争实力和技术水平还很有限,所以大多数企业只能作为 OEM 的制造方参与国际分工协作和国际竞争。这意味着中国企业虽然已经开始踏上国际化征程,并大规模地融入世界产业链,但是还仍然停留在链条的末端,大量企业只能靠技术含量低、附加值低的外包生产,为委托方企业制造简单、成熟的产品,获取微薄的利润,它们还难以进入发达国家高端市场,赚取价值链顶端的高额利润。在今天这样一个品牌主宰消费市场的时代,如果中国企业只是一味地依靠做 OEM 来参与国际竞争,而没有自己的独立品牌和品牌地位,那么企业的国际化进程将是非常缓慢的。所以,中国企业必须通过努力,完成从 OEM 向 ODM 乃至 OBM(Original Brand Manufacturer)阶段的跨越。这里 OBM 是指原品牌制造商,也就是指企业发展自有品牌,进而获得最大的经济效益。在这个连续的跨越中,企业通过工艺改进掌握产品的关键制造技术,逐渐形成工艺创新和产品研发设计能力,通过为委托企业设计和生产产品,成为全球产业链中的一个重要环节,甚至成为一个重要品牌,并从产业链的低端向高端环节递进。

3. 按照外包的地域分类

如果按照地域来分,则有境内外包和离岸外包。境内外包是指外包商与外包供应商都来自同一个国家,因而外包工作在国内完成。离岸外包则是指外包商与外包供应商来自不同国家,外包工作由国外企业完成。

在经济全球化的大背景下,国际外包业务日益成为国际性企业经营的重要模式。国际外包业务的发展不仅使外包商企业更深入地参与到国际化的经营中,而且也使外包供应商加入到国际化的进程中,参与国际竞争。

全球业务外包的一个典型例子就是苹果公司与台湾富士康公司的合作模式。目前,富士康公司是苹果电子产品的最大的外包生产供应商。在苹果公司生产的 iPhone 或 iPad 的背面,人们都会发现一行小字:"加州设计,中国组装"。这意味着苹果公司设计师的伟大想法是由中国的产业工人生产组装完成的。苹果公司负责产品的设计,而把制造环节外包给了富士康以及其他的电子产品制造商。通过这种外包方式,苹果公司不但节约了巨额成本,而且可以将精力更专注于核心业务的研究和开发,一跃成为世界上最大的个人电脑生产企业和市值最高、现金最充足的富有企业。有人会问:为什么 iPhone、iPad 和其他高科技产品不能在美国生产,进而为美国创造就业机会,促进美国经济摆脱困境呢?实际上,这个答案很简单,那就是:除了廉价劳动力外,苹果高管们还认为,海外工厂的规模,工人的灵活性、勤奋程度和工艺水平都已经超过了美国同行,美国在电子产品制造方面已经不具备竞争力。从当今全球的制造业来看,中国不但拥有大量成熟低价的技术工人,而且经过多年的升级和改造,中国已拥有了比较成熟的制造业链条,并且在某些工艺技术上已经达到国际水准。在这样的背景下,就不难理解为什么苹果要把产品的制造环节外包给富士康公司了。

当然,我们也应该看到,在这种全球外包的关系中,外包商与外包供应商在全球产业分工中的地位并不是对等的。或者说在利润的链条上,苹果占据了利润链的高端,而富士康这样的企业则在链条中居于劣势地位。正如微笑曲线理论所描述的那样,这两个企业在价值链上处于不同的位置,因而获取不同的利润。

【管理实践】

微笑曲线理论

微笑曲线(Smiling Curve)理论是宏基集团创办人施振荣先生提出来的。微笑曲线是一条微笑嘴型的曲线,其两端朝上,中间最低。它意味着在产业链中,处于两端位置的设计和销售的附加值更高,而处于中间环节的加工制造的附加值最低。因此,未来的产业应朝微笑曲线的两端发展,也就是在左边加强研发,在右边加强客户导向的营销与服务,通过向"微笑曲线"的两端渗透来创造更多的价值。后来"微笑曲线"理论被广泛用来阐释在各行业中都存在的知识产权、品牌、服务等要素对产品价值的提升。

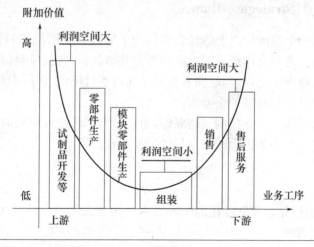

三、国际许可经营与国际特许经营

企业走向国际市场还可以通过另外两种进入模式来实现:国际许可经营(Licensing)和国际特许经营(Franchising)方式。

1. 国际许可经营

国际许可经营是指一家国际企业(许可方)通过许可协议或合同的方式,将技术、设计、商标及专利等资源的使用权有偿转让给某家外国企业(被许可方),并允许该企业在许可协议期限内生产和销售与许可方相同的产品的一种经营模式。比如荷兰的喜力公司

(Heineken)是世界第四大啤酒酿造商,其啤酒在全球很多国家中有售,但不是所有的该品牌啤酒都是在荷兰生产的。一开始,喜力向很多国家出口自己的啤酒,以便当地人熟悉该品牌的产品。如果市场反应良好,它就会通过国际许可经营方式允许当地的啤酒厂来生产自己牌子的啤酒。通过这种方式,世界很多国家和地区的消费者都能喝上喜力的醇香啤酒,而且喜力公司也借此加快了在全球市场的扩张速度。

2. 国际特许经营

国际特许经营是指拥有特许经营权的一国企业将自己的企业名称、商标、产品、专利和专有技术、经营模式等通过合同的形式授权给另一家外国企业有偿使用的商业模式。被特许企业将按合同规定,在特许企业统一的业务模式下从事经营活动,完全复制统一的工作流程和产品规格,以保证达到产品和服务的质量标准,并向特许企业支付相应的费用。

一些著名品牌都是通过特许经营的形式在国际市场上扩展其品牌的影响力,成为名副其实的国际企业,比如麦当劳、星巴克、百佳超市、7-eleven,它们的店铺几乎覆盖了世界各大城市。它们在给各国消费者带来需求满足的同时,也传播了本国和本企业所特有的文化,成为企业走向国际化的成功典范。

在这里还须特别指出的是,国际许可经营和国际特许经营这两种方式虽然在授权内容方面很类似,但它们之间也有微妙差别。前者主要涉及对生产制造型企业的授权,而后者则是针对服务型企业的授权。无论哪种形式,都是企业进入国际市场的重要途径。

四、战略联盟(Strategic Alliance)

战略联盟就是两个或两个以上的经营实体为了实现特定的战略目标在资源、能力方面建立的一种长期联合与合作的关系。联盟各方共享利益,共担风险,并改进共同的竞争地位和绩效。需要指出的是,战略联盟各方只是通过签订协议,在一个具体的目标领域进行合作。这种联盟并不创造新的企业实体。

战略联盟既包括本土企业间的战略联盟,也包括与国际企业组成的战略联盟,而国际战略联盟的形成是一个企业走向国际市场的重要途径。

思考题:

1. 从全球化的倡导者和全球化的批评者两个角度去思考全球化可能给企业带来哪些积极影响和消极影响。

2. 只有大企业才有实力进行国际化经营吗？对那些中小企业来说,它们在国际化经营过程中会遇到哪些障碍？

3. 举例说明本土企业成长为全球企业要经历哪几个阶段？

4. 试分析 OEM、ODM 和 OBM 的区别。

第四章 决　策

本章知识地图

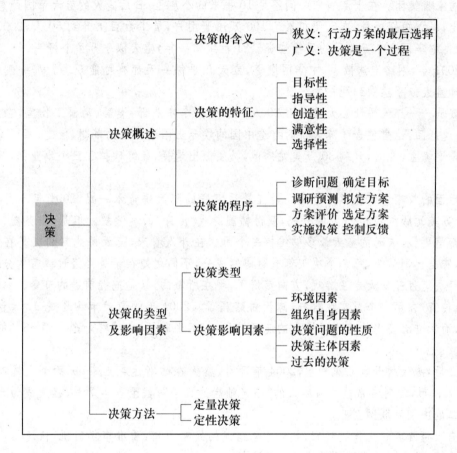

学 习 目 标

（1）理解决策的内涵和特点、决策的地位、决策的程序、决策的类型、决策的影响因素。

（2）掌握决策的方法。

案例:盛大已不再是"盛大"

经济领袖的10年:陈天桥 战略家的新棋局

"在新边疆的边缘,充满未知的机会和风险,这将不是一系列承诺,而是一系列挑战。"

这是美国总统肯尼迪 1960 年的竞选口号。

40 年后，太平洋彼岸的中国上海黄浦江畔，盛大网络董事长兼 CEO 陈天桥用 50 万元人民币创立盛大，五年后其个人财富暴涨至 150 亿人民币，被称为中国新经济时代的财富传奇。而在 21 世纪第一个 10 年即将结束时，他决定为盛大拓展新边疆：社交网络和移动互联网。前方是未知的风险和挑战，这一次，陈天桥是否能够实现从英雄到王者的飞跃？

1999 年年底，以优异成绩从复旦大学提前一年毕业的陈天桥，此时刚刚离开工作四年的陆家嘴集团。在上海浦东一间不足 10 平米的小屋里，日后庞大的盛大帝国此刻从这里诞生，成立短短数月，盛大便积累了 100 万注册用户，员工数目上升到 50 人，2000 年 1 月，获得中华网 300 万美元的风投注资。21 世纪第一年，盛大似乎开了个好头。

2001 年，网络泡沫散去，中华网撤资，盛大几乎每一天都有可能死去。那一刹那，陈天桥和盛大似乎感受到死神的呼吸。

裁员——陈天桥让盛大缩水至 20 人。原先四个事业部：漫画、动画工作室，杂志，游戏，周边产品，这里包含了陈天桥对打造中国的娱乐王国迪士尼的梦想，但是，实现每个梦想都需要资金，此时，只剩 30 万美元的他，必须做出选择，最终砍掉了三个事业部，只剩下游戏。

后面的故事常常被奉为传奇。紧握最后家底的陈天桥背水一战，2001 年 6 月，盛大以 30 万美元版权费和 27% 的分成，获得韩国游戏《传奇》的运营权。但是，服务器、网络、人员都需要钱，彼时的盛大最多够维持一个月。在外人看来，陈天桥此刻简直是在赌博。但是，陈自己则认为，每一个决策都有赌博的成分，不同之处在于是否经过缜密的分析，而他已经决定带领盛大专注游戏，方向定好了，现在所做的，只是把握前进的节奏。

《传奇》在第一个月实现盈利，陈天桥赌赢了。2001 年的游戏市场还是日本、台湾的天下，而新进者姿态的盛大以惊人的速度扩张，一年半时间，攻城略地般占领 65% 的市场份额。

之后，陈天桥开始顺风顺水，2004 年 5 月，盛大在纳斯达克上市，陈的个人资产达到 50 亿人民币，那时常常被称为盛大的"阳光灿烂的日子"，截至当年 7 月，盛大成为市值排名第二的中国互联网企业。

有人将陈天桥比作战略家，并如此总结他的战略逻辑：看准市场时机，快速推出产品卡位市场，继而慢慢蚕食到最终通吃产业链。

盛大已不再是"盛大"

曾几何时，经济系毕业的陈天桥在国内互联网市场上挥斥方遒，盛大的"中国迪士尼"梦想让无数人惊叹于他的野心和抱负，然而，现在这个听上去让人肃然起敬的目标正越来越多地成为一个遥不可及的白日梦。

只有当盛大想再度张牙舞爪重新起飞的时候，它才会发现自己正被无形的枷锁束缚着。

帝国的残缺版图

比较 2012 年 4 月和 7 月的国内网络游戏营收情况，《热血传奇》以及《传奇世界》基本维持了平衡状态，每月都能够为盛大提供 1.8 亿人民币以上的营收，可是《龙之谷》却从

1.24 亿元暴跌到只有 5570 万元。

而整个第二季度,盛大游戏的净营收仅仅为 11.3 亿人民币,较上一季度跌幅超过 18%,净利润只有 3.1 亿人民币,环比下降不到 8.4%。

当游戏业务已经成为腾讯、网易和搜狐营收主要来源的时候,盛大的游戏业务却遭遇空前尴尬的困境。

在自主开发游戏的增长逐渐停滞的同时,代理的游戏大作也迟迟无法在市场上打开局面,曾经靠着网络游戏起家的盛大现在却接连被上述三家公司超过,由市场上当之无愧的霸主蜕变为需要和别人争食的追赶者。

盛大的三大业务线中,游戏正衰退,视频业务与之相比更加衰弱,2012 年第一季度的收入甚至无法排进国内视频网站的前 10 名。

现在的盛大最大的看点无疑在数字内容方面,盛大有起点等庞大的网络文学资源,有云中书城这样占据国内八成以上在线阅读市场的大平台。

2012 年第一季度,盛大文学主营业务收入为 1.92 亿元,同比增长 38.2%,首次扭亏为盈,实现超过 300 万元的净盈利。据陈天桥表示,盛大文学 2012 年的收入将超过 10 亿人民币,利润将超过 1 亿元,盛大文学的估值目前已经超过 8 亿美元。

十年失败史

盛大的退市已经显示出陈天桥转型战略的打算,但其实从很早以前他就开始思考盛大的蓝图了。

2003 年,春风得意的陈天桥提出了家庭娱乐构想,2004 年,盛大开始推行“盛大盒子”计划,在铺天盖地的宣传攻势和对“盛大盒子”的美好构想之中,看到的是盛大通过电视终端打造一个连通网络和线下平台的宏愿。

那时候,微软还为 Xbox 承担着日复一日的亏损,而直到 2008 年,苹果的 A PPStore 和 AppleTV 才付诸实践。

其兴也勃,其亡也忽,说是因为“盛大盒子”的理念太过超前也好,说是陈天桥好高骛远也罢,最终结果就是,经过两年多的惨淡经营,“盛大盒子”最终不得不黯然收场。

这款产品无意中也预示了盛大之后在硬件终端的坎坷路途。

Bambook 曾经一度占据了两成以上的国内电子阅读器市场,意图在中国市场复制 Amazon 以内容反哺硬件的模式,最终还是因为本身存在的诸多缺陷以及和国内消费习惯之间的差异而宣告失败,并随着如今平板的流行而彻底被市场遗忘。

两次可能领先的机会最终不仅没有让陈天桥得到胜利女神的青睐,反而阴差阳错地错过了开拓新市场的机遇。

现在,盛大正在通过 Bambook 智能手机进行着自己在硬件端的第三次尝试,但是从目前的结果来看,依旧不见多大起色。

尽管盛大官方表示对 Bambook 手机的销量表示满意,但实际上,从未披露的销售数据以及在市场上引起的冷淡回响都无法让人相信他们的这一说法,而盛大内部人员则直言不讳地表示,盛大手机完全就是一出彻头彻尾的悲剧。

但是,仅仅有内容和平台对陈天桥来说是远远不够的,小米也只有在推出小米手机之后才获得自己的地位和价值。盛大有自己的数字内容,有自己的平台,但是却始终无法打通最后硬件终端的通道。

在捋清近10年来盛大的发展轨迹后,会发现,陈天桥的数字娱乐家庭梦想更多地还是基于传统桌面PC时代做出的判断和决策,在那个时代的确算得上是匪夷所思,让人惊艳。

在Bambook推出的时候,盛大自身的内容平台并没有完全成型,无论是硬件、软件还是线上部分都无法提供给用户足够优秀的体验,以至于它最终成为昙花一现的产品。

在移动智能时代,陈天桥并没有表现出足够的勇气和敏感来,反而更多地反映出他的胆怯和保守。

他没有很好利用自己的平台和资源打造自己的这些优势,即使有盛大创新院的若干项目可以支撑他在这款市场上有所斩获时,他依旧和市场上的大多数人一样,选择了观望。

于是,雷军和小米成就了中国互联网在移动智能时代的新神话,而包括陈天桥在内的其他人只能被迫跟风。

从2011年10月份宣布私有化盛大到2012年2月完成退市,精通资本运作的陈天桥仅仅用了4个多月的时间,在市场竞争如火如荼、机遇稍纵即逝的时候,陈天桥却忙着打造自己的陈氏家族企业。

盛大已经成为陈天桥一个人的公司,他的喜好、判断、性格将左右整间公司未来的命运,即使他独断专行,即使他犯错,也没有多少有效的监督和纠错体制,至少对国内互联网公司来说,这是很罕见,也是很危险的。

不作为,无所作为,这是对移动智能时代的盛大最逼真的写照,这些问题使得内部的不少人都感到心灰意冷。就在最近两年内,超过20位的盛大高管选择了辞职,涵盖了包括游戏、视频在内的诸多盛大业务。

想做引领风气者,最终铩羽而归,想跟随时代大潮,却又遭遇败绩,这就是盛大如今的顽疾。从某种角度而言,今日盛大之困境几乎有九成以上的责任,都要由陈天桥一人负责。

而败因从10年前就已经开始埋下。

沉重的背影

盛大还有大把机会,它依旧有着国内无人匹敌的内容资源和平台,它还有盛大创新院这样的战略性项目,还有盛大在线这样能够切实带来收益的产品。

从陈天桥提出数字娱乐家庭的那一年起,盛大就已经不声不响地开始了自己的战略投资计划,10年间它的投资金额超过10亿美元。

这些从某种角度而言,都算是盛大和陈天桥的后手,但是和市场上的其他竞争者相比,盛大的杀手锏明显没有多少杀伤力。

在最赚钱的业务上,它赚的钱不够多,在最有前景的项目上,它又拿不出一款真正称得上革命性的产品。

换言之,盛大已经不再是市场上的主角,它现在更像是一个看起来很华丽的傀儡,更像是一个夸饰更繁复的龙套,它还能吸引到观众的眼球,但是却已经换不来多少喝彩和掌声。

曾经创造出《传奇》奇迹的盛大如今还需要再次找到一个同样神奇的利器,否则它身上的那套透明枷锁只会将它逼到末路。

　　好奇的是,陈天桥是否还对他的那个"中国迪士尼"梦念念不忘,那个曾经在喧嚣和躁动中的帝国梦,是否已经随着盛大事实上的逐渐消沉而成为一段历史的往事和记忆而已?

　　没有人知道。

　　目前盛大游戏的衰败已经不言而喻,盛大游戏的未来在何方,盛大高层何去何从,我们拭目以待。

　　问题:

　　试分析本案例中管理者面临的决策问题? 该公司是如何解决的? 结合课本知识,你对上述决策问题有何新的认识?

第一节　决策概述

一、决策的含义

　　在汉语中,"决"是决定、决断、断定;"策"则是计谋、计策、主意等。决策这个词,现在使用得相当广泛。但是对于什么是决策,不同的人却理解不一。

　　决策是人们为了实现特定的目标,在获取大量调研预测资料的基础上,运用科学的理论和方法,充分发挥人的智慧,系统地分析主客观条件,围绕既定目标拟定各种实施预选方案,并从若干个有价值的目标方案、实施方案中选择和实施一个最佳的执行方案的人类社会的一项重要活动,是人们在改造客观世界的活动中充分发挥主观能动性的表现,它涉及到人类生活的各个领域。

　　决策的狭义解释,是把决策理解为仅仅是行动方案的最后选择,如常说的"拍板"。其实,判断、选择或"拍板"仅仅是决策全过程中的一个环节,如果没有"拍板"前的许多活动,"拍板"必然会成为主观武断的行为,决策也难免要出乱子。

　　决策的广义解释,是把决策理解为一个过程。因为人们对行动方案的确定并不是突然做出的,而是要经过提出问题、搜集资料、确定目标、拟定方案、分析评价、最终选定等一系列活动环节。在方案选定之后,还要检查和监督它的执行情况,以便发现偏差,加以纠正。其中任何一个环节出了毛病,都会影响决策的效果。因此一个好的决策者,必然要懂得正确的决策程序,知道其中每个环节应当如何去做和要注意什么。

　　这里,主要是从广义上来理解决策的含义。

【管理实践】

　　决策是管理的核心,管理就是决策的过程。管理的各层次,无论是高层、中层,还是下层,都在进行决策。

　　　　　　　　　　　　　　　　——管理决策理论的奠基人 赫伯特·西蒙

二、决策的特征

　　(1) 决策总是为了达到一个既定的目标,没有目标就无从决策。

（2）决策对实际工作具有直接的指导性。决策是为了行动,不准备实施的决策是多余的。

（3）决策是对未来重大问题和急待解决的问题所做的决定,它是具有创造性的。

（4）决策总是在确定的条件下寻找优化目标和达到目标的最佳途径。不追求优化,决策是没有意义的。

（5）决策总是在若干有价值的方案中进行比较和选优,没有比较和选优,也就不称其为决策。

三、决策的程序

决策程序应是一个科学的系统,其每一步骤都有科学的涵义,相互间又有有机的联系。为了使每一步骤达到科学化,还必须有一套科学方法给予保证。

决策程序大致可分为8个阶段:①调查研究,诊断问题;②系统分析,确定目标;③收集信息,科学预测;④拟定方案,采取对策;⑤全面比较,方案评价;⑥总体权衡,选定方案;⑦进行试点,检验决策;⑧实施决策,控制反馈。图4-1所示为决策程序示意图。

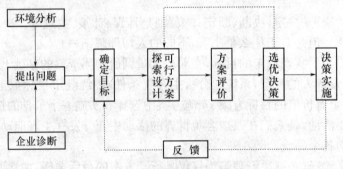

图4-1 决策程序示意图

1. 诊断问题

发现问题是决策工作的出发点,是领导者的重要职责。领导者应该根据既定的目标,积极地搜集和整理情报并发现差距,确认问题。

诊断的目的主要是通过研究现状,找出差距及其原因,以判断是否有改善的必要。通过诊断,可以使企业经营者了解企业内部活动及其目标与外部环境的不平衡是否已经存在,是何种性质的不平衡,它对企业的不利影响是否已产生了改变经营活动的必要。

2. 确定目标

所谓确定目标是指在一定的环境和条件下,在调研预测的基础上拟定出达到目标的各种办法和方案,并根据目标确立的标准仔细衡量,从中选择最好的方案,做出决策。目标必须明确、具体,在资源限制方面,要订立一个最高限度;在必须获得的成果方面,要有一个最低限度的标准;在职责方面,要明确其责任。

3. 调研预测

进行决策,必须开展广泛的调研。

（1）要摸清情况,有目的地对大量统计数据进行分析处理,去粗取精,编制出简明扼要的表格与资料,提供给智囊系统和决策系统。关键性基础数据必须准确可靠,对动态数据的变化情况和实际值要心中有数。

（2）广泛查阅、搜集与分析有关的国内外文献资料，尤其要了解国内外解决类似决策问题的方法、后果、经验与教训。除了积累文字情报以外，也应重视活情报的收集。

（3）为了决策科学化的需要，必须搜集有关的信息，并加以处理、传送和使用，即要建立信息系统。

（4）由于决策所需要的条件和环境往往存在一些目前不能确定的因素，因此要根据已搜集到的资料和信息进行预测。科学的预测是决策的前提。预测研究是决策过程的一个重要环节。

4. 拟定方案

这是为达到目标而寻找途径。制定比较方案往往同从中做出抉择一样重要，必须注意以下几点：①方案的可行性；②方案的多样性；③方案的层次性。

在制定比较方案时，越能了解和找出对达到所要求的目标起限制性和决定性的因素，就越能准确地拟定出各种可行方案。

5. 分析评估

制定出各种可行方案之后，接着就是进行评估，选择一个最有助于实现目标的方案。

（1）要建立各方案的物理模型或数学模型，并要求得各模型的解，对其结果进行评估。评估时，要根据目标来考核各个方案的费用和功效。

（2）采用现代化的分析、评估、预测方法，对各种比较方案进行综合评价。一是运用定性、定量、定时的分析方法，评估各比较方案的效能价值，预测决策的后果以及来自各阶层、各领域的反应。二是在评估的基础上，权衡、对比各比较方案的利弊得失，并将各个比较方案按优先顺序排列，提出取舍意见，送交最高决策机构。

6. 优选方案

选择方案是决策程序中最为关键的环节，由决策系统完成。进行选择，就要比较可供选择方案的利弊，运用效能理论进行总体权衡、合理判断，然后选取其一，或综合成一，做出决策。

决策者在决策时必须研究某一项对策对其他各方面的影响，以及其他方面的事物对这项对策的影响，并估计其后果的严重性、影响力和可能发生的程度。在仔细估量并发现各种不良后果以后，决策者有时会选择原来目标中的次好对策，因为它比较安全，危险性小，是较好的决策。

7. 实验验证与实施

当方案选定后必须进行局部实验，以验证其方案运行的可靠性。若成功的话，即可进入普遍实施阶段。

在执行过程中仍可能发生一些以前没有考虑到的偏离目标的情况，"智者千虑，必有一失"。因此为了确保决策的实施，必须建立控制制度和报告制度。用规章制度来衡量实施情况，明确执行者的责任，检查他们为执行命令所采取的行动，若有问题发生，及时报告，并纠正偏差。如果主、客观条件发生重大改变，以致必须重新确定目标时，那就必须进行"决策追踪"。

8. 决策反馈

反馈的任务在于准确而迅速地将决策实施过程中出现的问题，即决策本身与客观环境之间矛盾的信息输送给决策系统,从而使决策系统能够及时根据客观情况的变化,对决策方案进行相应的调整与修正。

在决策方案实施过程中,反馈的作用是十分明显的。

(1) 通过反馈可以对决策方案进行有效的控制和有机的协调。

(2) 通过反馈可以及时调整决策方案,保证决策方案实施的有效性。

(3) 通过反馈知道哪些环节最重要,就加强哪些环节的管理,使决策的质量和决策的管理水平不断提高。

第二节　决策类型及影响因素

一、决策类型

从不同的角度,按照不同的标准,可以把决策分为各种不同的类型。对决策进行分类,主要是为了通过分类认识不同类型决策的特征,掌握不同类型决策的规律,并在实际中根据不同类型的决策采取不同的决策方式和方法。

1. 根据决策问题的性质和重要程度划分:战略决策和战术决策

战略决策是指寻求使组织与变化着的外部环境之间达成均衡的一种决策,它一般是由高层管理者做出的。这类决策事关全局,所指的是组织整体在未来一段较长时期的活动,对组织的影响较为深远。例如改变或确定一个企业的经营目标,开拓新的市场,新产品的开发和多角化经营等。而战术决策多是由中、基层管理者做出的。这类决策涉及的多是组织的局部问题,所涵盖的时间期限较短,对组织的具体活动影响比较直接。战术决策又可分为管理决策和业务决策。

管理决策是为了实行组织的战略决策,对所需人力资源、资金资源以及对组织结构进行调整的一种决策,属于执行战略决策过程中的具体决策。管理决策旨在实现组织内部各环节活动的高度协调和资源的合理利用,以提高经济效益和管理效能。如企业的生产计划、销售计划、更新设备的选择、新产品定价、流动资金筹措等决策。这类决策是由中层管理者做出的,旨在解决组织的某一部门、领域的问题,局部性、中期性和战术性是这种决策的特点。管理决策虽然并不直接决定企业的命运,但决策的质量也将会影响组织目标的实现程度和组织效率的高低。

业务决策是指组织的基层管理者处理日常事务的决策。决策内容主要包括:工作任务的日常分配与检查,工作日程的监督与管理,岗位责任制的制定与执行,企业的库存控制、材料采购等。业务决策是组织所有决策中范围最小、影响最小的具体决策,是组织中所有决策的基础,也是组织运行的基础。业务决策具有常规性、短期性、技术性和琐细性等特点。

在不同类型的决策活动中,不同管理层因面对的问题和所授权限不同,所能负责的决策也不同。高层管理者主要负责战略决策,中层管理者主要负责管理决策,基层管理者负责大部分业务决策。

战略决策与业务决策的区别

性质	战略决策	业务决策
影响的范围	企业整体	部门或科室
决策的时效	对未来产生长远的影响	只产生短期的影响
可变更性	更改决策会引起很大的损失	容易修改或撤消
决策工具	启发性的分析工具	完善的量化分析方法
决策流程	不确定	确定
外部环境	含有较多的变化因素	含有较少的变化因素
掌握的信息	不充分	充分
决策的周期	不确定,通常需要较长的时间	受到管理制度的限定
决策目标	多重的、可能相互冲突的目标	单一的或高度一致的目标
决策主体	由企业最高领导做出决策	由基层管理人员做出决策

2. 根据决策环境的控制程度划分:确定型决策、风险型决策、非确定型决策

任何决策都面临一定的环境和条件,确定型决策是在稳定(可控)条件下进行的决策,自然状态(影响决策的因素在客观上存在的可能情况)是完全确定的,决策者对决策问题的情况有充分的了解,备选方案的目标能否实现是完全可以预见的,每一个方案只有一个确定的结果,将各备选方案的结果进行比较就可做出抉择。这种决策叫确定型决策。例如,你有一笔钱想通过银行存款的形式获得利润,第一家银行的活期利率是5%;第二家银行存款期为3个月,利率9%;第三家银行存款期为半年,利率为12%,但若提前取款,则要扣除7%的利率。这三种方案的条件、结果都十分明确,你可以根据自己的具体情况,选择一种相对理想的存款方案。

如果自然状态是不确定的,但决策者能够根据预测的情况计算出事件发生的概率,并根据概率能对决策结果做出一定的估计,这种决策就叫做风险型决策。所谓风险,就是指决策者对决策结果可以估计,但不能完全确定,要冒一定的风险。这种风险来自决策者在可供选择的方案中对自然状态缺乏控制的能力和这类决策目标能否实现只能用概率来加以评估。

如果自然状态是不确定的,而且决策者或者没有能力,或者难以确定各自然状态出现的概率,其结果也无法预料,这种决策就叫做非确定型决策。非确定型决策和风险型决策类似,不同点在于各自然状态出现的概率可否得以预计。

3. 根据决策事件发生的频率划分:程序性决策与非程序性决策

组织中的问题可被分为两类:一类是例行问题,另一类是例外问题。例行问题是指那些重复出现的日常的管理问题,如管理者日常遇到的产品质量、设备故障、资金短缺、供应商没有履行供货合同等问题；例外问题则是指那些偶然发生的、新颖的、性质和结构不明确的、具有重大影响的问题，如组织结构的变化、重大投资、新产品的开发、重大政策的制定等问题。

（1）程序性决策。

程序性决策是针对例行的、重复出现的活动而言的。由于问题是重复出现的，管理者经常做出此类决策，所以形成了在特定情况下进行决策的准则和方针。利用现成的决策准则就可以解决未来的问题。例如，当企业的库存下降到一特定水平时就开始订货；当加班时间超过正常工作时间的 10％ 时，生产主管就需要雇用新的工人等，都属于程序性决策问题。

（2）非程序性决策。

非程序性决策是针对例外问题的，这类问题是偶然发生的，或者是第一次对这类问题做决策，无先例可循。非程序性决策需要考虑内外部条件变动及其他不可量化的因素，这类决策正确与否，决策效果如何，往往取决于决策者的气魄、首创精神和决策方法的科学性。大多数战略决策属于非程序性决策。有证据表明，在企业中大量的决策是程序性决策。高层管理者所做的主要是非程序性决策，占决策比例的 60％ 以上，而中、基层管理者所做的决策主要是程序性决策，其中，中层管理者的程序性决策可达 60％～70％，而基层管理者或操作者做出的程序性决策则高达 80％～90％。

4. 根据决策目标划分：单目标决策和多目标决策

单目标决策是指判断一项决策的优劣，只考查某一重要目标就可以得出结论的决策。许多决策问题都涉及到多个目标。例如，干部的选拔涉及品德、才干、健康状况等因素。因此，这是一个至少包括三个目标的决策问题。在管理决策中，除了对十分简单的决策问题的处理，往往都是多目标决策。决策目标越多，构建备选方案的要求也就越高，评价标准也就越多，决策的难度也就相应大些。

5. 根据决策的主体划分：个人决策和群体决策

决策的整个过程只由一个人来完成，是个人决策。决策过程的某一环节或整个决策过程是由两个人以上的群体来完成的，这种决策叫做群体决策。决策是在一定的历史阶段产生并发展起来的，体现着时代的特征，随着环境的变化，决策也日益呈现出一些新的特点，其中最典型的就是群体决策受到重视，并获得迅速的发展。

群体决策是为充分发挥集体的智慧，由多人共同参与决策分析并制定决策的整体过程，参与决策的人组成群体。现代的一些决策问题，特别是对于复杂的大科学、大工程、大企业的决策问题，绝不是单纯个人能力所能驾驭的。为此，群体决策因其特有的优势得到了越来越多的决策者的认同并日益受到重视。

决策者面临的组织内外环境复杂多变，许多问题的复杂性不断提高。相应地要求综合许多领域的专门知识才能解决问题，这些跨领域的知识往往超出了个人所能掌握的限度。

决策者本人的价值观、态度、信仰、背景有一定的局限性。一方面，这些因素会对解决问题的类型和解决问题的思路和方法产生影响。例如，如果决策者注重经济价值，他会倾向于对包括市场营销、生产和利润问题在内的实质情况进行决策；如果决策者格外关注环境，就会用生态平衡的观点来考虑问题。另一方面，决策者个人不可能擅长解决所有类型的问题,以及进行任何类型的决策。

决策相互关联的特性客观上也要求不同领域的人积极参与,积极提供相关的信息,从不同角度认识问题并进行决策。

在多数组织中,许多决策都是通过委员会、团队、任务小组或其他一些群体的形式完成的,决策者必须经常在群体会议上对那些具有高度不确定性的非程序性的决策寻求和协调解决办法。结果,许多决策者在委员会和其他群体会议上花费了多达80%以上的时间。因此,分析群体决策的利弊以及影响因素具有重要的现实意义。

(1) 群体决策的优点。

① 群体决策有利于集中不同领域专家的智慧,应付日益复杂的决策问题。通过这些专家的广泛参与,对决策问题提出各种建设性意见,有利于在决策方案贯彻实施之前,发现其中存在的问题,提高决策的针对性。

② 决策群体的成员来自不同的部门,从事不同的工作,熟悉不同领域的知识,掌握不同的信息。群体决策能够利用多方面的知识和信息,形成更多的可行的方案,进而挖掘出更多令人满意的行动方案。

③ 群体决策还有利于充分利用其成员不同的教育程度、经验与背景。具有不同背景和经验的成员,在选择收集的信息、要解决问题的类型和解决问题的思路上往往都有很大差异,他们的广泛参与有利于提高决策时考虑问题的全面性,提高决策的科学性。

④ 群体决策容易得到普遍的认同,有助于决策的顺利实施。由于决策群体的成员具有广泛的代表性,所形成的决策是在综合各位成员意见的基础上形成的对问题趋于一致的看法,因而有利于决策实施的有关部门或成员的理解与接受,在实施中也容易得到各部门的相互支持与配合,从而在很大程度上有利于提高决策实施的质量。

⑤ 群体决策有利于使人们勇于承担风险。据有关学者研究表明,在群体决策的情况下,许多人都比个人决策时更敢于承担更大的风险。

(2) 群体决策的弊病。

① 速度、效率可能低下。群体决策鼓励各个领域的专家、员工的积极参与,力争以民主的方式拟定出最满意的行动方案。在这个过程中,如果处理不当,就可能陷入盲目讨论的误区之中,既浪费了时间,又降低了决策速度,从而降低了决策效率。

② 少数人控制。群体决策之所以具有科学性,原因之一是个体在决策中处于同等的地位,可以充分地发表个人意见。但在实际情况中,这种状况并不容易达到。参与决策的成员在决策中的作用是不一样的。当集体的决策被某个或某些领导、专家、年长者、资源拥有者所控制时,很可能出现以个人或子群体为主发表意见,进行决策的情况。当管理者需要以民主管理做"遮羞布"时,尤其如此。

③ 从众现象。群体中存在着"群体压力",与会者往往会出现"随大流"的从众现象,影响正确决策。

④ 很可能更关心个人或部门目标。在实践中,不同部门的管理者可能会从不同的角度对不同问题进行定义,管理者个人更倾向于对与其各自部门相关的问题非常敏感。例如,市场营销经理往往期望较高的库存水平,而把较低的库存水平视为问题的征兆;财务经理则偏好于较低的库存水平,而把较高的库存水平视为问题发生的信号。因此,如果处理不当,很可能发生决策目标偏离组织目标而偏向个人或部门目标的情况。

⑤ 责任不清。个人决策责任明确,而群体决策的责任在一定程度上分散化,任一成员的责任都会降低,没有人对决策的结果负责。

基于以上的情况,现代组织一般采用群体决策与个人决策相结合的决策体制。重大问题一般采用群体决策方式,以确保决策质量,日常管理决策则采用个人决策方式,以确保重大决策的执行效率。为适应现代社会的信息量大,环境变化快的发展趋势,现代决策中人们设计出了一些改善群体决策的方法,如头脑风暴法等,试图消除群体决策的不利之处,从而更好地发挥群体决策的优势。

6. 根据决策的依据划分:经验决策与科学决策

经验决策是依靠决策者的经验或直觉进行的决策。这类决策中,决策者的主观判断与个人价值观起着重要作用。凭借经验设计决策方案和选择决策方案,能否见效,不仅取决于决策者的经验是否丰富,还取决于决策者对过去的那些决策行为同现在的决策之间的异同点能否有正确的认识。对于有些决策问题的解决,个人经验是有限的,这时,就应发扬民主作风,集合他人的经验。直觉在决策中有其重要的作用。直觉决策是指从过去的经验中提取精华而进行的无意识的决策选择过程。直觉决策者可以在信息、时间非常有限的条件下进行迅速决策。直觉决策最近得到了人们越来越多的关注。专家们不再认为依赖直觉进行决策是非理性的。在某些情况下,依赖直觉会提高决策效率和决策水平。

科学决策是指依据科学的理论、严密的程序和科学的方法所进行的决策,在整个决策过程中应用现代决策技术和决策工具。

二、决策的影响因素

组织的决策受到以下因素的影响。

1. 环境

环境对组织决策的影响是不言而喻的。这种影响是双重的。

(1) 环境的特点影响着组织的活动选择。比如,就企业而言,需要对经营方向和内容经常进行调整;位于垄断市场上的企业,通常将经营重点致力于内部生产条件的改善、生产规模的扩大以及生产成本的降低,而处在竞争市场上的企业,则需密切关注竞争对手的动向,不断推出新产品,努力改善营销宣传,建立健全销售网络。

(2) 对环境的习惯反应模式也影响着组织的活动选择。即使在相同的环境背景下,不同的组织也可能做出不同的反应。而这种调整组织与环境之间关系的模式一旦形成,就会趋向固定,限制着人们对行动方案的选择。

2. 过去决策

今天是昨天的继续,明天是今天的延伸。历史总是要以这种或那种方式影响着未来。在大多数情况下,组织决策不是在一张白纸上进行初始决策,而是对初始决策的完善、调整或改革。组织过去的决策是目前决策过程的起点;过去选择的方案的实施,不仅伴随着人力、物力、财力等资源的消耗,而且伴随着内部状况的改变,带来了对外部环境的影响。"非零起点"的目前决策不能不受到过去决策的影响。过去的决策对目前决策的制约程度要受到它们与现任决策者的关系的影响。如果过去的决策是由现在的决策者制定的,那么决策者通常要对自己的选择及其后果负管理上的责任,因此会不愿对组织活动进行重大调整,而倾向于仍把大部分资源投入到过去方案的执行中,以证明自己的一贯正确。相反,如果现在的主要决策者与组织过去的重要决策没有很深的渊源关系,则会易于接受重大改变。

3. 决策者对风险的态度

风险是指失败的可能性。由于决策是人们确定未来活动的方向、内容和目标的行动,而人们对未来的认识能力有限,目前预测的未来状况与未来的实际状况不可能完全相符,因此在决策指导下进行的活动,既有成功的可能,也有失败的危险。任何决策都必须冒一定程度的风险。组织及其决策者对待风险的不同态度会影响决策方案的选择。愿意承担风险的组织,通常会在被迫对环境做出反应以前就已采取进攻性的行动;而不愿承担风险的组织,通常只能对环境做出被动的反应。经常进行新的探索而不愿承担风险的组织,其活动则要受到过去决策的严重限制。

4. 组织文化

组织文化制约着组织及其成员的行为以及行为方式。在决策层次上,组织文化通过影响人们对改变的态度而发生作用。任何决策的制定,都是对过去在某种程度上的否定;任何决策的实施,都会给组织带来某种程度的变化。组织成员对这种可能产生的变化会怀有抵御或欢迎两种截然不同的态度。在偏向保守、怀旧、维持的组织中,人们总是根据过去的标准来判断现在的决策,总是担心在变化中会失去什么,从而对将要发生的变化产生怀疑、害怕和抵御的心理与行为;相反,在具有开拓、创新气氛的组织中,人们总是以发展的眼光来分析决策的合理性,总是希望在可能产生的变化中得到什么,因此渴望变化,欢迎变化,支持变化。显然,欢迎变化的组织文化有利于新决策的实施,而抵御变化的组织文化则可能给任何新决策的实施带来灾难性的影响。在后一种情况下,为了有效实施新的决策,必须首先通过大量工作改变组织成员的态度,建立一种有利于变化的组织文化。因此,决策方案的选择不能不考虑到改变现有组织文化而必须付出的时间和费用的代价。

5. 时间

美国学者威廉·R·金和大卫·I·克里兰把决策类型划分为时间敏感决策和知识敏感决策。时间敏感决策是指那些必须迅速而尽量准确的决策。战争中军事指挥官的决策多属于此类,这种决策对速度的要求远甚于质量。例如,当一个人站在马路当中,一辆疾驶的汽车向他冲来时,关键是要迅速跑开,至于跑向马路的左边近些,还是右边近些,相对于及时行动来说则显得比较次要。

相反,知识敏感决策,对时间的要求不是非常严格。这类决策的执行效果主要取决于其质量,而非速度。制定这类决策时,要求人们充分利用知识,做出尽可能正确的选择。组织关于活动方向与内容的决策,即前面提到的战略决策,基本属于知识敏感决策。

这类决策着重于运用机会,而不是避开威胁,着重于未来,而不是现在。所以,选择方案时,在时间上相对宽裕,并不一定要求必须在某一日期以前完成。但是,也可能出现这样的情况,外部环境突然发生了难以预料和控制的重大变化,对组织造成了重大威胁。这时,组织如不迅速做出反应,进行重要改变,则可能引起生存危机。这种时间压力可能限制人们能够考虑的方案数量,也可能使人们得不到足够的评价方案所需的信息,同时,还会诱使人们偏重消极因素,忽视积极因素,仓促决策。

第三节 决 策 方 法

一般地说,决策方法有两大类:主观决策法和计量决策法。随着决策实践和理论的不断发展,已经创造出许多科学可行的决策方法,但没有一种方法是万能的。管理人员要根据具体决策问题的性质、特点灵活运用,优势互补,才能提高决策的科学化水平。

一、定量决策方法

定量决策是指决策的目标本身就表现为数量指标的决策,例如,企业管理中涉及提高产量、利润或降低成本等决策,也称决策的"硬技术"。定量决策方法主要应用于对组织在既定方向下从事一定活动的不同方案做出选择,该方法由于借助量化分析和精确的计算,可以大大提高决策的客观性和准确性。主要的定量决策方法如表4-1所列。

表4-1 主要的定量决策方法

确定型决策	备选方案只存在一种自然状态的决策
风险型决策	备选方案存在两种或两种以上自然状态,每种自然状态发生的概率可以估计的决策
不确定型决策	备选方案存在两种或两种以上自然状态,每种自然状态发生的概率无法估计的决策

1. 确定型决策方法

确定型决策是指决策面对的问题的相关因素是确定的,从而建立的决策模型中的各种参数是确定的。下面主要介绍应用"量本利分析法"的确定型决策方法。

量本利分析法(也称保本分析法、盈亏平衡分析法),是通过考察产量(或销售量)、成本和利润的关系以及盈亏变化的规律来为决策提供依据的方法。量本利分析图如图4-2所示。

产量—成本—盈利分析(表4-2):$Q-C-P$。

$P=S-C=kQ-C$,即利润=销售收入-总成本=单价×产量-总成本

表4-2 产量—成本—盈利关系表

销售收入 S	总成本 C	生产成本	直接人工成本,直接原材料、燃料、动力、外购件、外协件	可变成本 V
			间接人工成本,折旧费,车间经费,管理费用	固定成本 F
			销售费用	
	盈利 P			

由此可见,企业要增加盈利 P,有两条途径:一是降低成本 C,二是增加销售收入 S。

$P=kQ-(F+vQ)$,利润=单价×产量-(固定成本+单位可变成本×产量)

令 $P=0$,就得到 Q_0 的计算公式:

$Q_0=\dfrac{F}{k-v}$,产量=固定成本/(单价-单位可变成本)

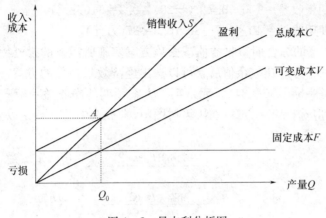

图 4-2　量本利分析图

例：设某厂生产某种产品的情况如下：固定成本 $F=2$ 万元，单位可变成本 $v=3$ 元，销售单价 $k=5$ 元，试分析盈亏情况。

解：根据题意有

$$Q_0 = \frac{F}{k-v} = 20000/(5-3) = 10000（件）$$

2. 风险型决策方法

如果决策问题涉及的条件中有些是随机因素，它虽然不是确定型的，但我们知道它们的概率分布，这类决策被称为风险型决策。决策树法是风险型决策的常用方法，适用于未来可能有几种不同情况（自然状态），并且各种情况出现的概率可以根据资料来推断的情况。它用树形图来描述各方案对未来收益的计算、比较及选择，考虑各方案所需的投资，比较不同方案的期望收益值。

例：某公司为投产某种新产品拟订两个方案：一是建设规模较大的工厂，另一是建设规模比较小的工厂。假设两者的使用期一样，但建大厂需投资 30 万元，建小厂只需投资 20 万元。这种新产品未来的销路有好坏两种情况，它们出现的概率分别为 0.7 和 0.3，相应的损益值预测结果是：建大厂方案下，如果销路好，生产经营这种新产品能带来 100 万元的收益，但如果销路差，则要损失 20 万元；建小厂方案下，如果销路好，经营收益能达到 40 万元，而如果销路差，则只有 30 万元的收益。试问哪一种方案更可取？

决策树法步骤如下。

(1) 根据决策备选方案的数目和对未来环境状态的了解，绘出决策树图形。图 4-3 中，方形节点"□"表示决策点，由决策点引出的若干条一级树枝叫做方案枝，它表示该项决策中可供选择的几种备选方案，分别以带有编号的圆形节点①、②等来表示；由各圆形节点进一步向右边引出的枝条称为方案的状态枝，每一状态出现的概率可标在每条直线的上方，直线的右端可标出该状态下方案执行所带来的损益值。

(2) 计算各个方案的期望收益值。这首先是计算方案各状态枝的期望值，即用方案在各种自然状态下的损益值去分别乘以各自然状态出现的概率（P_1, P_2）；然后将各状态枝的期望收益值累加，求出每个方案的综合期望收益值（可将该数值标记在相应方案的圆

形节点上方)。在上例中:

第一方案的期望收益=100×0.7+(-20)×0.3=64(万元)

第二方案的期望收益=40×0.7+30×0.3=37(万元)

(3) 将每个方案的综合期望收益值减去该方案实施所需要的投资额(该数额可标记在相应的方案枝的下方),比较余值后就可以选出经济效果最佳的方案。在上例中,第一方案预期的净收益=64-30=34(万元);第二方案预期的净收益=37-20=17(万元)。比较两者,可看出应选择第一方案(在决策树图中,未被选中的方案是以表示"剪断"的符号"∥"来表示的)。

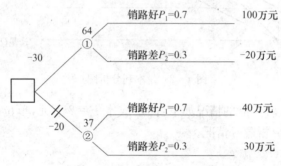

图 4-3   决策树示意图例

3. 不确定型决策方法

不确定型决策是指方案实施可能会出现的自然状态或者所带来的后果不能做出预计的决策。与不但知道未来有多少种后果且还知道各种后果出现概率的风险型决策相比,非确定型决策所面临的不确定性通常更大。

在非确定型决策中,最不确定的情况是连方案实施所可能产生的后果都无法估计,这样的决策就相当难决定,甚至可以说,决策时基本毫无把握可言,只能凭靠决策者的学识、智慧、胆略甚至运气来做决定。稍微有把握些的是介于这类最高不确定型决策与风险型决策中间的状态。这时,决策方案实施的后果可以估计,也即可以确定出方案在未来可能出现的各种自然状态及其相应的收益情况,但对各种自然状态在未来发生的概率却无法做出判断,从而无法估算期望收益。处理这类决策问题的办法有二:一是通过一些科学方法来补充信息,将不确定型问题变为风险型问题来处理。在这里,实现转变的关键是,设法正确地估计出主观概率,然后据此求得各方案的期望值。第二种方法是依经验进行模糊决策,如判断哪个方案可能性大,哪个次之,哪个最小。《三国演义》中诸葛亮使用空城计,实际上面临着司马懿进城攻打和不进城退去两种后果。诸葛亮神机妙算,料定司马懿有很大可能性不会进城,所以大胆地使用了空城计方案。

对于不确定型决策问题,决策者无论是否知道决策方案执行后会产生什么样的后果,他们做决策时都必须预先设定某种适用的决策准则,依此才可能对各种行动方案进行比较和选择。不同的决策者由于其个性和风险偏好的不同,其选用的决策准则不可能一样。下面以 A,B 两企业间的竞争为例,介绍不确定型决策的四种典型的方案选择准则。

假设 A 企业为经营某产品制定了四种可行的策略,分别是 A_1,A_2,A_3,A_4。在该产品目标市场上,有一个主要竞争对手——B 企业,它可能采取的竞争性行动有 B_1,B_2,B_3 三种。A 企业没有指导自己确定四种策略成功概率的经验,但知道在 B 企业采取特定反

62

击策略时自己的收益(表4-3左半部)。

表4-3 A企业在对手三种不同反击策略下的收益状态及方案选择

B企业的可能反应 A企业的策略	B₁	B₂	B₃	乐观准则 (X)	悲观准则 (Y)	折中准则 (αX+βY)
A₁	13	14	11	14	11	
A₂	9	15	18	18	9	
A₃	24	21	15	24	15	
A₄	18	14	28	28	14	
相对收益最大值 及选取的方案				28 第4方案	15 第3方案	

那么,A企业应该采取什么样的策略最好?这取决于其决策者的择案标准。理论上说,择案标准或方案选择原则有以下四种。

(1)乐观准则,亦称"大中取大"或"好中求好"决策法。持这种准则的决策者是一个乐观者,认为未来总会出现最好的自然状态,因此他对方案的比较和选择就会倾向于选取那个在最好状态下能带来最大效果的方案。如表4—3所列,乐观者在决策时是根据每个方案在未来可能取得的最大收益值,也就是方案在最有利的自然状态下的收益值来进行比较,从中选出能带来最大收益的方案(第4方案)作为决策实施方案。

(2)悲观准则,亦称"小中取大"或"坏中求好"决策法。与乐观准则正好相反,悲观的决策者认为未来会出现最差的自然状态。因而为避免风险起见,决策时只能以各方案的最小收益值进行比较,从中选取相对收益最大的方案。所以,依据悲观准则进行的决策也叫做"小中取大"法,或称"坏中求好"法。以表4-3的例子来说,悲观者在决策时首先会试图找出各方案在各种自然状态下的最小收益值,即与最差自然状态相应的收益值,然后进行比较,选择在最差自然状态下仍能带来"最大收益"(或最小损失)的方案作为拟付诸实施的决策方案。本例中,按悲观准则所选取的方案是第3方案。

(3)折中准则。持折中观的决策者认为要在乐观与悲观两种极端中求得平衡。即决策时既不把未来想像得非常光明,也不将之看得过于黑暗,而认为最好和最差的自然状态均有出现的可能。因此,可以根据决策者本人的估计,给最好的自然状态定一个乐观系数(α),给最差的自然状态定一个悲观系数(β),使两者之和等于1(即α+β=1);然后,将各方案在最好自然状态下的收益值和乐观系数相乘所得的积,与各方案在最差自然状态下的收益值和悲观系数的乘积相加,由此求得各方案的期望收益值,经过该值的比较后,从中选出期望收益值最大的方案。

(4)最大后悔值最小化准则。这是考虑到决策者在选定某一方案并付诸实施后,如果这时实际的自然状态并不与决策时的判断相吻合,就意味着当初如果选取其他的方案反而会使企业得到更好的收益。这种情况无形中表明,这次决策存在一种机会损失,它构成了决策的"遗憾值",或称"后悔值"。这里,"后悔"的意思是:你选择了一种方案,实际上就放弃了其他方案可能增加的收益。所以,决策者将为此而感到后悔。"最大后悔值"最小化决策准则就是一种力求使每一种方案选择的最大后悔值达到尽量小的决策方法。根据这一准则,决策时应先计算出各方案在各种自然状态下的后悔值,即用某自然状态下各方案中的最大收益值去减该自然状态下各方案的收益值,所得的差值就表示如果实际出现该种状态将会造成多少的遗憾,然后从每个方案在各状态下的后悔值中找出最大的后悔值,据此对不同方案进行比较,选择最大后悔值最小的方案作为拟付诸实施的最满意决策方案(表4-4)。

表4-4　最大后悔值最小化决策方法

B企业的可能反应　　A企业的策略	B_1	B_2	B_3	后悔值			最大后悔值
				$24-B_1$	$21-B_2$	$28-B_3$	
A_1	13	14	11	11	7	17	
A_2	9	15	18	15	6	10	
A_3	24	21	15	0	0	13	
A_4	18	14	28	6	7	0	
相对收益最大值	24	21	28				
最大后悔值中的最小值及选取的决策方案							7 第4方案

以上情况说明,对于不确定类型的决策,决策者本身对决策所应依据的准则的选择,将最终影响其对决策方案的选择。因此,在不确定情况之下,决策实际很难达到真正的"最优化",理想的决策方案只不过是按照决策者事先选定的准则或原则来选择的相对最满意的方案。所以,满意化决策要比最优化决策在现实中更具有代表性。

二、定性决策方法

本部分将主要讨论有关决策中常用到的定性决策的方法。定性决策方法也称决策的"软技术",是指在决策过程中充分发挥专家集体的智慧、能力和经验,在系统调查分析的基础上,根据掌握的情况和资料进行决策的方法。定性决策的目标只能做出抽象的描述和表达,主要依赖于决策者的分析判断,难以用数学方法来解决,例如,组织结构的设置变化、干部的选拔配备等决策。它较多地应用于综合抽象程度较高的高层次战略问题的决策。

1. 专家会议法

专家会议法是指根据规定的原则选定一定数量的专家,按照一定的方式组织专家会议,发挥专家集体的智能结构效应,对预测对象未来的发展趋势及状况,做出判断的方法。"头脑风暴法"就是专家会议预测法的具体运用。

头脑风暴法(Brain Storming,BS),也称非交锋式会议。其含义是指会议不带任何限制条件,鼓励与会专家独立、任意地发表意见,没有批评或评论,以激发灵感,产生创造性思维。这一方法是由美国创造工程学家奥斯本于1939年首先提出来的。头脑风暴法是一种常用的集体决策方法,便于发表创造性意见,因此主要用于收集新设想。在具体操作上是通过一种小型会议的形式进行的。这种会议有其特殊的规则:第一,不许批评。无论发言多么荒诞离奇、不合理,所有人均不允许发表批评意见。第二,多多益善。鼓励参与者海阔天空的尽情发挥,想法、方案越多越好。第三,允许补充。发言者可以在别人想法的基础上进行补充和改进,从而形成新的设想和方案。主持人在此过程中主要有两项任务:一是不断地对发言者给予表扬和鼓励,从而激励他们说出更多的想法来;二是要负责记录所有的方案,最好能通过某种形式展示出来,让所有人都看见。其目的在于创造一种畅所欲言、自由思考的氛围,诱发创造性思维的共振和连锁反应,产生更多的创造性思维。

运用这种方法要注意以下问题。

(1) 会议的时间不宜太长,太长了容易使与会者疲倦,一般以 60 分钟为宜。会议的时间也不能太短,太短了与会者的思维活跃不起来,也难以做到相互补充和自我完善。

(2) 参加会议的人员如果相互熟悉,那么最好从同一职级的人员中选择,这样可以避免不必要的压力,避免与会者盲从权威,盲从领导。如果与会者互不相识,则可以从不同职级的人员中选取,但不论职位高低都要平等对待。

(3) 不允许发言的人用事先准备好的发言稿,这样有碍新思路的产生,不易形成活跃的氛围。

遵循以上三条原则,就会形成一个自由交换意见的氛围。大家你一言我一语,相互启发,奇思妙想就会不断涌现。这时发言越热烈,意见越奇特,问题讨论得就越深刻,结论就更准确。

2. 德尔菲法

德尔菲法(Delphi),也叫专家意见法,是在专家个人判断法和专家会议法的基础上发展起来的一种专家调查法,它广泛应用在市场预测、技术预测、方案比选、社会评价等众多领域。它通过书面方式单独与专家个别联系,专家们只同组织者发生联系,专家之间不存在横向联系,以减少交叉影响和权威效应,使专家毫无顾虑地发表和修改自己的意见。每轮意见收集后,组织者都将意见进行处理,根据专家意见集中程度重新整理问题,再次征询专家意见,进而使意见趋于集中,形成企业的决策,如图 4—4 所示。

1964 年,美国兰德公司发表的"长远预测研究报告"首次将德尔菲法应用于技术预测,此后在世界迅速推广。德尔菲法尤其适用于长期需求预测,特别是当预测时间跨度长达 10~30 年,其他定量预测方法无法做出较为准确的预测时,以及预测缺乏历史数据,应用其他方法存在较大困难时,采用德尔菲法能够取得较好的效果。

德尔菲法的步骤具体如下。

(1) 建立预测工作组。德尔菲法对于组织的要求很高。进行调查预测的第一步就是成立预测工作组,负责调查预测的组织工作。工作组的成员应能正确认识并理解德尔菲法的实质,并具备必要的专业知识和数理统计知识,熟悉计算机统计软件,能进行必要的统计和数据处理。

(2) 选择专家。要在明确预测的范围和种类后,依据预测问题的性质选择专家,这是德尔菲法进行预测的关键步骤。选择的专家要与市场预测的专业领域相关,知识面广泛,经验丰富,思路开阔,富于创造性和洞察力;专家不仅要有熟悉本行业的学术权威,还应有来自生产一线从事具体工作的专家;专家不仅包括本部门的专家,还要有相关行业的来自其他部门的专家。专家组构成包括技术专家、宏观经济专家、企业管理者、行业管理者等。

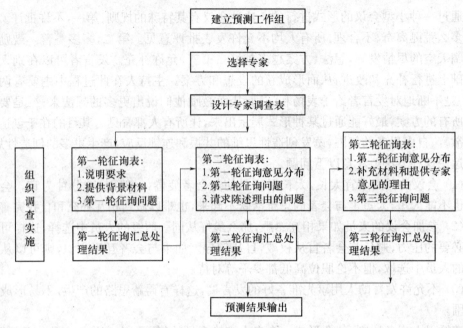

图 4—4 德尔菲法程序示意

一般而言,选择专家的数量为 20 人左右,可根据预测问题的规模和重要程度进行调整。

(3) 设计调查表。调查表设计的质量直接影响着调查预测的结果。调查表没有统一的格式,但基本要求是:所提问题应明确,回答方式应简单,便于对调查结果的汇总和整理。比较常见的调查表有:预测某事件实现的时间和概率,请专家进行选择性预测,即从多种方案中择优选择;或是进行排序性预测,即对多种方案进行优先排序。

(4) 组织调查实施。一般调查要经过 2~3 轮,第一轮将预测主体和相应预测时间表格发给专家,给专家较大的空间自由发挥。第二轮将经过统计和修正的第一轮调查结果表发给专家,让专家对较为集中的预测事件评价、判断,提出进一步的意见,经预测工作组整理统计后,形成初步预测意见。如有必要可再依据第二轮的预测结果制定调查表进行第三轮预测。

(5) 汇总处理调查结果。将调查结果汇总,进行进一步的统计分析和数据处理。有关研究表明,专家应答意见的概率分布一般接近或符合正态分布,这是对专家意见进行数理统计处理的理论基础。一般计算专家估计值的平均值、中位数、众数以及平均主观概率等指标。

思考题:

1. 什么是决策? 管理与决策之间究竟是一种什么样的关系?

2. 决策的特点是什么? 在管理中的地位如何? 对于"管理就是决策"这种说法,你认为应该怎样去理解?

3. 决策应遵循哪些基本程序?

4. 决策类型有哪些?

5. 个人决策和群体决策各有什么优缺点? 请举例说明。

6. 决策的影响因素有哪些?
7. 什么叫决策树法? 决策树法决策有哪几个步骤?
8. 如何运用最大后悔值最小化决策法进行决策?
9. 定性决策方法有哪些?

第五章 计 划

本章知识地图

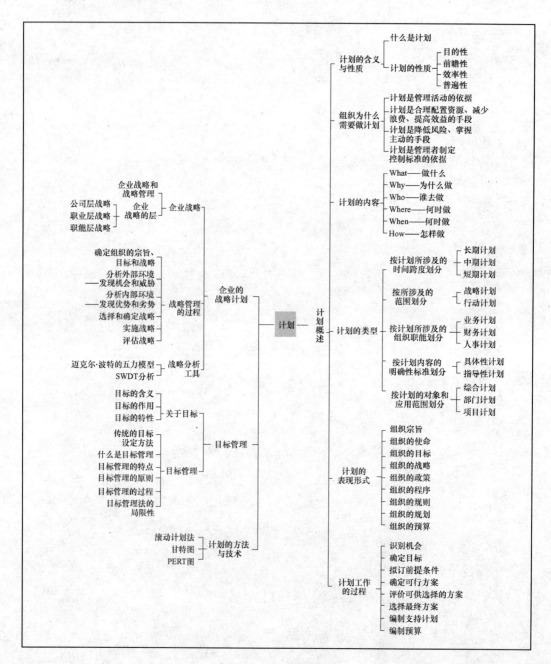

学 习 目 标

(1) 理解计划的概念和计划的内容。

(2) 了解计划的类型、特征及作用。

(3) 了解制订计划的程序和方法。

(4) 掌握目标管理的基本原理。

(5) 掌握战略管理的主要内容。

案例:宏远实业发展有限公司

进入 12 月份以后,宏远实业发展有限公司(以下简称宏远公司)的总经理顾军一直在想着两件事:一是年终已到,应抽个时间开个会议,好好总结一下一年来的工作,今年外部环境发生了很大的变化,尽管公司想方设法拓展市场,但困难重重,好在公司经营比较灵活,苦苦挣扎,这一年总算摇摇晃晃走过来了,现在是该好好总结一下,看看问题到底在哪儿;二是该好好谋划一下明年怎么办? 更远的该想想以后 5 年怎么干,乃至于以后 10 年怎么干? 上个月顾总从事务堆里抽出身来,到淮海大学去听了两次关于现代企业管理的讲座,教授的精彩演讲对他触动很大。公司成立至今,转眼已有 10 多个年头了。10 多年来,公司取得过很大的成就,靠运气,靠机遇,当然也靠大家的努力。细细想来,公司的管理全靠经验,特别是靠顾总自己的经验,遇事都由顾总拍板,从来没有公司通盘的目标与计划,因而常常是干到哪儿是哪儿。可现在公司已发展到有几千万资产,三百来号人,再这样下去可不行了。顾总每想到这些,晚上都睡不着觉,到底该怎样制定公司的目标与计划,这正是最近顾总一直在苦苦思考的问题。

宏远公司是一家民营企业,是改革开放为宏远公司的建立和发展创造了条件。15 年前,顾氏三兄弟只身来到了省里的工业重镇 A 市,当时他们口袋里只有父母给的全家的积蓄 800 元人民币,但顾氏三兄弟决心用这 800 元钱创一番事业,摆脱祖祖辈辈面朝黄土、背朝天的农民生活。到了 A 市,顾氏三兄弟借了一处棚户房落脚,每天分头出去找营生,在一年时间里他们收过破烂,贩过水果,打过短工,但他们感到这都不是他们要干的。老大顾军经过观察和向人请教,发现 A 市的建筑业发展很快,城市要建设,老百姓要造房子,所以建筑公司任务不少,但当时由于种种原因,建筑材料却常常短缺,因而建筑公司也失去了很多工程。顾军得知,建筑材料中水泥、黄沙都很缺。他想到,在老家镇边上,他表舅开了家小水泥厂,生产出的水泥在当地还销不完,因而不得不减少生产。他与老二、老三一商量决定做水泥生意。他们在 A 市找需要水泥的建筑队,讲好价,然后到老家租船借车把水泥运出来,去掉成本每袋水泥能净得几块钱。利虽然不厚,但积少成多,一年下来他们挣了几万元。当时的中国"万元户"可是个令人羡慕的名称。当然这一年中,顾氏三兄弟也吃尽了苦,顾军一年里住了两次医院,一次是劳累过度晕在路边被人送进医院,一次是肝炎住院。虽然如此,看到一年下来的收获,顾氏三兄弟感到第一步走对了,决心继续走下去。顾军在贩运水泥中,看到改革开放后 A 市到处都在大兴土木,建筑队的活忙得干不过来,他想家乡也有木工、泥瓦匠,何不把他们组织起来,建个工程队,到城里来闯天下呢？三兄弟一商量说干就干，没几个月一个工程队开进了城，当然水泥照样贩，这也算是两条腿走路了。

一晃15年过去了，当初贩运水泥起家的顾氏三兄弟，今天已是拥有几千万资产的宏远公司的老板了。公司现有一家贸易分公司、建筑装饰公司和一家房地产公司，有员工近300人。老大顾军当公司总经理，老二、老三做副总经理，并分兼下属公司的经理。顾军老婆的叔叔任财务主管，他们表舅的大儿子任公司销售主管。总之，公司的主要职位都是家族里面的人担任，顾军具有绝对权威。

宏远公司从无到有，从小到大。现在在A市顾氏三兄弟的宏远公司已是大名了。但顾军心里明白，公司这几年日子也不好过，由于成本上升，创利已不能与前几年同日而语了，只能是维持，略有盈余。况且建筑市场竞争日益加剧，公司的前景难以预料。贸易公司日子不好过，房地产公司更是一年不如一年。面对这些困难，顾总一直在想如何摆脱现在这种状况，如何发展。发展的机会也不是没有，上个月在淮海大学听讲座时，顾军认识了A市的一家国有大公司的老总，交谈中顾总得知，这家公司正在寻求在非洲销售他们公司当家产品——小型柴油机的代理商，据说这种产品在非洲很有市场。这家公司的老总很想与宏远公司合作，去抢占非洲市场。顾军深感这是个机会，但该如何把握呢？在一次聚会中，顾军又发现了另一个机会。有位老乡告诉他，市里规划从明年开始江海路拓宽工程，江海路在A市就像上海的南京路，两边均是商店。这位老乡问顾军，有没有兴趣进军江海路，如果想的话他可牵线搭桥。宏远公司的贸易公司早想进驻江海路了，但苦于没机会，现在机会来了，但投入也不会少，该怎么办？随着改革开放的深入，以及福利分房的结束，顾总想到房地产市场一定会逐步转暖。宏远公司的房地产已有一段时间没正常运作了，现在是不是该动了？总之，摆在宏远公司老板顾军面前的困难很多，但机会也不少，新的一年到底该干些什么？怎么干？以后5年、10年又该如何干？这些问题一直盘旋在顾总的脑海中。

讨论题：
1. 你如何评价宏远公司？如何评价顾总？
2. 宏远公司是否应制定短、中、长期计划？为什么？
3. 如果你是顾总，你该如何编制公司发展计划？

（资料来源：芮明杰《管理学原理》，格致出版社，上海人民出版社，2008）

第一节　计划概述

在现实中，我们对很多计划都曾有耳闻。比如：销售计划、市场开发计划、并购计划、新产品研发计划、创新发展计划、中小科技企业培育计划或创新型企业上市计划等。在这些计划中，企业不但确定了自己的未来目标，还确定了实现这些目标的具体途径。对企业来说，计划就是其未来行动的方案和行动指南，是有准备的活动。计划的制定和实施的质量是企业实现目标的关键环节。难怪人们常说，好的计划意味着成功了一半，可见计划对企业管理的重要作用。本章主要通过对计划的概念、内容、体系、流程和计划工具的介绍，读者对计划这项管理的基本职能有一个全面的了解，掌握相关的计划知识和技能，从而提高管理效率。

一、计划的含义和性质

1. 什么是计划

计划作为组织未来活动的预先筹划,在组织管理中具有非常重要的作用。哈罗德·孔茨认为:计划工作是一座桥梁,它将企业所处的此岸和要去的彼岸连起来。所以说,计划具有引导的功能,它给管理者和非管理者指明方向。当组织中的所有成员了解了组织的目标和为达到目标而必须付诸的行动时,他们就会协调自己的活动,互相合作或结成团队,为实现目标而努力。

计划既是一种设想,也是一种未来的活动。因此,可以从静态和动态两个角度去考虑计划这个概念。从静态角度讲,计划就是一个行动方案,它阐述了组织未来的活动内容。而从动态角度讲,计划涵盖了一系列的活动行为,它涉及制定计划、执行计划和检查计划等一系列的行动过程。

综上所述,可以这样给计划下定义:计划是管理职能中的一项基本职能。它确定组织未来活动的目标以及实现目标的途径和手段。计划是组织对未来行动的筹划和安排。

可以看出,在计划中要涉及两个重要内容:一是确定行动目标。如果目标选择不对,计划再周密也无法成功实现组织原本想达到的目的,这是计划的关键。二是确定实现目标的路径和手段。即在明确了做什么之后,要策划怎么做以及什么时候做等关键性步骤。这是循序渐进地实现目标的重要环节。

2. 计划的性质

1) 目的性

任何计划都是为了实现组织的发展目标而设计的行动步骤和方案。所以,计划的目的性非常明确,就是为组织实现既定目标服务的。例如,某家企业希望明年产值和利润有一个大幅度的增长。然而这只是一个愿望,要想把愿望变成现实,还需要根据过去的情况和现在的条件确定一个可行的明确目标。无论是产值增长 10% 还是 20%,这些具体目标都要以科学的方法为基础,通过预测和分析,策划出一系列能导致最终目标实现的行动方案。如果没有计划,行动就会盲目或产生混乱。

2) 前瞻性

计划不是对过去工作成绩的总结,也不是对现在工作状况的分析,而是在预测未来趋势的基础上对组织发展前景和目标的规划。组织未来的发展会受到很多不确定因素影响。因此,计划工作要审时度势,充分考虑未来的变化因素,为组织提供具有预见性的应对方法和路径。

3) 效率性

计划工作可以帮助组织避免无序的活动,减少资源的浪费。因此,计划工作强调协调和节约,具有追求效率的内在要求。组织在计划的引导下去"正确地做事"和"做正确的事"。因此,计划工作体现出很强的效率性。

4) 普遍性

计划工作是各级主管人员的一个共同职能。组织中的管理者,无论职位高低、职权大小,都需要进行不同层次的计划工作。一个组织的总目标确定后,各级管理人员为了实现组织目标,使各层级或部门的工作得以顺利进行,都需要制定相应的分目标和分计划。这些具有不同广度和深度的计划有机地结合在一起,便形成了一个多层次计划系统。因此,计划具有普遍性。

二、组织为什么需要做计划

组织是一个人造系统,是为实现一定目标而建立起来的,它与自然系统的本质区别就在于它是一群有意识的人们在一定的目标支配下形成的。组织要将实现目标的愿望变为现实,必须建立起一定的保障,而计划就是这个保障。这里,我们自然会思考一个问题:所有的组织一定在计划的指导下才能取得活动的成功吗? 虽然这个问题的答案具有不确定性,但是,有些研究的确表明:正式计划通常与更高的利润、更高的资产报酬率及其他积极的财务成果相关联。因此,正式的计划对组织有着积极的作用。具体来说,可以有以下几个方面的作用。

1. 计划是管理活动的依据

计划为管理工作提供了基础,是管理者行动的依据。管理者要根据计划分派任务并确定下级的权利和责任,促使组织中全体人员的活动方向趋于一致,而形成一种复合的组织行为,以保证达到计划所设定的目标。国家要根据五年计划安排基本建设项目的投资,企业要根据年度生产经营计划安排各月的生产任务,并进行新产品开发和技术改造。计划使得管理者的指挥、控制、协调更有效,使管理工作的监督、检查和纠偏有了明确的依据。

2. 计划是合理配置资源、减少浪费、提高效益的手段

计划工作的重要任务就是使未来的组织活动均衡发展。预先进行认真的计划能够消除不必要活动所带来的浪费,能够避免在今后的活动中由于缺乏依据而进行轻率判断所带来的损失。计划可以使组织的有限资源得到合理的配置,通过各种方案的技术分析选择最有效的方案用于实施。由于有了计划,组织中各成员的努力将合成一种组织效应,这将大大提高工作效率,从而带来经济效益。

3. 计划是降低风险、掌握主动的手段

未来的情况是不断变化的,计划是预期这种变化并且设法消除变化对组织造成不良影响的一种有效手段。组织如果对环境没有预先估计,就可能导致组织行为的失效,给组织带来各种风险。计划作为组织未来活动的一种筹划,必然会对未来的各种情况进行预测,针对各种变化因素制定各种应对措施,以最合理的方案安排达成目标的系列活动,使组织未来活动的风险大大降低。

4. 计划是管理者制定控制标准的依据

计划的重要内容是组织目标,它是制定控制标准的主要依据。有了控制标准才能衡量实际的实施效果,发现偏差,及时纠正,使组织活动不脱离管理者所期望的发展方向。

哈罗德·孔茨认为:计划工作是一座桥梁,它把我们所处的此岸和我们要去的彼岸连接起来,以克服这一天堑。

三、计划的内容

计划工作是为组织未来的发展规定方向和进程,计划工作的内容就是根据社会的需要以及组织者的自身能力,确定出组织在一定时期内的活动安排和设置。计划的具体内容涵盖了六方面的要素,可以用"5W1H"来描述。

1. What——做什么

说明一项计划的活动内容、工作要求和工作重点，即明确某一个时期的中心任务。例如，企业生产计划的内容主要是确定生产哪些产品以及生产多少。在保证按期、按量和按质完成订货合同的前提下，尽可能充分发挥生产能力。

2. Why——为什么做

说明计划的理由、意义以及重要性。为什么做要阐明计划工作的宗旨、目标和战略，并论证可行性。组织成员对组织的宗旨、目标和战略了解得越清楚，认识得越深刻，就越有可能在计划工作中发挥主动性和创造性。

3. Who——谁去做

要明确计划中每个阶段的任务由哪个部门、哪些岗位负责完成，同时规定哪些部门协助完成。

4. Where——何地做

说明执行计划的地域、市场或地点安排以及空间布局。了解计划实施的环境条件和限制，以便合理安排计划实施的地点。

5. When——何时做

说明计划所要求的项目开始时间、完成进度以及项目结束的时间，以便进行有效的时间控制和资源的平衡。

6. How——怎样做

说明实施计划的手段、途径和方法。组织要制定实现计划的措施，以及相应的政策和规则，对资源进行合理分配和集中使用。

以上要素对于计划来说是缺一不可的。在管理的各项职能中，计划是首要的和关键的职能，管理者通过计划工作，合理运用资源，协调组织各方面的力量，从而达到预期的目的。

【管理实践】

企业计划易犯的 10 个错误。

(1) 没有事先做计划。   (6) 把预算误以为是计划。

(2) 忽视价值观和远见说明。   (7) 回避合理的风险。

(3) 对顾客的主观臆断。   (8) 独断专行。

(4) 低估竞争者。   (9) 害怕变革。

(5) 忽略自身的优势。

四、计划的类型

计划是将决策实施所需完成的任务进行时间和空间上的分解，以便具体落实到组织中的不同部门和个人。因此，计划可以从不同的角度或根据不同的依据划分为不同的类型，具体如下。

1. 按计划所涉及的时间跨度划分

按计划所涉及的时间跨度划分，可分为长期计划、中期计划和短期计划。组织的长期计划是指时间跨度 5 年以上，规定组织发展方向、规模及主要任务和目标的纲要性计划，描绘组织长期发展的蓝图。由于计划期限过长,中间发生的变动因素很多,因此,随着时间的推移,长期计划在实施过程中会不断发生变化。中期计划是指时间跨度1～5年。它常常是长期计划的一个组成部分,比后者更为稳定,在实施过程中变动较小。短期计划是指一年以内的计划。与长期计划和中期计划相比,短期计划是更具体、更细致的计划,与组织中每个成员都密切相关,它的实施是实现组织目标和战略计划的基础。

2. 按所涉及的范围划分

根据计划所涉及的范围可划分为战略计划和行动计划。

1) 战略计划

战略计划是关于组织总体目标和战略方案的计划,是其他计划制定的依据,也是组织最重要的计划。战略计划正确与否,直接影响到组织的兴衰存亡。战略计划的特点是:计划期较长,涉及的范围广;计划内容抽象,操作性不强;计划的前提条件和结果具有不确定性。因而战略计划的制定者必须有较强的风险意识,能在众多的不确定因素中合理选定组织未来的行动目标和经营方向。

2) 行动计划

行动计划是有关组织活动具体如何运作的计划,即规定组织总体目标如何实现的具体计划。与战略计划相比,行动计划的特点是:计划期较短,涉及的范围比较狭窄;计划的内容比较详细、具体,操作性强;计划是在已知的条件下进行的,计划结果具有可预测性,因而其风险程度小于战略计划。

3. 按计划所涉及的组织职能划分

如果按所涉及的组织职能划分,计划还可分为业务计划、财务计划和人事计划。

1) 业务计划

业务计划是指为了指导组织业务活动(供、产、销)卓有成效地开展,制定相应的计划作为这些业务活动的依据。企业的业务计划通常包括产品计划、生产计划、销售计划、物资计划等。业务计划是企业的主要计划。

2) 财务计划

财务计划是指根据组织经营计划对组织资金需求状况所作的预测和安排。财务计划是企业经营计划的重要组成部分,是进行财务管理、财务监督的主要依据。财务计划是在生产、销售、物资供应、劳动工资、设备维修等计划的基础上编制的,其目的是为了确立财务管理上的执行目标,使生产经营活动按计划实施。

3) 人事计划

人事计划是根据组织生产经营计划对人员的需求所作的长期和短期的安排。人事计划是对未来人才市场和组织内部人员的流动性及变化趋势的预测,主要规划具体部门的用工需求,负责组织所需人员的招聘与解聘。

财务计划和人事计划是为业务计划服务的,也是围绕业务计划而展开的。

4. 按计划内容的明确性标准划分

按计划内容的明确性标准划分,可分为具体性计划和指导性计划。

1) 具体性计划

具体性计划具有明确的可衡量的目标以及一套可操作的行动方案。比如,企业销售部经理打算使企业销售额在未来6个月内增长15%,他会制定明确的程序、预算方案及日程进度表,这便是具体性计划。

2）指导性计划

指导性计划只为组织指明方向，但并不提供实际的操作指南，它给予行动者较大的自由处置权，它指出重点但不把行动者限定在具体的目标上或特定的行动方案上。相对于指导性计划而言，具体性计划虽然更易于执行、考核及控制，但是缺少灵活性，它要求的明确性和可预见性条件往往很难满足。

5. 按计划的对象和应用范围划分

根据计划的对象和应用范围可以分为综合计划、部门计划和项目计划。

1）综合计划

综合计划一般是指具有多个目标和多方面内容的计划，就其所涉及的对象而言，它关联整个组织和组织中的许多方面。人们习惯上把年度的预算计划称为综合计划。

2）部门计划

部门计划是在综合计划的基础上制定的，它的内容比较专一，局限于某一特定部门或职能，一般是综合计划的子计划，是为了达到组织的分目标而制定的。比如企业销售部门的年度销售计划、生产部门的生产计划等，都是属于这一类型的计划。

3）项目计划

项目计划是针对组织的特定活动所做的计划，其关键组成部分包括项目简介或概览、项目的描述、项目的管理和技术过程以及所要完成的工作的部分、进度信息和预算信息。例如某项产品的开发计划、职工俱乐部的建设计划等都属于项目计划。

五、计划的表现形式

计划的不同表现形式是计划多样性的体现，确定计划形式对于发挥计划职能有着重大意义。不同形式的计划构成了自上而下的计划层次体系，如图5-1所示。

1. 组织的使命

组织使命的内容就是组织选择的服务领域或事业。组织使命阐明了组织的经营目的、市场、用户、产品或服务及采用的基本技术。其最终目的是为组织自身和利益相关者创造价值。例如，一家旅行社和一家化工厂，同样为了创造利润，一个选择了提供旅游服务，一个却选择了提供化工产品；一所学校和一家医院，同样服务于社会，前者的使命是教书育人，后者的使命是救死扶伤。这里应该强调的是，使命只是组织实现宗旨的手段，而不是组织存在的理由。

图5-1 计划的形式

2. 组织的目标

组织的目标则具体地说明了组织在一定时期内从事某项事业所预期达到的成果。每个组织都有一个层层分解、互相联系的目标体系。

3. 组织的战略

组织战略是达到组织目标的一种总体的谋略或路径选择。人们常把战略看成是关于组织全局发展的方案、谋略或韬略。它通常规定组织的长远发展方向、发展重点、组织的行为方式以及资源分配的优先领域，是组织制定各类具体规划、计划的重要依据。

4. 组织的政策

政策是人们进行决策时思考和行动的指南,它明确了处理各种问题的一般规定。政策作为评价方案的指南,在决策时具有一定程度的自由处置权。在制定和执行政策时,必须坚持连续性和完整性。政策的种类有很多,例如,企业鼓励员工进行发明创造或技术革新,对表现突出的给以奖励;企业销售部门鼓励顾客现货交易的优惠政策等。政策可以以书面文字形式发布,也可能存在于管理人员的非正式行为规范中,它指明了组织活动的范围和方向,鼓励什么,反对什么,但并非对成员的所有行为进行详细的规定,而是限定了一定的权限许可范围后,给下属自由处置问题的权利。

5. 组织的程序

程序也是一种计划,它规定了某些经常发生的、重复出现的问题的解决办法和步骤。程序是一种经过优化的计划,是通过大量经验事实的总结而形成的规范化的日常工作过程和方法,并以此来提高工作效果和效率。例如,企业中物料领用的流程、人员招聘的过程都涉及行动的先后顺序,这些有顺序的步骤就构成了完整的程序。

6. 组织的规则

规则是一种简单的计划,是对具体场合和具体情况下允许或不允许采取某种特定行动的规定。例如,"上班不允许迟到,迟到要罚款","销售人员规定范围外的费用开支需经副总经理核准"等。

规则与政策的最大区别在于规则在应用中不具有自由处置权,而政策在决策时则有一定的自由处置权。

7. 组织的规划

组织规划的作用是根据组织总目标或各部门目标来确定组织分阶段目标或组织各部门的分阶段目标,其重点在于划分实现总目标的进度。规划有大有小,比如,我国为了发展经济和推动社会进步,每 5 年都会制订一个五年计划,这是国家发展的大目标。而零售店为实现向小型超市发展的目标也可能对未来的发展路径作一个规划。组织的规划不仅仅包含组织的分阶段目标,其内容还包括实现该目标所需的政策、程序、规则、任务分派、实施步骤以及所涉及的资源等。组织的规划是一份综合性的,但也是粗线条的、纲要性的计划。

8. 组织的预算

预算是一种"数字化"的计划,把预期的结果用数字化的方式表示出来就形成了预算。一般来说,财务预算是组织最重要的预算,因为组织的各项经营活动几乎都可以用数字化、货币化的方式在财务预算上体现出来。预算作为一种计划,勾勒出了未来一段时期的现金流量、费用收入、资本支出等的具体安排。预算还是一种主要的控制手段,是计划和控制工作的连结点,计划的数字化产生预算,而预算将作为控制的衡量基准。由于预算总是用数字来表现的,所以它能使计划工作做得更细致、更精确。

六、计划工作的过程

任何完整的计划,都要经过一个筹划过程,这个过程包括识别机会、确立目标、明确前提条件、拟订备选方案、评价备选方案、确定最终方案、制定辅助计划、编制预算计划。

1. 识别机会

组织在启动项目之前首先要考察市场环境,并根据市场的需要以及自身的资源判别哪些是可利用的机会。留意外界环境和组织内的机会是编制计划的真正起点。只有这样,管理人员才能了解将来可能出现的机会并能清楚而全面地了解这些机会对组织的有利与不利,怎样解决将要出现的问题,为什么要解决这些问题以及能得到什么期望的结果。

2. 确立目标

计划应有明确的目标,目标规定了组织活动或项目的预期结果,并说明了组织要做的工作。战略计划主要侧重于目标的制定,而行动计划主要侧重于执行某项活动的具体步骤和行动细节。组织应根据未来的方向、行动的目的以及行动所需的时间来确立目标。

3. 明确前提条件

拟订前提条件就是关于组织实现计划的环境假设条件,即组织将在什么样的环境(内部或外部)中执行计划。这里所考虑的前提条件仅限于那些对计划而言是关键性的或具有策略意义的假设条件,即那些最影响计划贯彻实施的假设条件。

4. 拟订备选方案

确定可行方案就是寻求实现目标的可供选择的、可实施的方案。在确定可供选择的方案时,有必要通过初步考察或估算,排除希望较小的那些方案。

5. 评价备选方案

在找出了各种可供选择的方案后,就应根据拟订的前提和目标,对方案进行评估。并通过定性的、定量的以及计算机模拟等方法,来确定哪些方案会成为行动方案。

6. 确定最终方案

被评估过的方案可能不止一个是可行的,应在可行的方案中,选择一个方案作为最终将要采取的行动方案。

7. 制定辅助计划

支持计划就是针对组织选定的计划来制定辅助性计划。例如当一家飞机制造公司决定开发新型飞机时,这个计划中还要包括制定新产品开发计划、资金筹集计划、购买设备的计划、采购零部件计划、财务计划、员工培训计划等。一个综合性计划必然要有一系列的支持计划的支撑才能得以实现。

8. 编制预算计划

编制预算就是使计划数字化,其主要工作是根据选择的方案,对组织可利用的资源进行分配。预算涉及计划需要哪些资源、需要多少以及何时需要等问题。

第二节　计划的方法和技术

计划工作的效率高低和质量好坏在很大程度上取决于所采用的计划方法。下面介绍几种常用的计划方法和技术。

一、滚动计划法

滚动计划法是根据组织计划执行情况和环境变化趋势,按照组织目标调整的要求,对原计划进行调整,并将计划按期顺延,将组织年度计划与中长期计划动态衔接起来的一种计划编制和调节的方法(图 5-2)。

由于中长期计划的计划期较长,在计划执行过程中会不可避免地出现一些新情况和新问题,如果教条式地按几年前编制的计划实施,可能导致组织出现巨大错误或错失良机,而采用滚动计划法则是根据环境发展、变化的情况,定期对计划进行调整和修正,可以避免变化所带来的干扰。

滚动计划法具有以下三个特点。

(1)延伸性。即随着时间的推移,计划不断向前延伸。用滚动计划法制定中长期经营计划,要求每年根据计划执行结果和新一年的可能发生的变化,对计划重新修正一次,并将计划期向后顺延一年。

(2)灵活性。滚动计划法可以使组织的计划随客观环境的变化、目标的改变以及计划执行结果而及时地调整和修正,因而市场适应性强。

(3)阶段性。组织的中长期计划可以按照"近细远粗、远近结合"的原则分为三个阶段:前一年的计划由于侧重于活动过程、实施细节,可以定得具体一点;中间两年是目标实现的过渡阶段,计划可以定得比较细一点;后两年的计划侧重于目标战略,可以定得概括一些,从而保证组织在实施计划时可以根据环境的变化适时地调整计划,把握计划主动权。

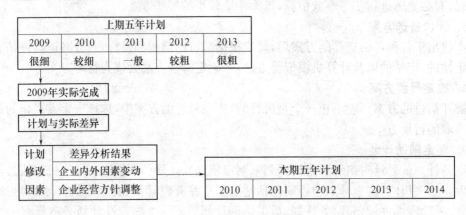

图 5-2 滚动计划示意图

从图 5-2 中可以看出,运用滚动计划法编制或调节计划,可以使组织的短、中、长期计划有机地结合起来,促使计划目标符合企业实际情况,从而保证了计划的实际性。同时,动态变化中的计划还能较好地适应环境变化的客观要求,提高了计划的灵活性和适应性。

二、甘特图

甘特图(Gantt Chart)是由美国人亨利·劳伦斯·甘特(Henry Laurence Gantt)在第一次世界大战期间发明的。它是按照时间进度标出特定项目的活动顺序的一种项目管理图表。

图中的横轴表示时间,纵轴表示活动项目,线条表示计划的时间进度和实际进度的完成情况。它直观地表明任务计划在时间上的进度安排,以及实际进展与计划进度的对比情况。管理者通过查看甘特图就可以清楚地掌握项目实施的进展情况:是按时完成,还是提前或滞后。利用甘特图,管理者就可以清楚地评估整个项目的进度,并知晓还剩下哪些工作要做。

以图书出版项目为例,来看看甘特图是如何对出版进度进行管理的。图 5-3 绘出了一个图书出版的甘特图。其中横轴代表时间,以月为单位,显示在图的上方。而纵轴代表项目中的不同任务,自上而下列在图的左侧。甘特图将出版项目中所涉及的任务名称、先后顺序和时间进度都清晰地标示出来。它作为一种时间进度的控制工具,帮助管理者发现实际进度偏离计划的情况。在本例中,一本书的出版需要完成以下几个工序:编辑加工、设计版式、制图、打印长条校样、印刷校样、设计封面。据甘特图显示,除打印长条校样以外,其他各项工序活动都是按计划完成的,而长条校样比计划进度落后了两周。甘特图中的进度信息可以帮助管理者对进度滞后的现象给予及时的纠正。一方面积极提速以追补落后的两周时间,另一方面保证不再发生延迟情况。

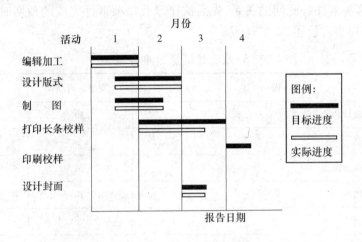

图 5-3　图书出版甘特图

三、PERT 图

　　PERT 图(Program Evaluation and Review Techniques Chart)也称"计划评审技术"图,最早是由美国海军在计划和控制"北极星"导弹的研制时发展起来的,后在商业领域中广泛使用。PERT 图是利用网络图形来描述一项活动的计划并对计划予以评价的技术。它标出了各项活动间的先后次序和完成时间,从而可使管理者借助 PERT 网络图找出完成计划目标的关键路径,以便控制不同行动方案的进度和成本。它是项目管理的重要手段和方法。

　　1. PERT 图的相关基本概念

　　(1) 事件:又称节点,表示主要活动结束的那个点。在网络图上常以带编号的圆圈表示。

　　(2) 活动:表示从一个事件到另一个事件之间的过程,是一种消耗资源的行为,用箭线表示。

　　(3) 路径:网络图中把初始的事件和最终结束的事件用各项活动箭头连接起来的一条线路。

　　(4) 关键路径:是指从事件的始点到终点的路线中耗时最长的路线,它决定了完成工期至少所需的时间。换句话说,在一个网络图中有很多条路线,其中总长度最长的路线称为"关键路线"(Critical Path),关键路线上的各事件为关键事件。

　　(5) 工期:完成整个项目至少所需的时间。即关键路径上需要的时间总和。

(6) 紧前活动：紧接在某项活动之前需要完成的活动。

(7) 紧后作业：紧接在某项活动之后需要完成的活动。

2. 绘制 PERT 图的基本工作步骤

为了更好地理解如何运用 PERT 图来进行项目管理，以房屋的施工工程为例，简单介绍一下 PERT 图的工作步骤。

1）确定完成计划所需进行的活动

在房屋施工这个项目中，要想完成房屋的搭建工程，首先应该列出需要实施的若干活动事件，并标明这些事件彼此间的关系、先后次序以及每项事件完成的预期时间。表 5-1 所列为建筑房屋事件描述。

表 5-1　建筑房屋事件描述

事件	描　述	期望时间/周	紧前事件
A	审查设计和批准动工	10	——
B	挖地基	6	A
C	立屋架和砌墙	14	B
D	建造楼板	6	C
E	安装窗户	3	C
F	搭屋顶	3	C
G	室内布线	5	D,E,F
H	安装电梯	5	G
I	铺地板和嵌墙板	4	D
J	安装门和内部装饰	3	I,H
K	验收和交接	1	J

2）绘制 PERT 图

根据建筑房屋事件描述中的信息，有次序地绘制 PERT 图。以圆圈代表某项事件的结束点，将事件编号标示在圆圈中。用箭头代表一次活动的完成过程。箭头上标的数字为该项活动所耗费的时间，依次从开始到结束绘制 PERT 图，如图 5-4 所示。

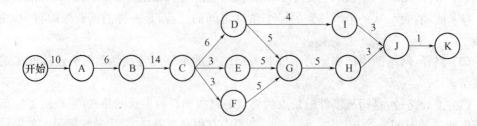

图 5-4　PERT 网络图

3）找出该项目的关键路径

在建筑房屋这个项目中,项目的关键路径就是完成该项目花费时间最长的事件序列线路:A—B—C—D—G—H—J—K。之所以要分析关键路径,是因为只有最长(花费时间最多)的路径完成之后,项目才算结束。所以,在绘制 PERT 图时,通常把那条在整个网络图中最长的路径就叫关键路径(Critical Path)。

标示出项目关键路径的最大好处就是明确了项目活动的重点,便于对项目活动中的资源进行优化分配。当管理者想缩短项目完成时间,节省成本时,就要把考虑的重点放在关键路径上。在资源分配发生矛盾时,可适当调整非关键路径上的资源去支持关键路径上的活动,以最有效地保证项目进度的完成。

4）计算该项目的工期

项目的工期就是完成整个项目至少所需的时间。这个时间是由关键路径上的所有活动所消耗的时间来决定的。在建筑房屋这个项目中,A—B—C—D—G—H—J—K 该序列是耗费最多工时的最长路径。该路径所需的工期是 $10+6+14+6+5+5+3+1=50$ 周。这个数字意味着:完成整个房屋搭建项目至少需要 50 周的时间。在现实中,有可能因为这样或那样的原因,工期还会相应延长,但是 50 周是可以完成该项目的最短时间量。

总而言之,采用 PERT 网络分析法所获结果的质量很大程度上取决于事先对活动事件的预测,若对各项活动的先后次序和完成时间都能进行比较准确的预测,则 PERT 网络分析法可以帮助管理者大大缩短项目的完成时间。例如,1958 年美国海军武器计划处由于应用了 PERT 网络分析法,将"北极星"导弹潜艇项目由原来的 10 年提前为 8 年就完成了。后来,正因为看到了 PERT 图带来的巨大好处,美国国防部和国家航空与航天局规定,凡承担军用项目必须用 PERT 网络分析法制订计划后上报。当然,除了军用领域以外,目前 PERT 图在商用领域也发挥着巨大的作用,它是一个应用性很强的计划工具。

第三节　目　标　管　理

任何社会活动都有自己的目标,目标是活动的最终结果。计划工作的首要任务就是要为组织确立合理的目标,没有目标,组织也就失去了存在的意义。组织的工作只有围绕着目标展开才能取得预想的成果。长期以来,人们在实践中探索着运用目标进行管理的方法。本节主要阐述目标与目标管理方法。

一、关于目标

1. 目标的含义

古人云:"凡事预则立,不预则废",这句话告诉我们做事要有计划和准备,在这种辩证的思维中,还蕴涵着更深层次的含义,那就是做事情要有预想的目标。对一个组织来说,目标是一个组织在其宗旨基础上提出的在一定时期内通过努力要达到的理想状态或希望获得的成果。换句话说,目标就是关于组织未来的一种期望的结果。

无论是个体还是企业,在其成长过程中都会有自己的未来目标。尤其对企业来说,未来目标的设定、实施以及目标达成的结果都会对企业的经营产生重大的影响。为了更好地理解目标的含义,我们来看看这些优秀企业的未来目标是什么。

苹果是世界上最具创新能力的公司,其未来目标是:重新发明电视,开辟高智能电视的新型消费市场。

星巴克从售卖咖啡豆起家至今已经走过了 40 多年的历程。自 1998 年进入中国后,星巴克取得了惊人的成绩。它在中国的未来目标是,2015 年在中国的 75 个城市开设 1500 家门店。

自 2012 年开始,苏宁与三星全面打造战略型合作伙伴关系,其未来三年的目标是:2013 至 2015 年实现销售额 600 亿。

2013 年 4 月,华为发布了 2012 年年度报告。在该财年中,华为实现了净利润 153.8 亿元人民币,取得了稳中有升的经营业绩。华为的目标是:未来五年复合增长率保持在 10%左右。

上述这些企业都有自己的未来目标,这些目标牵引着企业向某个方向发展。从方向指引这个角度来看,目标就好像星空中的北斗星,它告诉行路的人北方在哪里,使行者不会迷失方向。因此,目标对企业来说意义很大,没有目标的企业很可能在混乱的环境中迷失方向。

2. 目标的作用

目标的作用有以下几个方面。

1)指明方向

目标指明了组织的发展方向,它为组织中的成员勾画出未来的图景,并指导着组织成员的行动。管理的起点是制定目标,管理的终点是实现目标。没有明确的目标,管理就是杂乱无章的。

2)激励作用

目标对整个组织和员工个体都有着激励作用。清晰、明确的组织目标有利于个体员工产生积极的心态和行动动力,从而最大限度地释放能量。

3)衡量绩效

一般来说,组织绩效及组织成员绩效的评估依据主要来自组织行为及个体行为是否符合组织目标及其实现目标的程度,因此组织目标可以作为评判绩效的标准,明确而合适的目标会引领组织实现高绩效。

4)促进决策

管理者经常面临各种管理问题,在解决这些问题的过程中,管理者只有设立组织目标,才能明确组织应完成的任务,明确应选择什么方案才能达到组织所希望的合理结果。

【管理实践】

你看到了什么?

有一位父亲带着三个孩子,到沙漠去猎杀骆驼。他们到了目的地。父亲问老大:"你看到了什么?"老大回答:"我看到了猎枪,还有骆驼,还有一望无际的沙漠。"父亲摇摇头说:"不对。"父亲以同样的问题问老二,老二回答说:"我看见了爸爸、大哥、弟弟、猎枪,还有沙漠。"父亲又摇摇头说:"不对。"父亲又以同样的问题问老三,老三回答:"我只看到了骆驼。"父亲高兴地说:"你答对了。"

目标的作用在于,它清晰地指明行动的方向。任何缺乏目标的行为都是盲目的、徒劳的。

---

3. 目标的特性

目标是宗旨的具体化,它是个人或组织根据自身的需求而提出的在一定时期内经过努力要达到的预期成果。它能够为管理决策确立方向,并可作为标准用以衡量实际成效。所以,准确把握其属性显得至关重要。

1) 目标的多样性

每个组织都有自己的目标,而组织的目标常常都不是单一的,而是具有多样性的。除了利润目标外,很多组织也会把以下几个方面作为重点追求的目标方向:市场地位,创新和技术进步,生产率,物质和财力资源,主管人员的绩效和发展,员工的工作质量和劳动态度,社会责任等。了解目标的多样性,有助于主管人员正确地确定目标和充分发挥目标的作用。

2) 目标的层次性

组织的目标代表着组织未来要完成的任务。从组织结构的角度来看,目标从社会经济目标到特定的个人目标,分层次、分等级地组成一个目标体系。总目标的实现是以分目标的实现为基础的。各层级的目标都有着密切的关联和明显的层次性。越是上层部门的目标,其数量越少,重要程度越大。上层目标对下层目标有导向作用,下层目标是上层目标的分解、落实,上层目标和下层目标是一个有机统一体。图 5-5 为目标层次示意图。

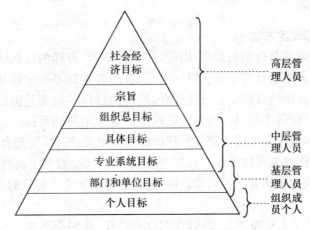

图 5-5　目标层次示意图

3) 目标的网络性

一个组织是由各部门、很多人组成的有机整体。从上到下、从左到右,组织的各种活动都是相互联系、相互促进和相互制约的,所以,反映活动的目标也必然形成上下沟通、左右衔接的系统网络。主管人员要很好地研究各种目标之间的关系,使各种目标互相衔接,彼此协调,才能保证组织活动的高效率和高效益。图 5-6 为开发新产品的目标网络。

4) 目标的时间性

目标是一定时期内所要达到的预期成果,如果没有"一定时期"的时间约束条件,目标就失去了存在的意义。所以,任何目标都有时间性。一般来说,目标分为长期目标和短期目标。短期目标是长期目标的基础,任何长期目标的实现都是通过短期目标来完成的。只有在时间的框架中实现目标才是有意义的。

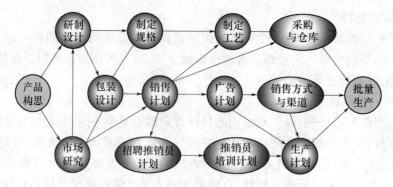

图 5-6　开发新产品的目标网络

5）目标的可考核性

目标的可考核性是从量化角度提出来的。使目标具有可考核性的最简便方法就是使目标定量化。在计划目标中大多数目标是定量目标，这对执行者的业绩考察是比较容易的。但是，有些目标是不宜用数量表示的，因此，在组织计划的设定中，定性目标也是不可缺少的。但对定性目标的考核是十分困难的，因此，对任何定性目标的考核都应结合与其相关的定量目标一起来进行考核。

二、目标管理

1. 传统的目标设定方法

目标对组织来说就是行动的指南，因此，一个科学的、合理的目标体系的设定对一个组织整体绩效的提高有着重要意义。但问题是，管理者常常不知道该如何设定科学而合理的目标体系。从传统的目标设定方法来看，组织的目标一般都是由高层管理者负责设定，然后分解成子目标落实到组织的各个层次上。这种单向的目标设定过程具有典型的"命令式管理"特点，属于常见的官僚式管理。该过程更强调高层管理者的权威性，而忽视了目标本身的可操作性和可接受性。比如在现实中，常常会看到下面这样的场景。

最高管理层：我们刚刚制定了绩效目标，这是公司未来业绩提升的方向，请尽快下发，传达给各部门。

事业部经理：这个目标难度较大，但我们没有选择，我们会尽全力完成上级部门的任务，使事业部的利润显著增长。

部门管理者：上层制定的目标的确很难达到，但我们有什么办法呢？只能尽力而为吧。不管用什么方法，先完成目标再说。

雇员个人：管理层是不会考虑我们下级的想法的。走一步算一步吧。顾不上质量了，先完成任务再说。

显然这种目标设定方法是不科学的。由上级给下级规定目标，其结果通常是不具有可操作性的，甚至引起下级的反感或抵制。这就大大减少了目标的可接受性和实际的指导作用，使目标成为一种形式上的摆设。要使组织上下目标一致，且全体成员完全了解和认同，组织的目标就应由组织成员共同参加来完成。这样就实现了"自我控制"，使目标的达成更具可行性。目标管理提供了一种将组织的整体目标转换为每一单位和每个成员目标的有效方式。

2. 什么是目标管理

目标管理的概念是由美国管理大师彼得·德鲁克(Peter Drucker)于1954年在其著作《管理实践》中最先提出的。之后他又提出了"目标管理和自我控制"的主张。目标管理(Management by Objective,MBO)是指在企业员工个体的积极参与下,自上而下地确定工作目标,并在工作中实行"自我控制",自下而上地保证目标实现的一种管理办法。其目的是以目标为导向,以人为中心,以成果为标准,促使组织和组织成员取得最佳的工作绩效。

在德鲁克看来,一个组织的目的和任务必须转化为目标,而目标管理最大的好处是它使员工能够控制自己的成绩,这种自我控制会激励员工尽自己的最大力量把工作做好。因此,目标管理法提出,让每个员工根据总目标的要求,自己制定个人目标,并努力达到个人目标,这样,总目标的实现就更有把握。德鲁克的分析在当时的管理领域产生了巨大的影响,并为目标管理的实际应用打下了坚实的基础。

目标管理法自诞生之日起便在美国迅速流传。当时正值第二次世界大战后西方经济由恢复转向迅速发展的时期,企业急需采用新的方法调动员工积极性以提高竞争能力。而目标管理法的出现,恰好满足了企业的这个应急之需。所以,这种方法一经推出就被美国企业广泛应用,并很快为日本、西欧国家的企业所仿效。直到今天仍被世界管理界大为推崇,是企业提高绩效的关键管理工具。

【管理实践】

现代管理学之父

彼得·德鲁克(Peter F. Drucker,1909—2005)生于维也纳,1937年移居美国,终身以教书、著书和咨询为业。德鲁克一生共著书39本,在《哈佛商业评论》发表文章30余篇,被誉为"现代管理学之父"。他文风清晰练达,对许多问题提出了自己的精辟见解。杰克·韦尔奇、比尔·盖茨等人都深受其思想的影响。德鲁克一生笔耕不辍,他曾发誓:"如果我能活到80岁,我要写到80岁"。难怪《纽约时报》赞誉他为"当代最具启发性的思想家"。2005年11月11日,德鲁克在加州家中逝世,享年95岁。

3. 目标管理的特点

目标管理具有以下几方面的特点。

(1)员工参与管理:目标管理是员工参与管理的一种形式。目标的设定是由上下级共同协商确定的。首先确定出总目标,然后对总目标进行分解,逐级展开,通过上下协商,制定出企业各部门、各车间直至各个员工的目标,用总目标指导分目标,用分目标保证总目标,形成一个"目标—手段"链。图5-7为"目标—手段"链示意图。

(2)强调自我管理:目标管理的基本精神是以自我管理为中心,以"自我控制"代替"压制性管理"。目标的实施,由目标责任者自我进行,通过自身监督与衡量,不断修正自己的行为,以达到目标的实现。

(3)强调自我评价:目标管理强调自我对工作中的成绩、不足、错误进行对照总结,经常自检自查,不断提高效益。

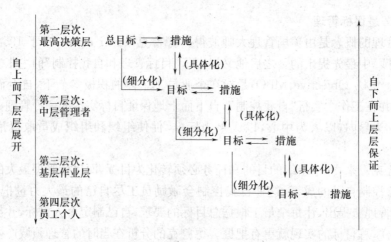

图5-7 "目标—手段"链示意图

(4) 重视成果：目标管理将评价重点放在工作成效上，按员工的实际贡献大小如实地评价一个人，使评价更具有建设性。

4. 目标设定的原则

在目标管理中有一个非常重要的管理原则，那就是 SMART 原则，SMART 是由 5 个英文单词首字母组成的，每个字母都代表着实施目标管理时的重要原则。其各自的含义如下。

S——specific 表示设定绩效考核目标时，一定要具体，目标不可以是抽象模糊的。

M——measurable 表示目标的设定要尽可能量化，目标应该是可衡量的。那些无法评估、大而不当、缺乏量化指标控制的目标对企业业绩的改善是没有帮助的。

A——attainable 表示设定的目标要有质量，要有挑战性，但一定是可达成的。

R——relevant 表示设定的目标要与组织的宗旨和使命相关联，与具体岗位上的工作职责相关联。

T——time bounding 表示所有设定的目标都应该有时间期限的约束，要规定目标在什么时间内达成。

5. 目标管理的过程

一般来说，目标管理的实施过程可分为目标建立、目标分解、目标控制和目标评定与考核四个相互联系的阶段。

1) 目标建立

目标建立是目标管理实施的第一阶段。这一阶段所要完成的任务就是目标的建立。建立组织目标，一定要明确组织的使命宗旨，并结合组织内外环境，决定出一定期限内工作的具体目标。在设定目标时，要避免传统的"命令式"的设置方法，而应提倡"参与式"的目标设定法，即要求组织员工参与目标的设立，使上层意志和下层想法统一起来。就企业而言，目标的设定一般要略高于企业当前的生产经营能力，促使企业投入一定努力去实现目标。此外，目标要保证质与量的有机结合，并且尽可能地量化，以利于目标的实施和评估。

2) 目标分解

分解目标是建立目标的必然逻辑。分解就是把组织的总目标予以分解，分解成各部门的分目标和个人目标。其要点是使所有员工都乐于接受所分解的目标,且明确自己应承担的目标责任。

3)目标控制

为保证目标的顺利实现,管理者必须进行目标控制。管理者要随时了解目标实施的进度,及时发现问题并协助解决。必要时,也可以根据环境变化对目标进行一定的修正。

4)目标评定与考核

目标考核就是对目标达成的程度和结果进行评价。注重结果是目标管理的特点之一。只有通过评价活动,肯定成绩、发现问题、及时总结目标执行过程中的成绩与不足,才能完善下一个目标管理过程。目标成果的具体考核一般采用综合评价法,即对每一项目标按目标的达成程度、目标复杂程度和完成目标的努力程度三个要素来评定。

6. 目标管理法的局限性

目标管理是一种应用非常广泛的管理方法,它有利于提高管理效率和管理水平;有利于增强员工的积极性、创造性和责任心;有利于及时矫正各种偏差,保证劳动的有效性。但是,目标管理在应用中也有一定的局限性,主要体现在以下几个方面。

(1)在制定和分解目标时,员工的参与会使整个目标设置过程费时、费力。

(2)在设置目标时,目标的难易程度较难把握,这可能导致目标成果的考核与奖惩不能完全一致。目标定低了,容易达到,这不利于调动员工的潜能,对组织的绩效成长也不具促进作用。而目标定高了,难以达到,这会失去奖励的激励作用,容易打击员工的积极性。

(3)员工素质参差不齐,这会影响目标管理的质量。

(4)在目标管理的过程中,各个部门和员工个体所面临的目标一般都是短期的,这可能会导致短期目标和长期目标相互脱节。

第四节　企业的战略计划

在技术不断创新,竞争日益加剧的今天,几乎所有的企业都面临着巨大变化的冲击和环境不确定性的考验。商业游戏规则的变化,迫使管理者们不得不去思考和开发能够帮助企业适应恶劣生存环境的系统性的方法。于是,战略计划的重要性开始被管理者所认识。那么,什么是战略、如何实施战略、如何利用战略分析工具去分析企业的战略环境,这些都是企业管理者关心的问题。本节将就以上这些问题进行阐述,并对企业的战略计划作一个简单介绍。

一、企业战略

1. 企业战略和战略管理

企业战略是计划的一种,但与普通的计划不同。企业战略是为实现企业长期经营目标而制定的具有全局性、长远性的行动谋略和规划。战略最初是一个军事术语,但在第二次世界大战后被广泛用于政治、经济和商业领域。军事战略与企业经营战略有着很大的区别。军事战略是以胜负输赢为前提的,倾向于速战速决,分出胜负。而经营战略的制定、实施和控制是以市场竞争作为前提假设的,更强调持续的博弈和长期性。

战略管理是企业高层管理者为了企业长期的生存和发展，在充分分析企业内外部环境的基础上，确定和选择战略，并对战略进行实施、控制和评价的动态管理过程。在当今企业环境复杂多变，竞争愈加残酷和激烈的时代，战略管理作为企业高层管理者的管理内容，越来越显示出它在企业管理中的重要性。

2. 企业战略的层次

一个有着多种业务或产品系列的大型企业的战略一般可分为三个层次，即公司层战略、事业层战略和职能层战略。

（1）公司层战略。公司层战略也称总体战略，是指一家公司在从事多种业务或在多个产品市场上，为了获得竞争优势而对业务组合进行选择及管理的行为。公司层战略关注的是企业应当拥有什么样的事业组合，以及每一种事业在组织中的地位。

（2）事业层战略。事业层战略是指在公司层战略基础上所制定的有关各事业单位如何与竞争对手进行竞争，并取得竞争优势的行动计划。事业层战略关注的是在每一项事业领域里应当选择怎样的竞争策略，以及采取何种行为与竞争对手去竞争。

一般情况下，可以把组织的经营看作是一种事业组合，每一个事业单位都活动于一种明确定义的产品细分市场，为这个市场提供产品或服务。事业组合中的每一个事业单位按照自身的能力和竞争需要开发自己的竞争战略，以配合公司层总体战略的实施。

（3）职能层战略。职能层战略是指各职能部门所制定的，用于支持各事业单位去竞争的行动战略。职能层战略主要包括财务战略、人力资源战略、生产战略、营销战略、研发战略和组织发展战略等。它关注的是应当如何与事业层战略保持一致，并为事业单位的竞争行为提供帮助。

二、战略管理的过程

战略管理过程（Strategic Management Process）就是对战略计划进行分析、选择、实施和评估的过程。企业经营的成功，不仅取决于一个好的战略计划，还取决于战略计划是否能有效地实施。即使有了好的战略，管理层如果不能适当地实施战略，那么，企业的战略就失去其价值和意义。战略管理过程的各个步骤如下。

1. 确定组织的宗旨、目标和战略

战略管理过程的第一步是确定企业的宗旨，这是企业战略管理的基础和起点。每个组织都有一个宗旨（Mission），它规定了组织的目的和回答了下述问题：我们到底从事的是什么事业？定义企业的宗旨能促使管理当局仔细确定企业的产品和服务范围。确定宗旨的目的在于确保企业有一个重心点。

2. 分析外部环境——发现机会和威胁

企业的外部环境是指存在于组织外部，企业自身无法控制的，充满复杂变量因素的环境。一般来说，企业的外部环境是由宏观外部环境和行业外部环境构成的。

企业的宏观外部环境是由对行业和企业产生影响作用的各种宏观变量因素构成的。它包括政治、经济、社会和技术等四大影响因素。一般来说，在对企业的宏观环境进行分析时多采用 PEST 分析法。

除了对企业的宏观外部环境进行分析外，企业还要对已经进入或即将进入的行业进行分析，以便掌握行业的竞争动态和发展趋势。在进行行业分析时，一般会借助迈尔克·

波特的五力模型来进行分析。关于这种方法,将在下面的文字中进行介绍。

对企业外部环境分析的目的是为了适时地寻找和发现有利于企业发展的机会,以及对企业来说所存在的威胁,做到"知彼",以便在制定和选择战略中能够积极地利用外部环境所提供的机会,同时避开给企业带来的威胁因素。

3. 分析内部环境——发现优势和劣势

企业内部环境分析即对企业内部所具备的资源和条件进行分析。组织内部的资源一般包括人才、技术、资金、研发、渠道、品牌等方面的资源和能力。对企业内部条件分析的目的是为了发现企业所具备的优势或弱点,做到"知己",以便在制定和实施战略时能扬长避短、发挥优势,有效地利用企业自身的各种资源。

4. 选择和确定战略

当管理者认识了自身的优势与劣势,并分析了环境中的机会与威胁后,就需要重新评价企业的使命与目标,做出相应的调整,从而选择和确定符合自身发展的战略。这种对企业的优势、劣势、机会和威胁进行分析的方法被称为 SWOT 分析法,具体内容将在战略分析工具中介绍。选择战略的过程就是在了解公司层战略与事业层战略的基础上,利用内外部环境因素对战略进行匹配、评价及选择的过程。一个企业可能会拟订出实现战略目标的多种方案,这就需要对每种方案进行鉴别和评价,最后确定适合企业自身的战略。企业在选择和确定战略时一般要解决两个问题:企业战略性进入的领域是什么以及在该领域中企业将如何与竞争对手竞争。

5. 实施战略

实施战略就是将战略付诸执行,使企业朝着既定的战略目标和方向前行。战略实施是继战略确定之后,创造企业利润的环节。实施的关键就在于保证战略的有效执行。为了顺利地实施战略,应该保证组织结构与战略之间的匹配,也应该注意分析高层的领导力等因素对实施战略的影响。

6. 评估战略

战略评估就是利用评估体系和评估工具对战略的实施效果进行评价,进而采取相应的完善措施,以保证企业的战略能带来有效的绩效提升。

三、战略分析工具

1. 迈克尔·波特的五力模型

迈克尔·波特的五力模型(Michael Porter's Five Forces Model),又称波特竞争力模型,是迈克尔·波特在 20 世纪 80 年代初出版的《竞争战略》一书中提出的,是一种用于行业分析和商业战略研究的理论模型。该模型提出了决定行业竞争强度和市场吸引力的五种力量:潜在竞争者进入的能力、供应商的讨价还价能力、购买者的讨价还价能力、替代品的替代能力、行业内竞争者现在的竞争能力(图 5-8)。迈克尔·波特的五力分析理论引发了全球企业对竞争环境和竞争战略的关注,对企业的竞争行为产生了深远影响。

波特认为,在行业的竞争中,竞争程度主要源于五种重要的力量。在企业制定可行性战略时,首先应该对这五种力量进行分析和评价,不同力量的特性和重要性因行业和公司的不同而变化。

(1)潜在进入者的威胁。新进入者在给所进入的行业带来新生产能力、新资源的同

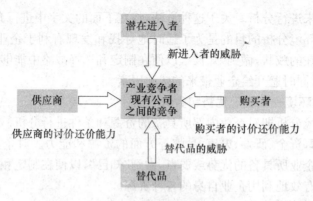

图 5-8　五力分析模型

时,也希望在现有市场中赢得一席之地,这就与现有企业发生原材料与市场份额的竞争,最终导致行业中现有企业盈利水平降低,严重的话还有可能危及这些企业的生存。新进入者威胁的严重程度取决于两方面的因素:进入新领域的障碍大小和预期现有企业对于进入者的反应程度。

一般来说,进入障碍主要包括规模经济、产品的独特性、资本需求、转换成本、销售渠道的开拓、政府对行业的管制程度以及对自然资源的需要程度等。总之,新企业进入一个行业的可能性大小取决于进入者主观估计进入该行业所能带来的潜在利益、所需付出的代价以及所要承担的风险的程度。

(2) 供应商的讨价还价能力。供应商主要通过提高投入要素价格与降低单位价值质量来影响行业中现有企业的盈利能力与产品竞争力。一般来说,当供应商面临如下情形时,其讨价还价的能力会比较强:供应商的客户很多、供应商产品的独特性较强且不容易被替代、供应商实施前向一体化的程度较高、买主进行后向一体化的可能性较低。

所谓的前向一体化是指企业通过兼并和收购若干个处于生产经营环节下游的企业,从而实现公司的扩张和成长的战略。如制造企业收购批发商和零售商。而后向一体化是指企业通过收购或兼并若干原材料供应商,获得对供应商的所有权或控制权,以求得企业发展的战略。换句话说就是,企业利用自己在产品上的优势,把原来属于外购的原材料或零件改为自行生产的战略。

(3) 购买者讨价还价的能力。购买者主要通过其压价与要求提供较高的产品或服务质量来影响行业中现有企业的盈利能力。一般来说,当购买者面临如下情形时,其讨价还价的能力会比较强:购买者的数量较少、购买者的采购量较大、卖方企业规模较小且实力不足、购买者所购产品的差异化程度较低、购买者的购买来源较多、购买者实行后向一体化程度较高、卖方实现前向一体化的可能性较低。

(4) 替代品的威胁。两个处于不同行业中的企业,可能会由于所生产的产品互为替代品,从而在它们之间产生相互竞争行为,这种源自于替代品的竞争会以各种形式影响行业中现有企业的竞争战略。一般来说,决定替代品压力大小的因素主要有:替代品的功能、替代品的盈利能力、替代品生产企业的经营策略、替代品的品质以及购买者的转换成本。

(5) 行业内现有竞争者的竞争程度。大部分行业中的企业,相互之间的利益都是紧密联系在一起的。当企业想获得相对于竞争对手的优势时就必然会与竞争对手产生冲突与对抗现象,这些冲突与对抗就构成了现有企业之间的竞争。现有企业之间的竞争常常表现在价格、广告、产品介绍、售后服务等方面,其竞争强度常与多种因素有关。

一般来说,当出现下述情况时,则意味着行业中现有企业之间的竞争比较激烈:行业进入障碍较低,势均力敌竞争对手较多,竞争参与者范围广泛;市场趋于成熟,产品需求增长缓慢;竞争者企图采用降价等手段促销;竞争者提供几乎相同的产品或服务,用户转换成本很低;行业外部实力强大的公司在接收了行业中实力薄弱的企业后,发起进攻性行动,结果使得刚被接收的企业成为市场的主要竞争者;退出障碍较高,即退出竞争要比继续参与竞争代价更高。

以上这五种力量从整体上决定了行业的盈利性,因为它们直接影响到行业中企业的产品价格水平、成本结构和投资需求。因此,企业的管理者应当通过评估这五种力量,来评价某个行业的吸引力和盈利的难易程度。

2. SWOT 分析

SWOT(Strengths,Weaknesses,Opportunities,Threats)分析法也称态势分析法,它是用系统分析的思想对研究对象所处的情景进行全面、系统、准确的研究,从而根据研究结果制定出相应的发展战略的一种矩阵分析方法。从字母含义来看,S 代表 Strength(优势),W 代表 Weakness(弱势), O 代表 Opportunity(机会), T 代表 Threat(威胁)。其中SW 属于内部因素,而 OT 属于外部因素,如图 5-9 所示。该分析法是 20 世纪 80 年代初由美国旧金山大学的管理学教授韦里克提出的,常被用于企业战略的制定和对竞争对手的分析。

图 5-9 SWOT 分析矩阵

在 SWOT 分析中,优势和劣势的分析主要是着眼于企业内部的条件和自身的实力,并与竞争对手的比较。而机会和威胁的分析则将注意力放在外部环境的变化及对企业可能产生的影响上。

在进行 SWOT 分析时,企业可在四个区域内分别记录下自身的优势、劣势、机会与威胁,并通过以下问题的提出,逐一分析企业的内部条件和外部环境。图 5-10 所示为SWOT 矩阵中的问题分析。

从现代企业管理的要求和市场竞争的加剧来看,"领导说了算"或"跟着感觉走"的粗

S优势	W劣势
(1) 组织擅长什么？ (2) 组织有什么新技术？ (3) 能做到别人做不到的？ (4) 和别人有什么不同？ (5) 顾客为什么来？ (6) 最近因何成功？	(1) 什么做不来？ (2) 缺乏什么技术？ (3) 别人有什么比我们好？ (4) 不能够满足何种客户？ (5) 最近因何失败？

O机会	T威胁
(1) 市场中有什么适合我们的机会？ (2) 可以学到什么技术？ (3) 可以提供什么新的技术/服务？ (4) 可以吸引什么新的的客户？ (5) 怎么可以与众不同？ (6) 组织在5~10年内的发展机遇？	(1) 市场最近有什么变化？ (2) 竞争者最近在做什么？ (3) 是否赶不上客户需求的变化？ (4) 外部环境的改变是否会伤害组织？ (5) 是否存在威胁组织生存的因素？

图 5 - 10　SWOT 矩阵中的问题分析

放的决策方式风险越来越大。把 SWOT 分析法运用于企业的战略分析中，关注变量因素，客观地了解企业自身的机会和威胁，这势必提高企业战略决策的科学性。

思考题：

1. 计划的内容有哪些？
2. 计划工作的过程是怎样的？
3. 举例说明什么是滚动计划法、甘特图法、PERT 图法。
4. 什么是目标？它有哪些作用？什么是目标管理？其过程是怎样的？
5. 结合实际谈谈什么是迈克尔·波特的"五力模型"。
6. 什么是 SWOT 分析法？试结合自己的实际对自己进行 SWOT 分析。

第六章　组　　织

本章知识地图

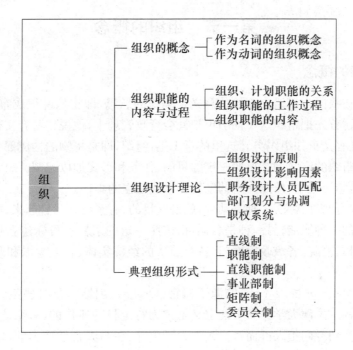

学习目标

（1）理解各种常见的组织结构模式、组织创新的内容及过程。

（2）掌握组织、组织结构、组织设计、组织创新的概念，以及组织设计的内容及方法。

案　例

有 J 队和 M 队两个划船队要进行划船比赛。两队经过长时间的训练后，进行了正式比赛，结果 M 队落后 J 队一千米，输给了 J 队。M 队领导很不服气，决心总结教训，在第二年比赛时，一定要把第一名夺回来。通过反复讨论分析，发现 J 队是八个人划桨，一个人掌舵；而 M 队是八个人掌舵，一个人划桨。不过，M 队领导并没有看重这点区别，而是认为，他们的主要教训是八个人掌舵，没有中心，缺少层次，这是失败的主要原因。于是，M 队重新组建了船队的领导班子。新班子结构如下：四个掌舵经理，三个区域掌舵经理，一个划船员，还专设一个勤务员，为船队领导班子指挥工作服务，并具体观察、督促划船员的工作。这一年比赛的结果是 J 队领先两千米。M 队领导班子感到脸上无光,讨论决定划船员表现太差,予以辞退勤务员监督工作不力,应予处分,但考虑到他为领导班子指挥工作的服务做得较好,将功补过,其错误不予追究;领导班子成员每人发给一个红包,以奖励他们共同发现了划船员工作不力的问题。

问题:
到底什么因素导致 M 队失利呢?

第一节　组织的概念

一、组织的概念

组织一词在我国古汉语中原始的意义是编织的意思,即将丝麻织成布帛。唐朝著名国学大师孔颖达首先把组织这个词引申到社会行政管理中,他说:"又有文德能治民,如御马之执矣,使之有文章如组织矣。"这里的意思是:组织,即是将物的构成部分组合为整体。我国《辞海》对组织的定义为:"按照一定的目的、任务和形式加以编制。"组织是有目的、有系统、有秩序地结合起来,按照一定的宗旨和系统建立的集体。

组织,一般有两种含义,一种是动词,就是有目的、有系统地集合起来,如组织群众,这种组织是管理的一种职能;另一种是名词,指按照一定的宗旨和目标建立起来的集体,如工厂、机关、学校、医院、各级政府部门、各个层次的经济实体、各个党派和政治团体等,这些都是组织。

英文中的组织(Organization)渊源于器官(Organ),因器官是自成系统的,具有特定功能的细胞结构。牛津大学辞典中的定义是:"为特定目的所作的,有系统的安排。"这个词汇越来越演变到专门指人群而言。人类为了生存,在与大自然搏击的过程中结成了群体。只要有群体的活动,就需要管理,同时也就产生了组织。

组织的含义可以从不同角度去理解,许多管理学家也对此做出了各种不同的解释。切斯特·巴纳德(C. I. Barnard)将组织定义为"有意识地加以协调的两个或两个以上的人的活动或力量的协作系统"。

理查德·达夫特(Richard L. Daft)认为组织是具有明确的目标导向和精心设计的结构与有意识协调的活动系统,同时又同外部环境保持密切的联系。

卡斯特(Fremont E. Kast)对组织的定义是:一个属于更广泛环境的分系统,并包括怀有目的且为目标奋斗的人们;一个技术分系统——人们使用的知识、技术、装备和设施;一个结构分系统——人们在一起进行整体活动;一个社会心理分系统——处于社会关系中的人们;一个管理分系统——负责协调各分系统,并计划与控制全面的活动。

综合以上的观点,本书认为:组织是两个以上的人为了某个共同的目标而结合起来协同行动的集体。

二、组织的特点

作为实体构成的组织,应当具备以下若干特点。

1. 一定数量的成员

组织是由至少两个人或两个以上的人组成的系统。组织成员是相对固定的,成员明确地意识到自己属于某一组织;组织如无固定的成员就失去了自身存在的实体基础。进入或退出一个组织必须按照一定的程序进行,特别是组织成员资格的取得一般都要经过组织的考核与审查。

2. 相对明确的目标

组织目标一般是明确的、具体的,它表明了某一组织的性质与功能,人们围绕某一特定的目标才形成从事共同活动的社会组织。组织目标是组织活动的灵魂。它可以是单一的,也可以是具有内在联系的目标体系。

3. 相对固定的分工

为了实现特定的目标并提高活动效益,一般都具有根据功能和分工而制度化的职位分层与部门分工结构。只有通过不同职位的权力结构体系,协调各个职能部门或个人的活动,才能顺利开展组织活动并达到组织目标。

4. 相对稳定的规则

组织的行动规范是每个成员必须遵守的,它通过辅助的奖惩制度制约组织成员的活动,以维护组织活动的统一性。

资料:金刚石与石墨

纯净的金刚石是无色透明的、正八面体的固体,是天然存在的最硬的物体。

物理性质	无色透明	天然存在的最硬的物体
用途	钻石、装饰品	玻璃刀、钻头等

石墨是深灰色、有金属光泽的鳞片状固体,质地较软,有滑腻感。导电性能良好。

物理性质	石墨是深灰色、有金属光泽的鳞片状固体,质地较软,有滑腻感	导电性能良好
用途	制铅笔芯	制电极

金刚石结构图

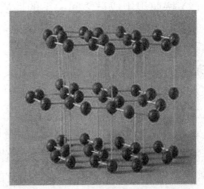

石墨结构图

问题：

金刚石与石墨都是由碳元素组成的单质,物理性质为什么会有如此大的差异？

三、组织的类型及功能

（1）按照组织规模的大小,可分为小型、中型和大型组织,企业是一种组织,同样可以分为小、中和大型企业,但是在不同的行业,划分的标准是不一样的,请参看表6-1。

表6-1　大中小企业划分标准

行业名称	指标名称	计算单位	大型	中型	小型
工业企业	从业人员数	人	2000 及以上	300～2000	300 以下
	销售额	万元	30000 及以上	3000～30000	3000 以下
	资产总额	万元	40000 及以上	4000～40000	4000 以下
建筑业企业	从业人员数	人	3000 及以上	600～3000	600 以下
	销售额	万元	30000 及以上	3000～30000	3000 以下
	资产总额	万元	40000 及以上	4000～40000	4000 以下
批发业企业	从业人员数	人	200 及以上	100～200	100 以下
	销售额	万元	30000 及以上	3000～30000	3000 以下
零售业企业	从业人员数	人	500 及以上	100～500	100 以下
	销售额	万元	15000 及以上	1000～15000	1000 以下
交通运输业企业	从业人员数	人	3000 及以上	500～3000	500 以下
	销售额	万元	30000 及以上	3000～30000	3000 以下
邮政业企业	从业人员数	人	1000 及以上	400～1000	400 以下
	销售额	万元	30000 及以上	3000～30000	3000 以下
住宿和餐馆企业	从业人员数	人	800 及以上	400～800	400 以下
	销售额	万元	15000 及以上	3000～15000	3000 以下

资料来源:国资委2003年对大中小企业的划分标准(国统字[2003]17号)

（2）按照组织成员之间关系的性质,可划分为正式组织和非正式组织。

正式组织是组织设计工作的结果,它是管理者通过正式的筹划,并且借助组织结构图和职务说明书等文件予以明确规定的。正式组织有明确的目标、任务、结构、职能以及由此形成的职员间的责权关系,因此对成员行为具有相当程度的强制力。正式组织具有三个基本特征。

① 目的性。正式组织是为了实现组织目标而有意识建立的,因此,正式组织要采取什么样的结构形态,从本质上说应该服从于实现组织目标、落实战略计划的需要。这种目的性决定了组织工作通常是在计划工作之后进行的。

② 正规性。正式组织中所有成员的职责范围和相互关系通常都在书面文件中加以明文的、正式的规定,以确保行为的合法性和可靠性。

③ 稳定性。正式组织一经建立,通常会维持一段时间相对不变,只有在内外环境条

件发生了较大变化而使原有组织形式显露出不适应时,才提出进行组织重组和变革的要求。

非正式组织,就是未经正式筹划而由人们在交往中自发形成的一种个人关系和社会关系的网络。机关里午休时间的扑克会、工余时间的球友会等,都是非正式组织的例子。在非正式组织中,成员之间的关系是一种自然的人际关系,他们不是经由刻意的安排,而是由于日常接触、感情交融、情趣相投或价值取向相近而发生联系的。与正式组织相对应,非正式组织的基本特征是自发性、内聚性和不稳定性。

非正式组织与正式组织相互交错地同时并存于一个单位、机构或组织之中,这是一种不可避免的现象。有些场合下,利用非正式组织能够取得意想不到的益处,而有些情况下非正式组织则有可能会对正式组织的活动产生不利影响。

非正式组织对正式组织的积极、正面的作用表现在:它可以满足成员心理上的需求和鼓舞成员的士气,创造一种特殊的人际关系氛围,促进正式组织的稳定;弥补成员之间在能力和成就方面的差异,促进工作任务的顺利完成;此外,还可以用来作为改善正式组织信息沟通的工具。

非正式组织的消极作用主要是:它可能在有些时候会和正式组织构成冲突,影响组织成员间的团结和协作,妨碍组织目标的实现。因此,正式组织的领导者应善于因势利导,最大限度地发挥非正式组织的积极作用,克服其消极作用。一句话,对非正式组织必须妥善地加以管理。

(3) 社会组织还可以分为经济组织、政治组织、文化组织、教育组织、科研组织、群众组织和宗教组织等几种类型。组织类型的划分都是相对的,人们可以从研究和分析的需要出发,选择恰当的分类标准。

在现代社会里,人类的经济、政治和社会需要,大部分是通过社会组织来满足的。人们无论从生理上还是智力上都无法以个人的形式满足自己的需要,只能以群体的形式来加强满足需要的能力。建立在社会分工基础上的专业化组织,将具有不同能力的人聚合在一起,以特定的目标和明确的规范协调人的活动和能力,从而更有效地满足人们的多种需要。大小不同、功能各异的社会组织构成了现代社会的主要基础。

第二节　组织职能的内容和工作过程

一、组织职能与计划职能的联系

(1) 计划职能是管理的首要职能。计划职能的作用是确定组织的目标、确定实现目标的路径和行动步骤,简而言之,计划职能主要是解决以下问题。

——(组织)打算"奔"向哪里?

——(组织)选择"走"什么路线?

——(组织)分几"步"走?

计划职能所形成的组织的目标、战略路径是组织发展的核心内容,决定了组织后续发展的方向与内容。计划职能所形成的计划书是组织发展的纲领性文件,是后续管理工作的指导。

（2）计划工作完成以后，就要根据计划中的各种目标要求进行工作任务整理、分类、组合，据此进行部门划分，并进而搭建起组织的"骨架"。为保证各部门工作能得到有效的指导和控制，必须确立合理的管理层次以及不同层次之间的关系。这就是管理学中组织工作的基本内容。

二、组织职能的工作过程

组织结构之于企业，就像人的骨骼系统之于身体一样，是企业生存发展所不可缺少的重要条件。而为了给企业建立起一个合理的、健全的组织结构，管理者就必须有效地开展组织工作。

组织工作是管理的第二项职能。组织工作的目的，就是要建立一种能产生有效的分工合作关系的结构，就是试图把石墨变成金刚石。

（1）确定组织的目标和实现目标所必需的活动。对企业生存发展影响重大的关键性活动，应该成为组织设计工作关注的焦点。其他的各种次要活动应该围绕主要的关键活动来配置，以达到次要活动服从、服务和配合于主要活动，确保企业使命目标的实现。

（2）根据组织资源和环境条件对实现目标所必需的活动进行分组。所谓分组，指的是组织单位的划分和组合。分组一般要考虑"贡献相似性"原则和"关系相近性"原则。通常采取从小而大的组合法、由大而小的划分法。

（3）根据工作和人员相称的原则为各职位配备合适的人员，并通过决策任务的分析确定每个职务所拥有的职责与权限。

（4）设置各层次、各部门之间纵向与横向联系的手段。通过合适的纵向与横向联系把各个组成部分联结成一个整体，以使整个组织能够协调一致地实现企业的总体目标。

组织工作的过程如图6-1所示。

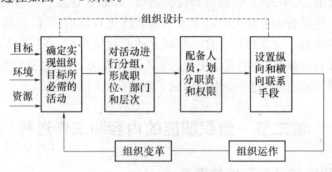

图6-1 组织工作的过程

第三节 组织的设计

一个公司在运作中，会经常遇到以下问题：组织运转不顺利，原因在哪里？是设立市场部的决策错了吗？还是采购员和设计员之间的私怨需要解决，抑或是各职能部门之间的沟通没有建立起有效的渠道？公司有没有必要单独成立一个负责市场研究的机构？如有必要，应该怎么设置？如果没必要，是否应该由什么人员或部门来承担起这方面的责任？对公司中的各个业务经营部门,应该如何界定其职责权限？公司实质上是职能型结构还是地区事业部结构？这些问题的回答与组织设计的内容密切相关。

一、组织设计的含义与目的

1. 组织设计的含义

组织设计是组织工作中最重要、最核心的一个环节,着眼于建立一种有效的组织结构框架,对组织成员在实现组织目标中的工作分工协作关系做出正式、规范的安排。

2. 组织设计的目的

组织设计的目的,就是要形成实现组织目标所需要的正式组织。其结果包括:①确定并理顺需要进行的活动;②配备人员、分配资源等;③任务系统和汇报关系系统。

二、组织设计的原理

组织设计的目的,就是要形成实现组织目标所需要的正式组织。在组织目标明确之后,就必须考虑进行有效的组织设计以保证组织目标的实现。综合国内外学者的观点,本书认为组织设计就是对组织的结构和活动进行创构、变革和再设计。

传统的组织设计建立在劳动分工的基础上,斯密认为,分工程度越高,工作效率也会越高。在外部环境相对比较稳定的条件下,为了圆满地完成组织任务,组织设计者只需要把工作任务按其复杂、难易的程度进行分解,然后委托一定数量的管理者负责具体的管理劳动,并授予其一定的权力,就能够保证工作任务的顺利进行。

然而,随着外部环境条件的日趋复杂,单一封闭式的组织设计模式往往会导致组织的僵化和本位主义的盛行,就必须以系统、动态权变式的观点来理解和重新设计新的组织。在权变思想的指导下,组织被设计成了一个开放系统,它不断地与外部环境进行资源和信息的交换,不断地进行组织内部各种关系的调整,也只有这样才能保持组织的灵活性和适应性。

综合地讲,组织设计的目的就是要通过创构柔性灵活的组织,动态地反映外在环境变化的要求,并且能够在组织演化成长的过程中,有效积聚新的组织资源要素,同时协调好组织中部门与部门之间、人员与任务之间的关系,使员工明确自己在组织中应有的权力和应担负的责任,有效地保证组织活动的开展,最终保证组织目标的实现。

1. 组织设计的原则

1) 任务和目标原则

组织的存在与发展是以任务和目标为核心的,每一个组织以及它的每一个部分,也都应当与其特定的任务和目标相关联,组织的调整、改造、合并或重组,都应以是否对实现其目标有利为衡量标准,没有任务、目标的组织,是没有存在价值的。所以,在组织设计的过程中,首先需要明确组织的发展方向、经营战略等。在任务、目标明确的前提下,再为实现任务、目标而进行组织的设计。这时,就是这样一些问题:需要办什么事？怎么办这些事？谁来办这些事？如何才能办好这些事？或者说,任务和目标原则是这样一个原则:它因任务、目标设事,以事为中心,因事建机构,因事设职位,因事配人员。

2) 分工和协作的原则

现代化大生产的特征就是分工与协作,因而在组织设计中要坚持分工与协作的原则,力求做到分工合理、协作有序,对每个部门和每个职工的工作内容、工作范围、相互关系、协作方法等,都应有明确的规定。分工与协作是密切联系在一起的,协作以分工为前提,分工必须建立在协作的基础上才有意义。组织的设计,需要分工合理,协作规范。一般说来,分工越细,专业化水平越高,责任越明确,效率也越高,但过细的分工容易造成机构增多,协作困难,协调工作量增加,以至于管理成本上升;分工太粗,机构可以较少,协调工作量可以减轻,能够使组织成员成为多面手,但专业化水平和效率都会下降,而且容易产生推诿责任的问题。所以,分工要根据组织的需要而定,不应过细,也不应过粗。协作是以明确各部门之间的关系为前提的,因为只有明确了这些关系才能比较容易地发现那些容易发生矛盾之处,并加以协调,而且协调不是随机性的,应当规范化和程序化。

3) 命令统一原则

在管理中,需要统一领导、统一指挥,这就需要从组织结构上提供保证。所以,组织设计的一个重要任务就是要提供可以实现统一领导、统一指挥的组织保障。具体做法如下。

(1) 从最高的管理层到最低的作业层,要有一条连续的等级链,确保其不被中断。

(2) 在组织的每一个层级上只能有一个人负责,实行首长负责制。

(3) 下级组织只接受一个上级组织的命令和指挥,防止出现多头领导。

(4) 下级只向直接上级请示工作,只是在确信直接上级的指挥是错误的时候,才允许越级上诉。

(5) 上级不能越级指挥,以维护下级组织的领导权威,不过越级检查工作是允许的。

(6) 职能管理部门一般只作为同级直线指挥系统的参谋,不对下属直线领导者下达命令。

这六点做法是组织理论传统的观点,现代组织理论认为,在组织相对简单的情况下,必须遵循这些做法,如果在组织非常复杂的情况下,这些做法应当是一些合理的忠告。

4) 集权与分权相结合的原则

集权与分权是组织中两种不同的权力体制。集权是把权力相对集中于最高层的领导手中,使其最大程度地拥有组织权威,统管所属单位和人员的活动。与集权不同,分权是把权力分配给每一个管理层和每一个管理者,使他们都有权在自己的职位上,就自己管理范围内的事情做出决策。分权的体制是与组织规范联系在一起的,只有在法律、规章等相对健全的情况下,才可能实现分权。对于组织活动,集权和分权各有优缺点。集权的优点主要有:能够强化组织的统一领导,提高管理工作的效率;有利于协调组织的各项活动;有助于充分发挥最高层管理者的聪明才智和工作能力;可以使管理机构精干,从而降低管理成本。集权的主要缺点是:不利于调动下属的积极性;最高领导者的决策失误可能会给组织带来灾难性的影响。分权的优点是:能够充分地调动每一个管理层级的积极性,使他们随时根据管理的需要,灵活、有效地组织各项活动。但是,需要注意的是,要避免任何破坏统一指挥、各自为政的现象出现。在传统的组织理论中,分权和集权往往被对立起来,现代组织理论倾向于把两者结合起来,以建立统一领导、分级管理的权力混合体制。这也就是集权与分权相结合,可以使集权与分权的优缺点相互补充。

5) 职、责、权、利相对应的原则

职、责、权、利相对应的原则是一个普遍原则,自从有了管理活动以来,人们就努力通过职、责、权、利的一致性来调动所有管理者的积极性。分工本身就意味着明确职务,承担责任,以及与职务和责任相对应的权力,并享有相应的利益。为了实现职、责、权、利的对应,在组织设计中,要做到职务实在、责任明确、权力恰当、利益合理。也就是说,在设置职务时,应当实实在在,不能成为虚位,要求有职就有责,有责就有权。因为有责无权和责大权小,会导致负不了责任,同时也会束缚管理人员的积极性、主动性和创造性,使组织缺乏应有的活力。而责小权大,甚至无责有权,又难免造成滥用权力、瞎指挥和官僚主义。总之,权责不明确容易产生官僚主义、无政府状态,组织系统则易出现各种摩擦。

6）执行与监督机构分设的原理

在现代管理中,尤其要注意执行机构与监督机构的分开设置,不应将它们合并为一个机构。这实际上是一个赋予监督机构相对独立性的问题,因为只有当监督机构与执行机构分开时,监督才有可能发挥作用。任何一个组织的设计,都不可能是十全十美的,在组织的运行中,必然会出现各种各样的问题,如何保证这些问题得到及时发现和解决,就需要监督机构的有效监督。即使原先的组织设计是一个非常理想的方案,但在组织的运行中,随着环境的变化、组织自身的发展,会出现新的矛盾,这些新矛盾也需要由监督机构来及时地加以发现和处理。总之,监督是任何一个组织都不可缺少的,而监督要切实有效又取决于它有多大的独立性,所以监督机构必须与执行机构分开设置。

2. 影响组织设计的因素

1）战略

战略与组织结构之间的关系是理论界争论较多的问题之一。其问题是战略决定组织结构,还是组织结构决定战略。

对企业的战略与结构之间关系研究有重大贡献的是美国的企业史学家艾尔弗雷德·钱德勒。他对美国100家大公司的发展进行了深入的考察。在追踪了这些企业长达50年的发展历史之后,得出了这样一个结论:公司的战略变化先行于并且导致了组织结构的变化。具体地说就是,钱德勒发现,简单的战略通常只要求一种简单、松散的组织结构,也因此可以采取一种集权式的体制。当公司成长壮大后,战略随之改变,变得更有雄心,组织结构也因此而变得壮大。所以,形成了战略决定结构的理论。

但是自20世纪80年代以来,一些理论家认为企业的内部资源对企业的战略有决定性的作用。这些资源中自然也包括企业的组织结构。他们认为,战略与组织结构二者之间的关系没有绝对的决定与被决定的固定关系,而是一个相互影响、相互作用的关系。如果考虑组织设计,就必须考虑组织的战略,而当制定战略时,就必须考虑一定的组织结构的影响。在这里,自然将战略作为组织设计的最重要的影响因素。这里的战略指的是组织的重大发展决策、规划,对企业而言,就是企业的经营战略。

战略选择的不同,将在两个层次上影响组织结构:一是不同的战略对组织开展的义务活动有不同的要求,这会影响组织设计中的职务设计和部门划分;二是组织战略重点的改变,会导致组织的工作重点及各部门与职务在组织中重要程度的改变,因此要求对组织结构进行必要的调整。

2）组织规模

布劳(Peter Blau)等人曾对组织规模与组织设计之间的关系作了大量研究,认为组织规模是影响组织结构的最重要的因素,即大规模会提高组织复杂性程度,并连带提高专业化和规范化的程度。可以想象,当组织业务呈现扩张趋势、组织员工增加、管理层次增多、组织专业化程度不断提高时,组织的复杂化程度也会不断提高,这必然给组织的协调管理带来更大的困难,而随着内外环境不确定因素的增加,管理层也愈难把握实际变化的情况并迅速做出正确决策,组织进行分权式的变革成为必要。

大型组织与小型组织在组织结构上的区别主要体现在以下几个方面。

(1)规范化程度。研究表明,大型组织可以通过制定和实施严格的规章制度,并按照一定的工作程序来控制和实现标准化作业,员工和部门的业绩也容易考核,因而组织的规范化程度也比较高;相反,小型组织可以凭借管理者的能力来对组织进行控制,组织显得比较松散而富有活力,因而规范化程度也比较低。

(2)集权化程度。在大型官僚型层级组织中,决策往往是由那些具有完全控制权的高层主管做出的,因而组织的集权化程度也比较高。事实上,为了快速响应日趋复杂的环境变化,组织规模越大就越是需要分权化,而在分权化程度较高的组织中,决策更多地是在较低的层级上做出的,决策速度越快,信息反馈也就越及时。

(3)复杂化程度。大型组织的高度复杂性是显而易见的,由于横向和纵向的复杂性,大型组织经常需要建构新的部门来应对由于规模扩大所带来的新问题,同时,随着组织中部门规模的扩大,部门管理者控制力也会不断减弱,部门又会产生新的再细分压力,结果造成部门林立的臃肿格局。另外,随着员工数量的增加,在一定控制幅度条件下,管理层的级数也必然增多,这都会大大增加管理的成本,降低管理的效率。

(4)人员结构比率。"帕金森定律"认为,由于各种原因,受到激励的管理者往往会增加更多的管理者,包括建构自己的帝国大厦以巩固他们的地位。研究表明,在迅速成长的组织中,管理人员要比其他人员增幅大得多,在组织衰退过程中,管理人员要比其他人员减幅小得多,这说明,管理人员最先被聘用而最后被解聘。也有研究表明,随着组织规模的扩大,管理人员的比率是下降的,而其他人员的比率则是上升的。总体而言,高层管理人员与一般员工之间的结构比率应当是均衡配置的,任何不一致都应当通过积极主动的变革来加以调整。

3)企业生命周期

组织的演化成长呈现出明显的生命周期特征,因此,组织结构、内部控制系统以及管理目标在各个阶段都可能是不相同的。

葛瑞纳(Larry E·Greiner)最早提出企业生命周期理论,他认为企业的成长如同生物的成长一样要经过诞生、成长和衰退几个过程。奎因(Robart E. Quinn)和卡梅隆(Kim Cameron)把组织的生命周期细划为四个阶段:创业阶段、集合阶段、规范化阶段和精细阶段。他认为,企业的成长是一个由非正式到正式、低级到高级、简单到复杂、幼稚到成熟的阶段性发展过程。具体来讲,每个阶段都由两个时期组成:一个是组织的稳定发展时期,组织在这个时期的结构与活动都比较稳定,内外条件较为吻合;另一个是组织的变革时期,即当组织进一步发展时,就会从内部产生一些新的矛盾和问题,使组织结构与活动不相适应,此时必须通过变革使结构适应内外环境的变化,并使组织保持适应性,组织的发展就是如此循环往复不断得以成长的。

综合来看,组织生命周期各个阶段中的特点如下。

(1)创业阶段。起初,组织是小规模的、非官僚制的和非规范化的。高层管理者制定组织结构框架并控制整个运行系统,组织的精力放在生存和单一产品的生产和服务上。

随着组织的成长,组织需要及时调整产品的结构,这就必然会产生调整组织结构和调换更具能力的高层管理者的压力。

(2)集合阶段。这是组织发展的成长期。一般情况下,组织在调换了高层主管之后便会明确新的目标和方向,此时便进入了迅速成长期,员工受到不断激励之后也开始与组织的使命保持一致,尽管某些职能部门已经建立或调整,可能也已开始程序化工作,但组织结构可能仍然欠规范合理。一个突出的矛盾是,高层主管往往居功自傲,迟迟不愿放权,组织面临的任务是如何使基层的管理者更好地开展工作,如何在放权之后协调和控制好各部门的工作。

(3)规范化阶段。组织进入成熟期之后就会出现官僚制特征。组织可能会大量增加人员,并通过建构清晰的层级制和专业化劳动分工进行规范化、程序化工作。组织的主要目标是提高内部的稳定性和扩大市场。组织往往会通过建立独立的研究和开发部门来实现创新,这又使得创新的范围受到了限制。因此,高层管理者不仅要懂得如何通过授权调动各个层级管理者的积极性,还要能够不失控制。

(4)精细阶段。成熟的组织往往显得规模巨大和官僚化,继续演化可能会使组织步入僵化的衰退期。这时,组织管理者可能会尝试跨越部门界限组建团队来提高组织的效率,阻止进一步的官僚化。如果绩效仍不明显,必须考虑更换高层管理者并进行组织重构以重塑组织的形象,否则,组织的发展将会受到很大的限制。

三、组织设计的步骤

1. 职务设计与人员配备

职务设计是将若干工作任务组合起来构成一项完整的职务。现实中有些职务是常规性的、经常重复的,另一些职务则是非常规性的。有些要求大量、变化多样的技能,也有些只要求范围狭窄的技能。有些职务限定员工遵循非常严格的程序,另一些则对员工如何做工作给予充分的自由。有些职务以一组员工按团队的方式进行可取得更好的效果,另一些职务让个人单独做可以做得更好。一般来讲,职务因任务组合的方式不同而各异,而这些不同的组合则形成了多种职务设计方案。

职务设计的结果通常体现在职务说明书上。狭义的职务说明是对每个职务应当做些什么工作做出规定。包括:①职务名称与代号;②承担此职务的员工数;③所属部门名称及主管姓名;④待遇情况及所处级别;⑤职务概要,包括工作的性质、范围和目的等;⑥职务开展,包括工作的具体内容、对象、方法和步骤等。广义的职务说明还要进一步指明某个职务适合配备什么资格或条件的人员来担任,这部分内容亦称作雇佣规范。其事项包括:①担任该职务应接受的教育程度及工作经验;②任职者所应拥有的生理状况、个性和行为特征;③任职者所应拥有的智商程度和技能等。

职务设计的几种常见形式如下。

1) 职务专业化(Specialization)

在 20 世纪上半叶,职务设计是与劳动分工或职务专业化同一意义的。管理者都在设法将其组织中的职务设计得尽可能简单。这意味着将职务划分为细小的、专业化的任务。

2) 职务轮换(Job Rotation)

避免职务专业化及其缺陷的一种早期努力是进行职务轮换。这一职务设计方法使工人的活动得以多样化,从而避免产生厌倦。职务轮换拓宽了员工的工作领域,给予他们更多的工作体验;另外更广泛的工作体验也使得人们对组织中的其他活动有了更多的了解,从而为人们担任更大责任的职务,尤其是为高层职务做好更快、更好的准备。

但是职务轮换也有其自身的缺点,比如将一个工人从先前的岗位转入一个新的岗位,需要增加培训成本,还会导致生产效率下降,因为工人在先前岗位上的效率性正创造着组织的经济性;此外,职务轮换还可能使那些聪明而富有进取心的员工积极性受到影响,因为这些人喜欢在他们所选定的专业中寻找更大的、更具体的责任。

3) 职务扩大化(Job Enlargement)

在推行职务的横向多样化的同时,另一种早期努力是职务扩大化这一方案使职务范围增大,也就是增加了一项职务所完成的不同任务数目,并减少了职务循环重复频率。通过增加一个工人所执行任务的数目,职务扩大化也就提高了工作多样性。

4) 职务丰富化(Job Enrichment)

职务丰富化是增加职务的深度,这意味着职务丰富化允许员工对他们自己的工作有更大的控制力。他们可以做一些以前只能由上司完成的事务,例如:制订计划和评价自己的工作。在一个职务丰富化的组织中,员工可以更加感受到自由、独立以及责任感。

5) 工作团队(Work Team)

当合作对于完成一项任务很重要时,围绕小组设计工作(而不是围绕个人)就是职务设计的很好选择。这种设计结果就形成了工作团队。

约翰·R·肯特仁巴斯(Jone R. Katzenbach)和道格拉斯·K·史密斯(Donglas K. Smith)将团队定义为"由一小群技能互补的成员组成的人群结构,团队成员致力于共同的宗旨、绩效目标和通用方法,并且共同承担责任"。与传统职能部门相比,工作团队有如下几点特征。

(1) 每一个工作团队有明确的目标。

(2) 团队成员具有相互合作、相互沟通的文化氛围,并在交流过程中获得信息和知识。它具有学习的功能。

(3) 工作团队跨职能性。工作团队由来自不同部门、具有不同技能与背景且能互补的成员组成,它不是同一职能承担者的集合。

(4) 组织结构上的不同。传统组织采用金字塔式结构,信息沟通是纵向的。工作团队组织结构则成网状,它强调沟通和协调,不仅有纵向联系,还包括组织成员间的横向联系和斜向联系,在这样的团队结构中,任何成员发现问题都可以提出合理建议,管理者不独占这些信息。所有的信息在各成员之间交换,发挥每个成员的积极性和创新性。

【管理实践】

州总其统,郡举其纲,县理其目,各职守不得相干,治之经也。夫弹枉正邪,纠其不法,击一以警百者,刺史之职也。比物校成,考定能否,均其劳逸,同其得失,有大不可而后举之者,太守之职也。亲民授业,平理百事,猛以威吏,宽以容民者,令长之职也。

——傅玄《傅子·安民》

人员配备是对组织中全体工作人员的配备,包括管理人员的配备和非管理人员的配备。人员配备的过程包括如下步骤:①评价现有的人力资源,包括职工队伍的规模、结构和人员素质状况;②预估将来需要的人力资源,这是根据组织任务目标和职务设计的要求确定的;③制定满足未来人力资源需要的行动方案,如内部提升与轮换,外部选聘,人才开发培训等。组织需要通过人员配备工作,把合适的人安置在合适的职位上,做到位得其人、人得其位、人尽其才。也就是说:每一个职位都有合适的人承担工作,每一个人都有合适的职位去发挥其才能。

2. 部门划分

所谓部门是指企业组织结构中一个管理人员有权执行所规定的活动的一个明确区分的范围。划分部门就是确定这些范围。这些部门实际是承担某些工作职能的组织机构。所以部门划分也可称为是组织机构的设置。一个部门通常是由若干个工作岗位组成的。

划分部门,在遵循组织设计原则,考虑各种影响因素的前提下,还要具体体现两个特征。一是使部门与部门之间相对具有较大的独立性,即部门之间的相关性应该小。二是部门内部应相对具有较大的凝聚度,即部门内部的相关性要大。这是符合组织设计原则的,因为这样便于明确责权关系,减少协调工作量。

企业中的部门归纳起来可分成三大类别,即业务经营部门、职能管理部门和后勤服务部门。

业务经营部门是直接参与经营业务活动的部门,也称为直线部门,如采购部、销售部、储运部分拣包装、流通加工等。它们是实现企业目标的操作部门,是企业组织结构的主体。

职能管理部门是对经营业务活动进行计划、指导、监督和调节的管理部门,如计划、财务、统计、劳资、物价等部门。它们不直接参加经营业务活动,但与经营业务活动有着直接的联系,它们与业务经营部门的连接主要是通过信息的传递。职能管理部门是企业组织中各级直线领导者的参谋和咨询机构。

后勤服务部门是间接为经营业务活动服务的部门。这些部门与职能管理部门不同,它与经营业务的关系并不那么直接,不能对经营业务活动发挥监督指导作用。属于这类部门的有人事、保卫、膳食、交通等。

划分业务部门的具体方法,通常有按职能划分、按地域划分、按产品划分、按业务环节划分等。各企业可根据自己的特点选择采用,也可同时采用几种方法。如生产资料流通企业,常常在其总部所在地区按经营的产品和业务性质划分部门,而在外地则按地域设置部门。

部门划分时要考虑到两个重要的概念:管理幅度和管理层次。

1) 管理幅度

"出师未捷身先死,长使英雄泪满襟",诸葛孔明一生事必躬亲,积劳成疾,卒于军中,终年 54 岁,虽业绩彪炳,却始终未能为蜀国培养出一些像样的人才,最后落得"蜀中无大将,廖化做先锋",国家大业后继无人的结局。其后期的主要对手司马懿就曾经这样评价:"孔明食少事烦,其能久乎?"从现代的管理理论来看,诸葛先生的误区就是:作为一名管理人员,究竟能够有效地管理多少下属呢? 这就是管理幅度问题。

管理幅度是指一个上级直接领导与指挥下属的人数应该有一定的限度,并且应该是有效的。法国的管理学者格拉丘纳斯(V. A. Graicunas)曾提出一个数学公式说明了当上级的控制幅度超过6～7人时,和下级之间的关系就会越来越复杂,以至于最后让他无法驾驭。该公式为 $N=n(2^{n-1}+n-1)$,其中 n 表示直接向一位上级报告的下级人数,N 表示需要协调的人际关系数。表6-1列出了随 n 的变化 N 的变化情况。

从表中可以看出,当管理幅度随算术级数上升的时候,上级管理人员需要协调的关系数目呈几何级数增加。这意味着管理幅度不能无限度地增加,毕竟人的知识水平、能力水平都是有限的。值得注意的是随着计算机的发展和信息技术的革命,管理者对知识和信息的管理能力得到了大幅度的提高,这使得管理幅度也有了一定量的提高。

表6-1　N 随 n 的变化而变化的情况

n	N	n	N
1	1	6	222
2	6	7	490
3	18	8	1080
4	44	……	……
5	100		

2) 管理层次

管理层次也称组织层次,它是描述企业纵向结构特征的一个概念。

如果从构成企业纵向结构的各级管理组织来定义,管理层次是指从企业最高一级管理组织到最低一级管理组织的各个组织等级。每一个组织等级即为一个管理层次。

如果从构成企业纵向结构的各级领导职务来定义,管理层次就是从最高一级领导职务到最低一级领导职务的各个职务等级。企业有多少个领导职务等级,就有多少级管理层次。

管理层次从表面上看,只是组织结构的层次数量,但其实质乃是组织内部纵向分工的表现形式,各个层次将担负不同的管理职能。

【管理实践】

杰克·韦尔奇从通用电气的第一天开始,就是官僚体制的挑战者。他始终认为,官僚体制是热情、创造和反应的障碍,这些管理等级制内在的战略性计划、控制和形式只不过是在扼杀通用迫切需要的企业家精神,所以"任何等级都是坏的等级"。他经常作这样生动的形容——"当你穿着六件毛衣出门的时候,你还能感觉得到气温吗?官僚体制就是我们那六件毛衣!"这种对官僚体制的极端痛恨,差一点还成了杰克·韦尔奇离开通用电气的原因。

杰克·韦尔奇的"一腔怒火",终于使通用电气的官僚体制在1981年之后走向了末日。从担任总裁开始,杰克·韦尔奇就着手大刀阔斧地改造通用电气的组织结构,迅速地砍掉大量的中间管理层次,并裁减管理层职位,甚至连副总也难以在这场"扁平化的风暴"里幸免于难,最终通用电气从原来的9个管理层次变成了今天的3～4个管理层次……通用电气的确就是一个扁平化改造的典范。

（1）按照企业的纵向职能分工，确定基本的管理层次。实行分散经营、分散管理的企业，总公司与分公司无疑是两个大的管理层次：总公司内部，有由主要领导人组成的战略决策层和由高层职能部门构成的专业管理层；分公司内部一般又分为经营决策层、专业管理层和作业管理层。这样，从总体上讲，共有五个基本的管理层次。

在集中经营、集中管理的企业里，有的企业规模较小，技术简单，通常只要设置经营决策层、企业管理层和作业管理层三个层次就可以了。

（2）按照有效管理幅度，推算具体的管理层次。

（3）按照提高组织效率的要求，确定具体的管理层次。影响组织效率的因素除了领导者的管理幅度外，还有下属的积极性和完成任务的能力。所以，确定具体的管理层次，应将两方面结合起来通盘考虑。对于下属来说，高效率的组织应该是：下级有充分而明确的职权，能够参与决策，了解集体的目标；能够提供安全与地位，每个人都有发展的机会；能够依靠小集体的团结与协作，完成所承担的工作任务；等等。

（4）按照组织的不同部分的特点，对管理层次作局部的调整。以上所确定的管理层次，是就整个企业而言的。如果企业的个别组织单位有特殊情况，还应对其层次做局部调整，例如，科研和技术开发部门，若层次多、主管人员多，不利于发挥技术人员的创造性，就可以适当地减少层次。有的生产单位技术复杂，生产节奏快，人员素质又低，需要加强控制，在这样的条件下，适当增加层次则是必要的。

管理幅度的大小与管理层次的数量呈反比例关系。管理幅度增大，管理层次数就可减少；反之，管理层次数目就增多。以一家具有4096名作业人员的企业为例，如果按管理幅度分别为4、8和16对其进行组织设计（这里假设各层次的管理幅度相同），那么其相应的管理层次依次为6、4和3，所需的管理人员数为1365、585和273名，如图6-2所示。

管理幅度：4　8　16
管理层次：6　4　3
管理人员数：1365　585　273

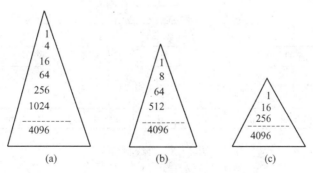

图6-2　管理幅度与管理层次的关系

3. 结构的形成及优化

根据职务设计及部门划分，调整、平衡工作量，使设置更为合理，最终导致组织结构的形成以及优化。组织整合和协调的具体手段有以下五种。

（1）通过组织等级链的直接监督。即通过一级管一级、下级服从上级命令与指挥的方式保证有关活动的协调。通过等级链逐层进行协调，是实现整合的常用手段。

（2）通过程序规则的工作过程标准化。随着组织规模的扩大，单纯依靠等级链上的管理者进行协调("人治")越来越难以满足需要,而且还容易造成等级链上的负担过重。作为一种可行的替代手段,组织可以将所要开展工作的内容、过程、方法等做出明确规定,并制定成详细的程序和规则,通过这些制度措施("法治")来达到各方面相对的协调配合。

(3)通过计划安排的工作成果标准化。一般地,工作过程标准化适用于那些简单、常规的工作,但对于复杂和非常规的工作,由于其工作过程不易识别或者不易分解,因而也就无法规定标准化的工作内容和程序。这时,组织可将协调的着眼点从过程控制(即规定"怎么做")转变为结果控制(即规定"做成什么")。

(4)通过教育培训的工作技能标准化。通过对工作者知识、能力、经验、素质等投入的控制(即规定"由什么样的人来做")来确保工作的协调进行。工作技能标准化是对工作过程标准化的一种内化和替代,是实现组织整合的一个间接但很重要的手段。

(5)通过直接接触的相互调整。同级工作人员之间通过直接的接触和沟通而主动调整各自的行动,以取得彼此的协调配合。这种直接接触可以发生在同一部门内的两个下级之间,也可能发生在两个部门之间,甚至是横跨许多个部门,后者通常以任务小组或项目团队的形式开展活动。而矩阵结构则是利用直接接触、相互调整手段取得多部门工作的持续密切配合的高级形态的横向协调方式。

第四节　典型的组织形式

一、直线制结构

这种组织形式的主要特点是:命令系统单一直线传递,管理权力高度集中,实行一元化管理,决策迅速,指挥灵活,但要求最高管理者要通晓多种专业知识。这种形式适用于规模较小、任务比较单一、人员较少的组织。以制造业企业为例,直线组织的结构如图6-3所示。

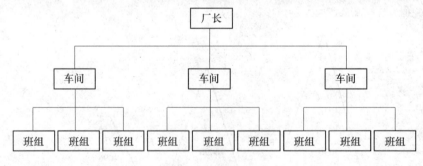

图6-3　直线制结构

二、职能制结构

这种组织形式的特点是:在组织中设置若干职能专门化的机构,这些职能机构在自己的职责范围内,都有权向下发布命令和指示。其优点是能够充分发挥职能机构的专业管理作用,并使直线经理人员摆脱琐碎的经济技术分析工作。其缺陷是多头领导,极大地违背了统一指挥原则。这种组织适用于任务较复杂的社会管理组织和生产技术复杂、各项管理需要具有专门知识的企业管理组织。以企业为例,职能制组织的结构如图6-4所示。

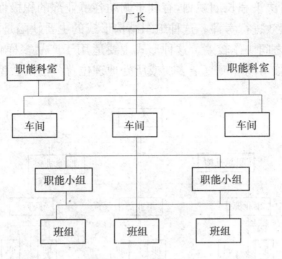

图 6-4 职能制结构

三、直线职能制结构

这是一种综合直线制和职能制两种类型组织特点而形成的组织结构形式。它与直线制的区别在于,职能机构只是作为直线管理者的参谋和助手,它们不具有对下面直接进行指挥的权力。因此,这种组织形式既保持了直线制集中统一指挥的优点,又具有职能分工专业化的长处。但是,这种类型的组织存在着职能部门之间横向联系较差、信息传递路线较长、适应环境变化差的缺陷。直线职能制是一种普遍适用的组织形式,我国大多数企业和一些非营利组织经常采用这种组织形式。以企业为例,这种组织设计如图 6-5 所示。

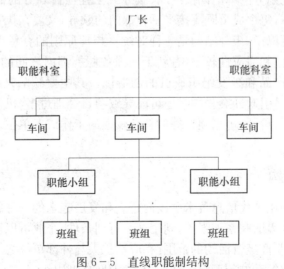

图 6-5 直线职能制结构

四、事业部制结构

这种类型结构的特点是:组织按地区或所经营的各种产品和事业来划分部门,各事业部独立核算,自计盈亏,适应性和稳定性强,有利于组织的最高管理者摆脱日常事务而专心致力于组织的战略决策和长期规划,有利于调动各事业部的积极性和主动性,并且有利于公司对事业部的绩效进行考评。这种组织结构形式的主要缺陷是,资源重复配置,管理费用较高,且事业部之间协作较差。这种形式主要适用于产品多样化和从事多元化经营的组织,也适用于面临市场环境复杂多变或所处地理位置分散的大型企业和巨型企业,如图6-6所示。

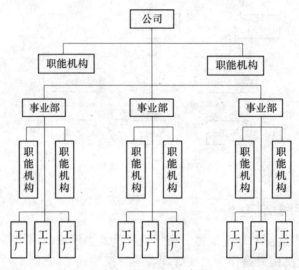

图6-6 事业部制结构

五、矩阵型结构

这是一种按职能划分的部门同按产品、服务或工程项目划分的部门结合起来的组织形式。在这种组织中,每个成员既要接受垂直部门的领导,又要在执行某项任务时接受项目负责人的指挥。可以说,矩阵结构是一种对统一指挥原则的有意识的违背。这种结构的主要优点是:灵活性和适应性较强,有利于加强各职能部门之间的协作和配合,并且有利于开发新技术、新产品和激发组织成员的创造性。其主要缺陷是:组织结构稳定性较差,双重职权关系容易引起冲突。同时还可能导致项目经理过多、机构臃肿的弊端。这种组织主要适用于科研、设计、规划项目等创新性较强的工作或者单位。此种形式如图6-7所示。

六、网络型结构

网络型组织是利用现代信息技术手段而建立和发展起来的一种新型组织结构。现代信息技术使企业与外界的联系加强了,利用这一有利条件,企业可以重新考虑自身机构的边界,不断缩小内部生产经营活动的范围,相应地扩大与外部单位之间的分工协作。这就产生了一种基于契约关系的新型组织结构形式,即网络型组织。

网络型结构是一种只有很精干的中心机构,以契约关系的建立和维持为基础,依靠外部机构进行制造、销售或其他重要业务经营活动的组织结构形式,如图6-8所示。被联结在这一结构中的两个或两个以上的单位之间并没有正式的资本所有关系和行政隶属关系,但却通过相对松散的契约纽带,透过一种互惠互利、相互协作、相互信任和支持的机制

110

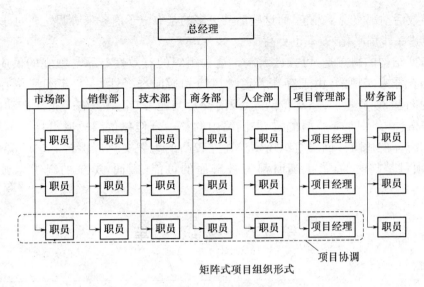

矩阵式项目组织形式

图 6－7　矩阵型结构

来进行密切的合作。卡西欧是世界有名的制造手表和袖珍型计算器的公司,却一直也只是一家设计、营销和装配公司,在生产设施和销售渠道方面投资很少。IBM 公司 20 世纪 80 年代初在不到一年时间内成功开发 PC 机,依靠的是微软公司为其提供软件,英特尔公司为其提供机芯。网络型结构使企业可以利用社会上现有的资源使自己快速发展壮大起来,目前,已经成为国际上流行的一种新形式的组织设计,如图 6－8 所示。

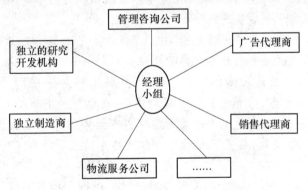

图 6－8　网络型组织结构

　　网络型结构是小型组织的一种可行的选择,也是大型企业在联结集团松散层单位时通常采用的组织结构形式。采用网络型结构的组织,它们所做的就是创设一个"关系"的网络,与独立的制造商、销售代理商及其他机构达成长期协作协议,使它们按照契约要求执行相应的生产经营功能。由于网络型组织的大部分活动都是外包、外协的,因此,公司的管理机构就只是一个精干的经理班子,负责监管公司内部开展的活动,同时协调和控制外部协作之间的关系。

　　网络型结构的优点是:组织结构具有更大的灵活性和柔性,以项目为中心的合作可以更好地结合市场需求来整合各项资源,而且容易操作,网络中的各个价值链部分也随时可以根据市场需求的变动情况增加、调整或撤并;另外,这种组织结构简单、精练,由于组织中的大多数活动都实现了外包,而这些活动更多的是靠电子商务来协调处理的,所以组织结构可以进一步扁平化,效率也更高了。

网络型结构的缺点是:可控性太差。这种组织的有效性是靠与独立的供应商广泛而密切的合作来实现的,由于存在着道德风险和逆向选择性,一旦组织所依存的外部资源出现问题,如质量问题、提价问题、及时交货问题等,组织将陷入非常被动的境地。另外,外部合作组织都是临时的,如果网络中的某一合作单位因故退出且不可替代,组织将面临解体的危险。网络组织还要求建立较高的组织文化以保持一定的凝聚力,然而,由于项目是临时的,员工随时都有被解雇的可能,因而,员工的组织忠诚度也比较低。

第五节 组织变革

【管理实践】

联通的变革

2006 年 1 月 12 日,联通董事长常小兵宣布 2006 年联通首次组织结构重大调整,主要是将原先的市场部一分为二,成立综合市场部和营销业务部,同时成立国际业务部。此次调整主要管理咨询工作由麦肯锡操刀,一系列的联通人事变动由此产生。

联通组织结构的调整与目前欧美主流电信公司所执行的市场模式十分相似,细分市场职能后,将有利于今后联通对市场的统筹规划与执行。

事实上,联通战略调整的大背景是,中国 3G 发牌已经越来越近,3G 建设与运营都需要大量资金,而联通是目前四大运营商中盈利最少的。

联通今年资本开支约人民币 220 亿元,其中 49％将主要用于改善其 GSM 网络,相比竞争对手中移动为 3G 预留的数百亿元资金,联通表示并未为 3G 预留资金。

联通内部人士表示,联通此次高层调整标志着新的内部组织框架已基本形成,联通下一步将在 2G 过渡到 3G 后阶段的业务和战略布局上下功夫。

组织变革是指对组织结构、组织关系、职权层次、指挥和信息系统所进行的调整和改变。组织建立起来,是为实现管理目标服务的,当管理目标发生变化时,组织也需要通过变革自身来适应这种新的变化的要求。即使管理目标没有发生变化,但影响组织的外部环境和内部环境如果发生了变化,那么组织也必须对自身进行变革,才能保证管理目标的实现。因此,组织不是僵硬的、一成不变的。管理目标的变化,或者影响组织存在和管理目标实现的各种因素的变化,必然会带来组织模式、组织结构、组织关系等的相应变化,否则,就无法使管理目标得到实现。

一般说来组织模式应力求相对稳定,频繁而不必要的变动对于实现管理目标是不利的。但任何组织都处于动态的社会变动中,随着环境的变化,以及影响管理目标的各种因素的变化,组织也会通过变革而发生某些变化,一成不变的组织是不存在的。因为不变革的组织是没有生命力的,是必然要走向衰亡的。所以,组织的变革是绝对的,而组织的稳定是相对的。

在组织的稳定与变革之间，管理者会不会陷入无所适从的状况？因为管理者如果极力维护组织的稳定就有可能导致组织的僵化，如果积极推进组织的变革，又有可能造成组织不稳定和人心涣散。管理者盲目地推行变革也同样会使组织消亡，甚至会使组织消亡得更快。这就要求管理者在推动组织变革时要非常谨慎，必须首先确定组织的变革已经是非常必要的，才能展开变革的进程。在组织的变革中，还需要有正确理论的指导，有计划、有步骤地进行。也就是说，必须根据未来发展可能出现的趋势，在科学预测的基础上，有计划、有步骤地对组织进行变革。只有这样才能使组织的变革获得成功，才能使组织得到生存和发展，反之则会使组织倒退或消亡。

一、组织变革的原因

任何设计得再完美的组织，在运行了一段时间以后也都必须进行变革，这样才能更好地适应组织内外条件变化的要求。组织变革实际上是而且也应该成为组织发展过程中的一项经常性的活动。组织变革是任何组织都不可回避的问题，而能否抓住时机顺利推进组织变革则成为衡量管理工作有效性的重要标志。

1. 战略

企业在发展过程中需要不断地对其战略的形式和内容做出调整。

2. 环境

当今的企业普遍面临全球化的竞争，由所有竞争者推动的日益加速的产品创新，以及顾客对产品质量和交货期的愈来愈高的要求迫使企业不得不面临环境的变化。组织作为整个社会经济大系统的一个组成部分，与外部的其他社会经济子系统间存在着各种各样的联系，所以，外部环境的发展和变化必然会对组织结构的设计产生重要影响。

3. 技术

组织的任何活动都需要利用一定的技术和特殊手段来进行。技术以及技术设备的水平，不仅影响组织活动的效果和效率，而且会对组织的职务设置与部门划分、部门间的关系，以及组织结构的形式和总体特征等产生相当程度的影响。比如，信息技术的推陈出新，在促进传统非程序化决策向程序化决策的转化以及组织内外部高强度的信息共享和交流的同时，使许多重大问题的决策趋于集权化而次要问题的决策可以分权化。从生产作业技术来看，组织将投入转换为产出所使用的过程和方法，在常规化程度上是各不相同的。越是常规化的技术，越需要高度结构化的组织。反之，非常规的技术，要求更大的结构灵活性。计算机手段在生产作业活动中更广泛、更深入的应用，促使生产技术向非常规化演进，相应地也促使管理组织结构变得更具有柔性特征。

4. 组织规模和成长阶段

组织的规模往往与组织的成长或发展阶段相关联。伴随着组织的发展，组织活动的内容会日趋复杂，人数会逐渐增多，活动的规模和范围会越来越大，这样，组织结构也必须随之调整，才能适应成长后的组织的新情况。组织变革伴随着企业成长的各个时期，不同成长阶段要求不同的组织模式与之相适应。

总之，组织在不同成长阶段所适合采取的组织模式是各不一样的。管理者如果不能在组织步入新的发展阶段之际及时地、有针对性地变革其组织设计，那就很容易引发组织发展的危机。这种危机的有效解决,必须依靠组织结构的变更。所以,哈佛大学葛雷纳教授指出,组织变革伴随着企业发展的各个时期,组织的跳跃式变革与渐进式演进相互交替,由此推动企业的发展。

二、组织变革的动力和阻力

在现代社会,越来越多的组织面临着一种复杂、动态多变的环境。如果说以前的管理特点是长期的稳定伴随着偶尔的短期的变革,今天的情形正好相反,往往是长期的变革伴随着短期的稳定。在这种情况下,管理者必须比以往任何时候都更加关注变革和变革管理,帮助员工更好地理解不断变革中的工作环境,并采取措施克服变革的阻力,激发变革的动力,使组织在变革中求得繁荣和发展。

任何变革都面临着动力和阻力问题。这是对待变革所表现出来的两种不同的态度及方向相反的作用力量。这两种力量的强弱对比,会从根本上决定变革的进程、代价乃至成败。所谓动力,就是赞成和支持变革并努力去实施变革的驱动力。变革的动力,总的说来,是来源于人们对变革的必要性及变革所能带来好处的认识。比如,企业内外客观条件的变化,组织本身存在的问题,各层次管理者居安思危的忧患意识,以及变革可能带来的权力和利益关系的变化,这些都可能引发变革的动机,形成变革的推动力量。所谓阻力,则是人们反对变革、阻挠变革甚至对抗变革的制约力。变革的阻力可能来源于个体、群体,也可能来源于组织本身甚至外部环境。个体对变革的阻力可能因习惯难以改变、就业安全需要、经济收入变化、对未知状态的恐惧以及对变革的认知存有偏差等而引起。来自组织方面的变革阻力包括现行结构的束缚、组织运行的惯性、变革对已有权力关系和资源分配格局造成的威胁和破坏,以及系统内部间及与外部之间固有的联系等。从本质上说,组织问题是错综复杂、相互关联的,但某一期间的变革通常只能针对有限的一些问题而展开,这样就不可避免地会形成系统内部各要素相互牵制的力。另外,外部环境的束缚也是形成变革阻力的一种来源。

【管理实践】

大石头理论

组织变革有一项大石头理论,在变革的过程中会有20%的人热情响应,60%的人则静观其变,半推半就,剩下的20%的人则抵死不从,成了变革中的石头,而这些石头往往是大石头,因为 Bottle neck always at the top of the bottle!

三、组织变革的过程

变革过程是一种破旧立新,自然会面临推动力与制约力相互交错和混合的状态。变革管理者的任务,就是要采取措施改变这两种力量的对比,促进变革更顺利地进行。具体的力量改变措施有三类:一是增强或增加驱动力;二是减少或减弱阻力;三是同时增强动力与减少阻力。有实践表明,在不消除阻力的情况下增强驱动力,可能加剧组织中的紧张状态,从而无形中增强对变革的阻力;在增加驱动力的同时采取措施消除阻力,会更有利于加快变革的进程。所以,组织行为学者提出了有效的组织变革要经历"三部曲"过程,也即解冻(破旧)——改革(变动)—再冻结。

1. 解冻

由于任何一项组织变革或多或少会面临来自组织自身及其成员的一定程度的抵制力,因此,组织变革过程需要有一个解冻阶段作为实施变革的前奏。解冻阶段的主要任务是发现组织变革的动力,营造危机感,塑造出改革乃是大势所趋的气氛,并在采取措施克服变革阻力的同时具体描绘组织变革的蓝图,明确组织变革的目标和方向,以形成待实施的比较完善的组织变革方案。

2. 改革

改革或变动阶段的任务就是按照所拟定变革方案的要求开展具体的组织变革运动或行动,以使组织从现有结构模式向目标模式转变。这是变革的实质性阶段,通常可以分为实验与推广两个步骤。这是因为组织变革的涉及面较为广泛,组织中的联系相当错综复杂,往往"牵一发而动全身",这种状况使得组织变革方案在全面付诸实施之前一般要先进行一定范围的典型实验,以便总结经验,修正进一步的变革方案,在实验取得初步成效后再进入大规模的全面实施阶段。还有另一个好处,那就是可以使一部分对变革尚有疑虑的人们能在实验阶段便及早地看到或感觉到组织变革的潜在效益,从而有利于争取更多组织成员在思想和行动上支持所要进行的组织变革,并踊跃跻身于变革的行列,由此实现从变革观望者、反对者向变革的积极支持者和参加者转变。

3. 冻结

组织变革过程不是在实施了变革行动后就宣告结束的。涉及到人的行为和态度的组织变革,从根本上说,只有在前面有个解冻阶段,后面又有个冻结阶段的条件之下才有可能真正地实现。现实中经常出现,组织变革行动发生了之后,个人和组织都有一种退回到原有习惯了的行为方式中的倾向。为了避免出现这种情况,变革的管理者就必须采取措施保证新的行为方式和组织形态能够不断地得到强化和巩固。这一强化和巩固的阶段可以视为一个冻结或者重新冻结的过程。缺乏这一冻结阶段,变革的成果就有可能退化消失,而且对组织及其成员也将只有短暂的影响。

四、当代企业组织结构变化的基本趋势

随着经济的全球化和知识经济时代的到来,企业的组织结构也在发生深刻的变化。20世纪末以来,在发达的市场经济国家,企业的组织结构正在发生一些明显的变化。这些变化的趋势具体如下。

1. 重心两极化

随着买方市场的形成和竞争加剧,企业的重点部门由过去的生产转向研究开发和市场销售,从企业经营的过程来看,企业的结构特征正在形象地由"橄榄型"转变为"哑铃型"。

企业的组织结构发生这种转变最主要的原因是市场环境的变化。买方市场的形成,技术进步的加快,使得企业解决生存发展问题的关键不再是企业的生产问题,而是企业的产品的更新换代的快慢以及如何打开市场的问题。在大批量生产的工业经济时代,企业竞争取胜的法宝是低成本,而今天竞争取胜却要求的是快速度!甚至一些未来学家认为,

未来的社会是"快者生存"的时代。因此企业的研究开发能力如何,就决定着企业产品更新换代的速度。另外,买方市场已经形成,品牌竞争成为了基本的手段,如何占领市场、扩大市场成为企业的最重要的任务。所以企业的研究开发和市场销售成为当今企业的中心问题,也是资源配置的重点。在市场经济发达国家,一些企业的结构基本上就是由研究开发和市场研究、开发部门组成,生产部门很小甚至是没有。如美国的耐克公司就是典型的例子。

2. 外形扁平化

随着电子计算机和互联网络在企业生产经营中的应用,以及企业的信息收集、整理、传递和经营控制手段的现代化,金字塔式的传统层级结构正在向少层次、扁平式的组织结构演进。在当今的企业组织结构的变革中,减少中间层次,加快信息传递的速度,直接控制是一个基本的趋势。如过去一些跨国公司从基层到最高层有十几个层次,在先进的管理手段使用之后,层次精简为5~6个,大大提高了管理的效率,降低了管理费用。根据这个趋势,有人甚至悲观地预言,未来的时代是不需要中层管理人员的时代。

3. 运作柔性化

柔性的概念最初起源于柔性制造系统,指的是制造过程的可变性、可调整性,描述的是生产系统对环境变化的适应能力。后来,柔性就应用到企业的组织结构,指企业组织结构的可调整性,及对环境变化、战略调整的适应能力。在知识经济时代,外部环境变化以大大高于工业经济时代的变化数量级的速率变化,企业的战略调整和组织结构的调整必须及时,因此,柔性组织结构就应运而生,使得组织结构的运作带有柔性化的特征。

4. 团队组织

在知识型企业中,一种称之为团队的小集体是倍受赞誉的结构。这里的团队指的是在企业内部形成的具有自觉的团结协作精神、能够独立作战的集体。团队组织与传统的部门不一样,它是自觉形成的,是为完成共同的任务建立在自觉的信息共享、横向协调基础上的。在团队中,没有拥有制度化权力的管理者,只有组织者。在团队中,人员不是专业化,而是多面手,具有多重技能,分工的界限不像传统的分工那么明确,相互协作是最重要的特征。有了团队组织,团队精神也是现代企业管理的一个重点。有了一定的团队精神,团队组织才可能有效地运作。

5. 虚拟组织

虚拟组织是一种企业形态的创新,因此这种整体形态的创新必然在内部组织结构上发生重大的变化。虚拟企业是在经济全球化、信息化、知识化的形式下演变而来的一种动态网络联盟企业。它最重要的特征是将传统企业固定的、封闭的集权式结构改变为开放式网络结构,形象地说,就是由"集权制"转变为"联邦制"。虚拟企业最大的优势是具有灵活性。因为它不是一个结构固定的组织,而是一个在一定的利益条件下结合成的松散组织,在这个组织中各部分的调整容易且快捷。具体来说,虚拟企业是一个外部化的网络组织。核心企业是这个网络的中心。在满足市场的需求方面它与网络中的其他企业紧密合作,因为它自身仅仅只保留了满足市场需求的部分关键功能。

虚拟企业也是在市场变化快、技术进步快、产品研制开发难度加大的形式下的企业生存发展模式。因为,它可以用市场的资源和协作的效率,最快地满足市场的需要。

6. 无边界组织

无边界组织指的是一种边界灵活，没有局限性，能够使信息、资源、观念和思维自由而快速流动穿行的组织形态，其目标是破除四种硬性的组织边界。

(1) 纵向的等级权力边界。

(2) 横向的职能、纪律、业务(产品)边界。

(3) 对外的企业与供应商、客户、政府的边界。

(4) 跨国的国家、民族、文化差异和市场体制边界。

在无边界组织中，管理人员通过取消组织垂直界限而使组织趋向扁平化，进而使得等级秩序作用降到了最低限度。充分发挥无边界组织的职能，有助于打破组织与客户之间的外在界限及地理障碍。取消外部界限的方法包括：经营全球化，实行公司间的战略联盟，建立客户与组织之间的固定联系，这些方式都有助于清除组织外部界限。

7. 学习型组织

20世纪90年代初，美国麻省理工大学斯隆管理学院的彼得·圣吉(Peter M. Senge)教授出版了《第五项修炼》一书，提出"应变的根本之道是学习，这乃是竞争求生存的基本法则"；在其后出版的《变革之舞》中，圣吉教授又强调"21世纪企业间的竞争，实质上是企业学习能力的竞争，而竞争唯一的优势是来自比竞争对手更快的学习能力"。学习型组织理论问世以后，立即风靡全球，引起了理论界和企业界的极大关注，成为企业组织模式的一大研究方向。

所谓学习型组织是指通过培养弥漫于整个组织的学习气氛、充分发挥员工的创造性思维能力而建立起来的一种有机的、高度柔性的、扁平的、符合人性的、能持续发展的组织。这种组织具有持续学习的能力，具有高于个人绩效的综合绩效。

【管理实践】

学习型组织大家谈

"在其中，大家得以不断突破自己的能力上限，创造真心向往的结果，培养全新、前瞻而开阔的思考方式，全力实现共同的抱负，以及不断一起学习如何共同学习"。

——佛睿思特

"系统地看，学习型组织是能够有力地进行集体学习，不断改善自身收集、管理与运用知识的能力，以获得成功的一种组织。"

——马恰德

"学习型组织就是把学习者与工作系统地、持续地结合起来，以支持组织个人、工作团队及整个组织系统这三个不同层次上的发展。

——沃尔纳

学习型组织的真谛可以概括为三个方面。

(1) 学习型组织是全体成员全身心投入并有能力负担学习的组织。过去讲的企业竞争，说到底是人才竞争，其实这不完全对。按学习型理论，企业竞争说到底是学习力的竞争。打个比方，A企业有高级人才100名，B企业有高级人才200名，那么B企业是否一定能胜A企业呢？不一定。按照学习型理论，虽然A企业的高级人才只有B企业的一半，但如果A企业员工学习力很强，那么A企业就比B企业更具市场竞争力，因为这不是简单的高级人才对高级人才,而是要看他们是否具有更大的创造力。据调查,一个1976年毕业的大学生,到1986年他的知识就基本老化,20世纪80年代到90年代的大学生所学知识不到10年就老化了。现在,很多企业中的一些大学毕业生,有的已经评上了高级职称,但对企业的发展到底起了多大作用呢? 他们不是没有文凭和学历,关键是他们缺乏学习力,这是制约企业发展的重要因素。

(2) 学习型组织是让成员体会到工作中生命意义的组织。人的需求是多层次的,最低的是温饱,然后是安全感,第三是归属感,更高的需求是实现自身价值。企业只有解决了他们的温饱、安全及归属的需求,员工才能有更高的追求。作为管理者,要尊重员工,公平对待员工,否则,员工就不会认真工作。企业要成功,让员工只贡献手是不够的,还要让他们贡献脑。对于企业来说,必须注意双元原则。所谓双元,第一就是企业的发展,第二要注意员工的发展。一个只注意企业发展而不注意员工发展的企业是不会成功的;作为员工来讲,既要注意到个人的发展,又要想到企业的发展。因此,组织的各层领导,要让员工体验到工作中生命的意义。

(3) 学习型组织是通过学习创造自我、扩大未来能量的组织。只学习不创造的组织不是一个学习型组织,而是一个形而上学的组织。学习型组织的学习强调把学习转化为创造力。改革开放以来,引进了许多先进的管理理论和科学技术理论,可为什么中国还有许多企业走不出困境呢? 原因之一就是它们虽然学习了许多知识,但并未付诸实践。

第六节　组织文化

一、组织文化的概念

组织文化一般是指组织成员的共同价值观体系,它使组织独具特色,区别于其他组织,是组织中成员的一种共同认知,能够强烈地影响组织成员的态度和行为。

二、组织文化的特征

组织文化本质上属于"软文化"管理的范畴,是组织的自我意识所构成的文化体系。组织文化是整个社会文化的重要组成部分,既有社会文化和民族文化的共同属性,也有自己的不同特点。

1. 组织文化的核心是组织价值观

任何一个组织总是要把自己认为最有价值的对象作为本组织追求的最高目标、最高理想或最高宗旨,一旦这种最高目标和基本信念成为统一本组织成员行为的共同价值观,就会构成组织内部强烈的凝聚力和整合力,成为统领组织成员共同遵守的行动指南。因此,组织价值观制约和支配着组织的宗旨、信念、行为规范和追求目的。从这个意义上来说,组织价值观是组织文化的核心。

2. 组织文化的中心是以人为主体的人本文化

人是整个组织中最宝贵的资源和财富,也是组织活动的中心和主旋律,因此组织只有充分重视人的价值,最大限度地尊重人、关心人、依靠人、理解人、凝聚人、培养人和造就人,充分调动人的积极性,发挥人的主观能动性,努力提高组织全体成员的社会责任感和使命感,使组织和成员成为真正的命运共同体和利益共同体,才能不断增强组织的内在活力和实现组织的既定目的。

3. 组织文化的管理方式是以柔性管理为主

组织文化是以一种文化的形式出现的现代管理方式,也就是说,它通过柔性的而非刚性的文化引导,建立起组织内部合作、友爱、奋进的文化心理环境,以及协调和谐的人群氛围,自动地调节组织成员的心态和行动,并通过对这种文化氛围的心理认同,逐渐地内化为组织成员的主体文化,使组织的共同目标转化为成员的自觉行动,使群体产生最大的协同合力。事实证明,由柔性管理所产生的协同力比刚性管理制度有着更为强烈的控制力和持久力。

4. 组织文化的重要任务是增强群体凝聚力

组织中的成员来自于五湖四海,不同的风俗习惯、文化传统、工作态度、行为方式、目的愿望等都会导致成员之间的摩擦、排斥、对立、冲突乃至对抗,这往往不利于组织目标的顺利实现。而组织文化通过建立共同的价值观和寻找观念共同点,不断强化组织成员之间的合作、信任和团结,使之产生亲近感、信任感和归属感,实现文化的认同和融合,在达成共识的基础上,使组织具有一种巨大的向心力和凝聚力,这样才有利于组织成员采取共同行动。

三、组织文化的功能

1. 自我内聚功能

组织文化通过培育组织成员的认同感和归属感,建立起成员与组织之间的相互依存关系,使个人的行为、思想、感情、信念、习惯与整个组织有机地统一起来,形成相对稳固的文化氛围,凝聚成一种无形的合力与整体趋向,以此激发出组织成员的主观能动性,为组织的共同目标而努力。正是组织文化这种自我凝聚、自我向心、自我激励的作用,才构成组织生存发展的基础和不断成功的动力。从这个意义上来说,任何组织若想取得非凡的成功,其背后无不蕴藏着强大的组织文化作为坚强的后盾。但是,要指出的是,这种内聚力量不是盲目的、无原则的、完全牺牲个人一切的绝对服从,而是在充分尊重个人价值、承认个人利益、有利于发挥个人才干的基础上凝聚的群体意识。

2. 自我改造功能

组织文化能从根本上改变员工的旧有价值观念,建立起新的价值观念,使之适应组织正常实践活动的需要。尤其对于刚刚进入组织的员工来说,为了减少他们个人带有的在家庭、学校、社会所养成的心理习惯、思维方式、行为方式与整个组织的不和谐或者矛盾冲突,就必须接受组织文化的改造、教化和约束,使他们的行为与组织保持一致。一旦组织文化所提倡的价值观念和行为规范被接受和认同,成员就会做出符合组织要求的行为选择,倘若违反了组织规范,就会感到内疚、不安或者自责,并会自动修正自己的行为。从这个意义上说,组织文化具有某种程度的强制性和改造性。

3. 自我调控功能

组织文化作为团体共同价值观,并不对组织成员有明文规定的具体硬性要求,而只是一种软性的理智约束,它通过组织的共同价值观不断地向个人价值观渗透和内化,使组织自动地生成一套自我调控机制,以"软约束"操纵着组织的管理行为。这种以尊重个人思想、感情为基础的无形的非正式控制,会使组织目标自动地转化为个体成员的自觉行动,达到个人目标与组织目标在较高层次上的统一。组织文化具有的这种软性约束和自我协调的控制机制,往往比正式的硬性规定有着更强的控制力和持久力,因为主动的行为比被动的适应有着无法比拟的作用。

4. 自我完善功能

组织在不断的发展过程中所形成的文化积淀,通过无数次的辐射、反馈和强化,会不断地随着实践的发展而更新和优化,推动组织文化从一个高度向另一个高度迈进。也就是说,组织文化不断的深化和完善一旦形成良性循环,就会持续地推动组织本身的上升发展,反过来,组织的进步和提高又会促进组织文化的丰富、完善和升华。国内外成功组织和企业的事实表明,组织的兴旺发达总是与组织文化的自我完善分不开的。

5. 自我延续功能

组织文化的形成是一个复杂的过程,往往会受到社会坏境、人文环境和自然环境等诸多因素的影响,因此,它的形成和塑造必须经过长期的耐心倡导和精心培育,以及不断地实践、总结、提炼、修改、充实、提高和升华。同时,正如任何文化都有历史继承性一样,组织文化一经固化形成,就会具有自己的历史延续性而持久不断地起着应有的作用,并且不会因为组织领导层的人事变动而立即消失。如美国英特尔公司的领导人历经数次变动,但其经过多年培育出来的创新精神仍然存在,成为公司不断进取的精神支柱和追求卓越的公司信条。

四、组织文化的形成与维护

1. 文化的形成

组织目前的惯例、传统以及一般做事的方式大都源自于过去的作风以及方式,并且可以获得成功。其中许多是创始人最初的想法,甚至是偏见与员工附和的结果。譬如组织的一些研究发展、生产创新、薪资等政策,甚至是员工的衣着等。

2. 文化的维护

组织一旦形成一套文化体系就会试图维护,例如甄选程序、绩效评估标准、各种训练与生涯发展活动、升迁制度等。就甄选而言,拥有知识技能的专业人员在达到一定的标准后,决定的最后就是是否符合组织文化(价值观)的要求,不管那是一种有意或偶然。借着甄选的程序,可以筛除那些可能攻击或危及组织核心价值观的应征者,使组织文化可以持续维系下去,或确保应征者不是一个过分自我倾向的人,能与他人合作愉快。就管理者而言,透过其言行,组织会树立一个规范,然后贯穿组织。

【管理实践】

GOOGLE 的组织文化

GOOGLE 内部,公司行为和文化在各个领域非常的一致,让人感叹。在员工工作环境的随意自如、内部管理的人性和谐、价值观的正直守法等方面,GOOGLE 都给人们留下了非常深刻的印象,前期百度上市后曾经写过一篇文章,提出 GOOGLE 是互

联网 2.0 的先锋和表率,在个人化、大众化、社会化方面做得更加全面、深入、彻底。GOOGLE 内部的组织形态是一种非框架、非结构、非固定的状态,但是竟然实现了非常高的效率,实现了高度的稳定,不能不说是一个管理奇迹,产生这样一个奇迹的背景,还是 GOOGLE 所处的这个个性解放向网络渗透的时代成就了它的伟业。GOOGLE 内部出现需要解决的难题、规划、计划等任务时,大多时候会组织出一个又一个工作小组,由它们分头负担起随时可能冒出来的专项工作。现在,拉里·佩奇还是经常把 GOOGLE 内部一些员工集中起来"头脑风暴"。这样一种独特的内部文化,打破了金字塔式的等级结构,减少了传统的管理内耗,摧毁了员工思维和自身工作范围的框架,去除了产生官僚主义和自私自利思想的土壤,属于一种尊重个性张扬、个性解放的管理新思维,正好与 GOOGLE 所从事的 2.0 范畴的网络业务的个性化相映成趣。在 GOOGLE 内部,对于人的存在和权利的尊重已经深入到公司文化的血液和骨髓。公司内部有数不清的"项目经理",但是他们的"活"必须自己找,因为谢尔盖·布林和拉里·佩奇要求所有的员工将 20% 的时间用于寻找、确定和争取通过自己的开发项目,对很多人而言,如果没有项目,也就没有在公司存在的价值。其他还有 20% 的时间,员工则被要求用于面试外来的求职者——这样就有 40% 的时间被用于与传统"工作"完全不一样的更加灵活的空间,员工真正成为一个必须对自我负责的人,管理者也真正成为轻松的人。在给予员工独立性的同时,GOOGLE 也提供了非常优厚福利待遇。在北加利福尼亚,有四幢大厦构成的 GOOGLE 总部,有玩具、宠物,有"堆积如山"的免费午餐和晚餐,有吃不完的免费冰激凌,有游泳池和排球场,甚至还有专门的女按摩师——GOOGLE 员工还有 20% 的工作时间被要求用来做各项运动,善待聪明的员工,保持他们的体力和智慧,运动成了 GOOGLE 发展的新推力,这正是GOOGLE 的大智慧。在企业的价值观、道德观方面,GOOGLE 坚持"你可以挣钱而不必做坏事",在公司内部每个人都必须努力成为一个"极具创新精神、值得信赖、行事正直,而且极大地改变了这个世界的人"。与百度不同,GOOGLE 提供的搜索结果是神圣不可侵犯的,PageRank 是唯一的衡量标准,金钱购买排名在 GOOGLE 绝对无法想象,搜索结果的公正性至高无上。

思考题:

1. 什么是组织?
2. 组织设计应遵循哪些基本原则?
3. 比较组织部门化的几种基本形式的优缺点。
4. 组织变革的动力和阻力有哪些?
5. 什么是学习型组织?
6. 组织文化的功能有哪些?
7. 常见的组织形式有哪些? 各有哪些优缺点? 又分别适用于什么类型的组织?

第七章 领导的有效性

本章知识地图

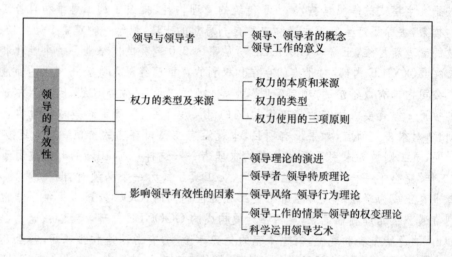

学习目标

(1) 理解领导、权力、领导者等概念。

(2) 掌握影响领导有效性的因素及领导理论。

案例:哪种领导类型最有效?

ABC 公司是一家中等规模的汽车配件生产集团。最近,对该公司的三个重要部门经理进行了一次有关领导类型的调查。

一、安西尔

安西尔对他本部门的产出感到自豪。他总是强调对生产过程、出产量控制的必要性,坚持下属人员必须很好地理解生产指令以得到迅速、完整、准确的反馈。当安西尔遇到小问题时,会放手交给下级去处理,当问题很严重时,他则委派几个有能力的下属人员去解决问题。通常情况下,他只是大致规定下属人员的工作方针、完成怎样的报告及完成期限。安西尔认为只有这样才能形成更好的合作,避免重复工作。

安西尔认为对下属人员采取敬而远之的态度对一个经理来说是最好的行为方式,所谓的"亲密无间"会松懈纪律。他不主张公开谴责或表扬某个员工,他相信每一个下属人员都有自知之明。

据安西尔说,在管理中的最大问题是下级不愿意承担责任。他讲到,他的下属人员可以有机会做许多事情,但他们并不是很努力地去做。

他对他的下属可以与毫无能力的前任经理相处表示不能理解。他说,他的上司对他们现在的工作运转情况非常满意。

二、鲍勃

鲍勃认为每个员工都有人权,他偏重于管理者有义务和责任去满足员工需要的学说。他说,他常为他的员工做一些小事,如给员工两张下月在伽里略城举行的艺术展览的入场券。他认为,每张门票才15美元,但对员工和他的妻子来说却远远超过15美元。通过这种方式,也是对员工过去几个月工作的肯定。

鲍勃说,他每天都要到工场去一趟,与至少25%的员工交谈。鲍勃不愿意为难别人,他认为安西尔的管理方式过于死板,安西尔的员工也许并不那么满意,但除了忍耐别无他法。

鲍勃说,他已经意识到在管理中有不利因素,但大都是由于生产压力造成的。他的想法是以一个友好、粗线条的管理方式对待员工。他承认尽管在生产率上不如其他单位,但他相信他的雇员有高度的忠诚与士气,并坚信他们会因他的开明领导而努力工作。

三、查里

查里说他面临的主要问题是与其他部门的职责分工不清。他认为不论是否属于他们的任务都安排在他的部门,似乎上级并不清楚这些工作应该谁做。

查里承认他没有提出异议,他说这样做会使其他部门的经理产生反感。他们把查里看成是朋友,而查里却不这样认为。

查里说,过去,在不平等的分工会议上,他感到很窘迫,但现在适应了,其他部门的领导也不以为然了。

查里认为纪律就是使每个员工不停地工作,预测各种问题的发生。他认为作为一个好的管理者,没有时间像鲍勃那样握紧每一个员工的手,告诉他们正在从事一项伟大的工作。他相信如果一个经理声称为了决定将来的提薪与晋职而对员工的工作进行考核,那么,员工则会更多地考虑他们自己,由此而产生很多问题。

他主张,一旦给一个员工分配了工作,就让他以自己的方式去做,取消工作检查。他相信大多数员工知道自己把工作做得怎么样。

如果说存在问题,那就是他的工作范围和职责在生产过程中发生的混淆。查理的确想过,希望公司领导叫他到办公室听听他对某些工作的意见。然而,他并不能保证这样做不会引起风波而使情况有所改变。他说他正在考虑这些问题。

讨论:

1. 你认为这3个部门经理各采取什么领导方式?这些领导方式都是建立在什么假设的基础上的?试预测这些领导方式各将产生什么结果?

2. 是否每一种领导方式在特定的环境下都有效?为什么?

【管理实践】

"一头绵羊带领的一群狮子,敌不过一头狮子带领的一群绵羊",一个组织的成败往往取决于组织的领导者,领导者指引着组织正确的目标和方向,而领导者的一个错误决断很可能就将组织带入困境,举步维艰。领导者对组织的重要性由此可见。

第一节　领导与领导者

一、领导、领导者的概念

（1）作为名词，是指领导者，即组织中确定组织目标并实现这一目标的首领。就如乐队的指挥一样。他要影响和激励乐队的每个成员充分发挥才能并密切配合，奏出好的曲子。

（2）作为动词，领导指的是一项管理职能，是计划、组织、领导、控制四项管理职能之一。通过行使领导职能，领导者能促成被领导者努力地实现既定的组织目标。作为管理的一种职能，领导是影响组织成员或群体，使其为确立和实现组织或群体的目标而做出贡献和努力的过程。该职能包含着下面3个含义。

① 领导者一定要有领导的对象：领导者一定要与群体或组织中的其他成员发生关系，这些人就是领导者的下属，或者说是被领导者，没有被领导者，领导工作就失去意义。

② 权力在领导者和被领导者之间的分配是不平等的：领导者拥有相对强大的权力，可以影响组织中其他成员的行为；而组织中其他成员却没有这样的权力，或者说其所拥有的权力并不足以改变其被领导的地位。领导者在权力方面的优越性是领导工作得以顺利进行的重要基础。

③ 领导者对被领导者可以产生各种影响：领导的本质是影响力。领导者拥有影响其下属思想和行动的权力。正是由于影响力的存在，领导者才能够对组织的活动施加影响，并使得组织或群体成员追随与服从。也正是由于被领导者的追随与服从，才能够保证领导者在组织、群体中的地位，并使领导过程成为可能。

领导者是实施领导过程的人。他们利用影响力带领组织或群体成员达成一定组织目标。领导者对于领导者工作的有效性有着重要的影响。

被领导者是领导者的下属、领导工作的客体。被领导者的状况对于领导者工作的有效性和领导方式的选择都会有影响。

2. 领导的工作构成

（1）影响力的形成和运用。领导的本质是影响力，领导者所拥有的影响力的大小对领导效能起着十分重要的作用。

（2）激励。激励与领导是密切相关的。领导者要取得被领导者的追随与服从，首先必须能够了解被领导者的愿望并帮助他们实现各自的愿望。

（3）沟通。沟通是领导者和被领导者进行交往的不可或缺的活动。通过沟通，领导者不仅可以使其所发布的命令、指示得到下属的准确理解和贯彻执行，而且还能更好地察觉下属需要什么以及他们为什么会如此行事。

（4）营造组织气氛，建设组织文化。领导者不仅要对各种各样的激励因素做出反应，而且常常需要利用所创造的组织气氛和组织文化去激发或抑制某些激励因素，使员工保持高昂的士气和良好的工作意愿。组织气氛和组织文化的形成与沟通渠道、领导风格和激励措施等有密切的关系。

广义的领导职能就是"通过三个方面，达到一个目的"。通过建立组织内外通畅的沟通渠道，通过采用适宜的激励措施和办法，通过不断改进和完善领导作风等方面的工作，营造一个人人愿意做出贡献的工作环境氛围,使组织目标得到顺利的实现。

3. 领导的作用

在带领、引导和鼓舞部下为实现组织目标而努力的过程中,领导者要发挥协调、指挥和激励三个方面的作用。

(1)协调作用:协调组织成员的关系和活动,使组织成员步调一致地朝着共同的目标前进。

(2)指挥作用:在组织的集体活动中,领导者通过引导、指挥、指导或先导活动,使组织成员最大限度地实现组织的目标。在整个活动中,要求领导者作为带头人来引导组织成员前进,鼓舞人们去奋力实现组织的目标。

(3)激励作用:调动组织中每个组织成员的积极性,使其以高昂的士气自觉、自动地为组织做出贡献。

4. 领导与管理的关系

(1)从职能上看,管理的范围越大(维持秩序与运转),领导的责任就越大(指明方向与创新),领导是管理的一个职能,领导行为属于管理的范围。领导行为和管理行为的关系如表7-1所列。

表7-1 领导和管理的对比

管　理	领　导	管　理	领　导
重在约束控制	重在激励鼓舞	依赖硬权力的运用	非权力影响力的运用
秩序的维持	革新和突破	规则的运用	领导艺术的运用
效率的提高	效果的追求	强调制度和组织	强调人
把已经决定的事做好	决定做正确的事情		

(2)从岗位人员看,领导者必定是管理者,而管理者未必是领导者,要区别二者在管理过程中的角色与地位。二者的联系:两者都是通过一定的方法,使他人共同实现目标;都拥有改变他人行为的力量。

二者的区别:领导者经上级任命或者由群体内部自然产生,运用影响力、领导才能等,指导、帮助下属完成目标。管理者由上级指派而产生,有正式职位和合法职权。

在理想的情况下,所有的管理者都应是领导者,但是,并不等于说所有的领导者必然具备完成其他管理职能的能力,因此,不应该所有的领导者都处于管理岗位上。一个人能影响别人这一事实,并不表明他具有组织运行及其岗位要求的管理能力,如计划、组织、控制以及创新等。领导的本质,就是被领导者的追随和服从,它不是由组织赋予的职位和权力所决定的,而是取决于追随者的意愿,因此,有些具有职权的管理者可能没有部下的服从,也就谈不上真正意义上的领导者。管理学意义上的领导者是指能够影响他人并拥有管理的制度权力的人。所以,一个人可能既是有成效的管理者,也是好的领导者;可能只是有成效的管理者,但不是好的领导者;可能只是好的领导者,但不是有成效的管理者。

二、领导工作的意义

1. 更有效、更协调地实现组织目标

计划的制订、组织机构的建立、进行人员配备以及实行有效的控制,各项职能都要靠

人来完成。

领导工作的作用就在于引导组织中的全体人员有效地领会组织目标,使全体人员能充满信心。通过领导来协调组织中各部门、各类、各级人员的活动,使全体人员步调一致地加速组织目标的实现。

2. 有利于调动人的积极性

社会活动中人的因素是由具有不同的需求、欲望和态度的个人所组成的。它蕴藏着任何一个组织所需要的生产力。领导工作就是去诱发这一力量。通过领导工作把人们的精力引向组织目标,并使他们都热情地、满怀信心地为实现目标做出贡献。

3. 有利于把个人目标与组织目标紧密结合

由于人们都要工作,他们希望找到一种工作环境,即除货币收入外还能得到某些其他方面的收益。人们都期望在愉快的气氛里,有知己的同事,进行有趣味的活动,受到重视,有较大成功的机会等这样的环境中工作,这正是他们个人目标的部分表现。一旦他们加入某个组织工作时,就会感到对实现个人目标会有所影响,尤其当他们对组织目标缺乏理解或不理解时,他们对自己的工作,对整个组织的活动就必然缺乏应有的关心。显然,这不利于组织目标的实现。通过领导工作,让员工了解自己对组织、对社会所承担的义务,让他们体察到个人与组织是紧密地联系在一起的,而不是旁观者,从而使他们自觉地服从于组织目标,主动地放弃一些不切实际的要求。同时,主管者也要创造一种环境,在实现组织目标的同时,在条件允许的范围内,满足个人的需求,使人们对组织产生自然的信赖和依赖的感情,从而为加速实现组织目标而付出努力。把个人目标与组织目标有机地结合起来正是领导作用的体现。

【管理实践】

一位专家很好地定义了领导者和管理者之间的区别。

(1) 管理者驱赶他的员工,领导则指导他们。

(2) 管理者依靠权威,领导则依靠信誉。

(3) 管理者引起恐惧,领导则激发热情。

(4) 管理者说"我",领导说"我们"。

(5) 管理者处理发生问题的人,领导则处理问题。

(6) 管理者说"去",领导说"让我们去"。

如果你记着要做领导者而不是老板,你就会走向通往成功主管的道路。

第二节 权力的类型及来源

一、权力的实质与来源

权力是指一个人借以影响另一个人的能力。从权力的来源看,权力就是对资源拥有者的依赖性。依赖关系是一个人可以对另一个人行使权力的基础。从权力的来源来看,权力就是对资源拥有者的一种依赖性。资源的重要性、稀缺性和不可替代性三者共同决定权力与依赖关系的性质和强度。

二、权力的类型

根据权力来源的基础和使用方式的不同,可以将权力划分为五种类型。

(1) 法定权力,指组织内务管理职位所固有的合法的、正式的权力。

(2) 奖赏权力,指提供奖金、提薪、表扬、升职和其他任何令人愉悦的东西的权力,通称奖励权。

(3) 强制权力,指可施加扣发工资或奖金、批评、降职乃至开除等惩罚性措施的权力,所以也称作惩罚权或处罚权。

(4) 专家权力,指由个人的特殊技能或某些专业知识而产生的权力,亦称专长权。

(5) 感召权力,这是与个人的品质、魅力、经历、背景等相关的权力,通常也称作个人影响权。

以上五种权力可以归纳为两大类,一类是制度权,即与职位有关的权力,不依任职者的变动而变动;另一类是与领导者个人有关的权力,通常是在组织成员自愿接受的情况下产生的影响力。

(1) 制度权,即与职位有关的权力,亦称行政性权力,如法定权力、奖赏权力、强制权力。

(2) 与领导者个人有关的权力,如专家权力、感召权力。

三、权力使用的三条原则

(1) 慎重用权。作为企业某个部门的主管,领导者有着一定的人事和财务等管理权力。少数领导者头脑不够清醒,以为有了权力就有了一切,往往自觉或不自觉地炫耀手中的权力,以此树立自己的权威。这种做法,通常只能招致同事的反感和群众的厌恶,损害自己的形象,降低自己的威信。所以,成熟的领导者必须十分珍惜组织和组织成员给予自己的权力,绝不滥用权力,但是在确实需要使用权力时,领导者又要当机立断地使用权力来维护组织和组织成员的利益,而不应当为了维护个人的私利而患得患失,谨小慎微,坐失良机,使组织和组织成员的利益受到损失。

(2) 公正用权。领导者运用权力的最重要的原则是公正廉明。领导者必须用自己的实际行动使下属相信,在他运用权力时一定能做到不分亲疏、不徇私情、不谋私利。只有如此,才能服众。如果一个领导者不能够秉公办事,他拥有的制度权力虽然未变,但其实际上的指挥、协调和激励能力就会大大削弱。随之而来的是牢骚怪话、扯皮推诿、组织涣散、营私舞弊现象在组织中的蔓延。所以,领导者必须充分认识到公正用权的重要性,做到公开、公正和廉明。

(3) 例外处理。规章制度是组织成员共同遵守的行为准则。领导者必须维护规章制度的严肃性,按照规章制度的要求正确使用他手中的权力,但在特殊的时候,他也应当有权进行特殊事件的例外处理。这里的例外处理不是为了破坏规章制度,而恰恰是为了使规章制度在执行中更符合实际情况。例外处理必须有充分的正当理由,必须在坚持组织根本目标和员工普遍利益的前提下,通过实施例外处理,使员工们一方面了解到领导者是尊重事实和通情达理的,另一方面也从该事件中对领导者期望自己表现出何种行为产生明确的认识。

第三节　影响领导有效性的因素

领导行为能否产生预期的效果,取决于如下因素。

(1) 领导者(领导工作的主体)。领导者是决定领导工作有效性的重要因素。领导者是领导工作的主体。领导者本身的背景、知识、经验、能力、个性、价值观念以及对下属的看法等,都会影响到组织目标的确定、领导方式的选择以及领导工作的效率。

(2) 被领导者(领导工作的客体)。被领导者是领导工作的客体。被领导者的背景、专业知识、经验和技能、个人要求、责任心和个性等都会对领导工作产生重大影响。被领导者的状况,既影响领导方式和方法的选择,也影响领导工作的效率。

(3) 领导的工作环境。领导工作是在一定环境下进行的,领导环境更多的是组织内部环境,与环境相适应的领导方式才是有效的,而与环境不适应的领导方式则是无效的。

其他影响因素还有:工作目标是否明确;工作程序的规范化程度;组织程序的健全化和合理化程度;工作分工是否明确,规章制度是否明确;组织规模的大小;组织中的人际关系状况;组织中信息沟通状况;上级和同级领导者的领导行为、方式等。领导行为的有效性是这些因素综合作用的结果。

围绕影响领导有效性的上述关键因素的研究形成了各种领导理论。

一、领导理论的演进

由于不同时期研究侧重点的不同,领导理论有其演进历程。

1. 领导特质理论

从古至今一直有人在尝试说明领导者的个人特质是决定领导效能的关键因素。20世纪的 40—50 年代人们热衷于寻找某种关联,从而形成了领导特质理论。

这种理论侧重在领导者本身特质的研究上,主要集中在领导者与非领导者以及有效的领导者与无效的领导者之间的素质差别,认为领导工作效能的高低与领导者的素质、品质或个性特征密切相关,伟大的人物和普通的人有很大的差异,正是这些与众不同的特质才使伟人们发挥出了杰出的领导作用。领导特质理论研究者主张领袖人物是天生的,而不是后天造就的,如果你不是一个天生的领导,那么你将永远不会成为一个领导,所以这种理论也可称为"先天决定论"。

传统的领导特质理论受到了许多人的批评,现代领导特质理论研究者认为先天的素质只是人的心理发展的生理条件,素质是可以在社会实践中培养与提高的。因此,他们主要是从满足实际工作需要和胜任领导工作所需的要求方面来研究领导者应具有的能力、修养和个性。Bass 通过研究认为,有效的领导者的特性是"在完成任务中具有强烈的责任心,能精力充沛地执着追求目标,在解决问题中具有冒险性和创造性,在社会环境中能运用首创精神,富于自信和具有辨别力,愿意承担决策和行为结果,愿意承受人与人之间的压力,愿意忍受挫折和耽搁,具有影响他人行为的能力。"

2. 领导行为理论

领导行为理论试图用领导者做什么来解释领导现象和领导效能,并主张评判领导者好坏的标准应是其外在的领导行为,而不是其内在的素质条件。由于领导有效性取决于领导者实际表现出的领导行为,这样,人们就可以通过培训和学习而成为有效的领导者,所以这种理论也可称为"后天养成论"。该理论的代表有勒温模式、利克特的四种领导方式、双中心论和管理方格论。

前高盛总裁兼首席执行官约翰·桑顿说:"领导力本质上来说是一个永无休止的问题,也就是自我学习、自我培养、自我觉醒的一个过程。因此,领导者变得非常关键,他们每天必须通过取得的成就甚至通过错误进行学习,当然还有通过读书、思考、和同事讨论,乃至通过观察其他领导人的行为。"

3. 权变领导理论

权变领导理论研究者的基本主张是,没有万能的领导方式,有效的领导方式是因工作环境的不同而变化的,不同的工作环境需要采取不同的领导方式。其代表有领导行为连续统一体理论、菲德勒的权变领导模型和领导方式寿命周期模型。随机应变的权变领导理论提出以后,对影响领导行为有效性的情境因素分析也就得到明显的重视。三种领导理论的比较如表7-2所列。

表7-2 三种领导理论的比较

领导理论	基本观点	研究目的	研究结果
领导特质理论	领导的有效性取决于领导者个人特性	好的领导者应当具备怎样的素质	各种优秀领导者的描述
领导行为理论	领导的有效性取决于领导行为和风格	怎样的领导行为和风格是最好的	各种最佳的领导行为和风格描述
权变领导理论	领导的有效性取决于领导者、被领导者和环境的影响	在不同的情况下,哪一种领导方式是最好的	各种领导行为权变模型描述

二、领导者——领导特质理论

直觉告诉我们,领导者的个人特质是决定领导效能的关键因素。20世纪的40—50年代人们热中于寻找某种关联,从而形成了领导特质理论。"特质论"的研究主要集中在领导者与非领导者以及有效的领导者与无效的领导者之间的素质差别上。

1. 素质

领导者应具有良好的操守修养和道德品质。

1) 正直诚实

开诚布公,诚实地进行沟通,对于任何一个领导者来说都是一个重要的素质。所以诚实、正直并不是每天都要去宣传的一项价值观,而是一项必须要做到的素质。如果没有诚实正直的话,就什么价值观都没有,没有办法进行竞争。诚实是一项基本素质,而不是一个价值观。

正直与诚实是判断一个好人的基本标准。领导者首先应该是一个好人,因此,诚实正直是领导者必须具备的基本品德。曾任IBM公司CEO的郭士纳说:"一个不正直的人,无论如何都不应该被委任为任何公司或机构的领导人。"沃伦·本尼斯说:"杰出的领导人有三个共同特点:雄心、能力、诚实。所有这三点都必不可少,而诚实尤其重要。没有诚实,雄心和能力,最终将把领导人本身和组织引入危险之中。"

诚实的重要表现是"讲信用",这意味着要在"说"与"做"之间保持一致,如同古语的"言必行,行必果"。没有什么比"言行不一"更容易破坏领导的信誉了。虽然领导者在不同的时间或面对不同的人会有不同的角色,但一根贯穿多个角色背后不变的主线就是诚实。现实中,有不少人在工作很短时间后就离职,就是因为他们发现领导者有欺诈行为,认为领导者不可信。

而诚实的核心是"做你自己",这包括自我了解和自我展示。要想有效地领导他人,领导者必须先了解自己,并展示给他人:你是谁,你坚守什么,你能做什么,不能做什么。一定要让下属知道:你要说什么,你要做什么,你的目的是什么。只有这样,整个团队才可能发挥出最大的效能。在当今的组织中,人们往往有意无意地抑制了"真诚的自己",只把它留给家庭和密友。但要知道,一个人"无法在所有的时间欺骗所有的人",所以诚实是最好的策略。真诚是长久关系的必要组成部分,没有它,就没有信任和尊重。

做你自己并不意味着拒绝改变和成长,相反,领导者常常要勇于冒险,走出自己的舒适区,接受不确定性。自我成长应该是领导力的永恒主题。

【管理实践】

诚实的噪声

麦道飞机制造公司的前身道格拉斯公司是由唐纳德·道格拉斯于 1921 年创建的,开始时主要生产运输机和军用飞机。但第二次世界大战后期,唐纳德开始考虑开发大型民航客机的市场。当时他很想得到东方航空的一批订单,但以民航客机为主打的波音公司也盯上了这块肥肉,竞争可想而知。

道格拉斯公司提出的 DC—8s 型客机的设计方案和波音公司的方案,无论投资还是品质都旗鼓相当,但唯一的缺点是 DC—8s 的噪声指数偏高。那时候,东方航空公司的主席埃迪对道格拉斯生产的战斗机颇有好感,因此私下对唐纳德说:"我给你最后一次机会,你把计划书拿回去改一改,如果能保证噪声指数比波音低,我就选道格拉斯公司。"

唐纳德跟工程师们连夜开会,研究改进方案,但最后大家一致认为以道格拉斯目前的技术水平,没办法把噪声降得更低。第二天,唐纳德找到埃迪,把研究结果一五一十地告诉了他。听了唐纳德的话,埃迪一点儿也不惊讶,"我知道你们做不到。我只是想看看道格拉斯公司诚不诚实。这 1.35 亿的订单是你们的了!"

---

2) 坦率

领导者必须坦诚待人,甚至坦诚得不近人情。领导者必须把下属的真实表现告诉他们,必须面对面地告诉他们,而且要一遍又一遍地告诉他们。有时真相会让人感到痛苦,有时说出真相会引起不愉快的冲突,可改变人们的唯一途径就是用最明确的话告诉他们什么地方做错了。如果他们听不进去,那么他们就不适合这个团队。美国最成功的橄榄球教练之一、曾先后担任纽约巨人队、新英格兰爱国者队和纽约喷气机队三支职业橄榄球队的主教练比尔·帕斯尔斯说:"经过多年的实践我发现,人们终究喜欢直接坦率的方式。拥有一位讲话毫不含糊、坦诚相见的领导者,比拥有满嘴奉承或拐弯抹角的领导者要好得多。"

3）勇气

领导者要有坚持真理的勇气,这意味着:愿意提出自己的观点,哪怕这些观点并不受人欢迎;不会为了规避冲突而屈服于压力或他人的观点;会做对公司与员工来说是正确的事,即使这将给他个人带来麻烦。远流管理咨询公司、德鲁克管理研究中心大中华区CEO首席顾问詹文明说:"身为领导者要能有所作为,……必须要有勇气和担当,而不是人云亦云、恐惧失败、害怕丢官、向恶势力低头。"

领导者的勇气还表现在:把成功归结于除自身以外的原因,而把失败归结于自身的原因。在官僚机构中,一旦出现问题,常常会一级一级地往下推责任,这是一种很糟糕的文化,是效率低下、程序繁杂的病灶之一。如果发生了错失,只要不是有意为之,领导者就应尽量把责任往自己身上揽,让做事的人有安全感,这样才不至于打击下属工作的积极性和无限创新的热情。实际上,从来没有哪个领导者因为勇于承认错误而失去人心,反倒是推诿者最后将失去所有的信任。

此外,明智的领导者不应该把领导力和权威建立在自己完全不犯错误的基础上。领导者必须有勇气坦诚自己的不足,并通过为下属提供机会,激发参与来弥补自己的不足。

【管理实践】

小故事:李离赎罪

春秋时晋国有一名叫李离的狱官,他在审理一件案子时,由于听从了下属的一面之辞,致使一个人冤死。真相大白后,李离准备以死赎罪,晋文公说:官有贵贱,罚有轻重,况且这件案子主要错在下面的办事人员,又不是你的罪过。李离说:"我平常没有跟下面的人说我们一起来当这个官,拿的俸禄也没有与下面的人一起分享。现在犯了错误,如果将责任推到下面的办事人员身上,我又怎么做得出来"。他拒绝听从晋文公的劝说,伏剑而死。

正人先正己,做事先做人。榜样的力量是惊人的,领导者要想管好下属,必须以身作则。要像李离那样勇于替下属承担责任,严格要求自己。领导者一旦通过表率树立起在员工中的威望,将会使得上下同心,大大提高团队的整体战斗力。得人心者得天下,做下属敬佩的领导将使管理事半功倍。

4）有追求

领导者应该有追求、有理想,应胸怀大志、志存高远。联想集团董事局主席柳传志说:"我觉得做一个优秀企业的领导人要有两个突出的特点,第一个特点就是要有一个高的追求。"

5）有信念

领导者对自己的理想追求应抱有始终不渝的信念,要执着。领导的坚持是至关重要的。IBM公司最多一年亏损了90亿美元,但当时IBM公司并没有减少研发力量和研发费用,这就是坚持。通用电气公司前任CEO杰克·韦尔奇在《赢》中说:"坚持不懈地谈论自己的梦想——脱口而出,简直要说到被别人当成废话的地步。"海尔集团首席执行官张瑞敏说:"我并不觉得我是一个多么卓越出色的领导人,但是我觉得我有一个特点,就是韧劲比较足,不轻言放弃,看准的事情会一直做到成功为止。"

6）有激情

领导者要有激情,并感染下属,使他们对所在的企业充满激情,使他们意识到他们所从事的不仅仅是一份工作而已。

7）公正

领导者的个人情感总是有好恶的,但在奖惩中一定要做到赏罚公正,不能只顾及私人的感情因素。

8）公私分明

表现为:不徇私,特别指不滥用权力为自己牟利;以身作则,即要求下属做到的,自己会先做到。

9）积极乐观

领导者应具有积极的精神,一种无论在顺境还是逆境中都乐观向上的态度。作为企业领导者,其责任是带领员工和团队,把每一次变革都作为机遇。四通集团、华为公司前副总裁,利德华福创始人李玉琢曾说:"……我自己心中也没有必胜的把握,但是作为一个企业的主要领导者,无论怎么难,永远要挺直腰杆……哪怕所有的人都失去信心,剩下你一个人,也要往前冲。"

耶鲁大学校长理查德·莱文说:"作为领导者,要有冒险意识,要树立远期目标,然后不断地制定近期目标去一步步实现。"成功的领导者总是在追逐机会。如果他们设立了一个目标,记录下它并当众宣布了这个目标,他们就会千方百计去实现这个目标。成功的领导者也相信其他人的动机和能力,会向其他人传递乐观和自信的感觉。

10）豁达

今日的企业领导者需要像一个交响乐队的指挥,把众多各种各样的乐手的才华发挥到极致,以创造一个和谐的整体。为了能够将不同肤色、文化乃至宗教背景的员工和团队整合在一起,领导者应有雅量承认并维持文化、习惯和心理的差异,甚至还要鼓励领导层内部的分歧和辩论。

杰克·韦尔奇说:"一位领导者最重要的事,就是要完全地寻找、珍视和培养每个人的尊严和声音。这是最终极的关键因素。因为如果你要求员工参与、自我强化、提供构想时,给予他们尊严和奖励;如果你创造一种接纳一切建议的气氛时,那么一切就都没有问题了。"

11）自律

那些伟大的领导者,不管是伟大的公司、伟大的组织,还是伟大的国家,他们之所以伟大,不仅仅取决于他们所具备的能力,更是取决于他们所具有的个性;不仅仅取决于他们是什么样的公司,更取决于他们能保持什么样的公司;不仅仅取决于他们的成功本身,更取决于一种自律和社会责任感。

2. 能力

1）文化塑造力

领导者的责任就是要塑造一种文化,创造一个环境,引导员工建立共同的价值观和企业理念。企业领导者最重要的不是事事亲历亲为,而是要努力创造使广大员工充分发挥才能的环境。如果他要建立学习型组织,那他就要创造鼓励学习和沟通的环境,比如,规则、激励、文化——归根结底，还是创建一种学习沟通的文化。麻省理工学院资深教授彼得·圣吉说："创建学习型组织的一个根本观念前提是：尊重个体。我坚信，每个人都能看到一个不同的现实世界，每个人的所见所思所为都有其价值，创建学习型组织就是要提供这样一种平台，让个体的智慧得到共享，从而得出团体的智慧。"

IBM 大中华地区董事长周伟焜说："领导力实际上最后影响两件事情：一是一个公司的风格，即所谓的文化；二是公司的价值观。只要看它的领导人以及它的员工，就知道这家公司是什么样子的，一个领导会影响一家公司的气氛。"比如，一家上海印刷企业的总经理曾经在西方留学，带回新的理念，对新事物持开放态度。他们公司对开会有一个明确的要求：参加者要丢开面子，就事论事，开展面红耳赤的争论。起初员工不太适应，但经过磨合后，这个措施带来了很多创新的构想和产品。

2）远见力

领导力之不可缺少的成分是：能够感觉未来，理解跟随者的抱负和理想，识别前景的限制，选择一条最有可能成功的道路。企业领导者应有远见卓识，能以清晰的视角看待未来以及企业的发展方向，要对形势的发展和趋向有超前的眼光和判断力。

3）战略力

一个优秀的领导人应知道企业要往什么方向去，要能很好地把握企业今后发展的战略重点，就保持并增加企业竞争力来进行战略规划：以更好的产品/服务、更低的成本和更明智的方式对待市场和消费者。

4）思考力

美国 Rockhurst 大学 Helzberg 商学院教授 Charlotte Shelton 说："21 世纪领导者的任务不是见人所未见，而是对众所熟视的事物，想他人所未想。"强大思考力的重要表现就是善于提问，杰克·韦尔奇认为：领导的份内工作是提出各种问题。必须做好思想准备，要显得是部门中最无用的人，讨论时你要一个劲地提问："如果……会出现什么情况呢？""为什么我们不……呢？"以及"怎么样才能……"。

5）决断力

即做出坚定决策的能力。领导者为人处事要体现决断力，不说"也许"，要避免模棱两可，回答别人问题的时候，只说"是"或"不是"，而不说"也许是"或"也许不是"。

6）执行力

要完成你的工作，实现你的目标，兑现你的承诺。你可能有很好的想法，但是如果你不根据这些想法采取行动，什么都不会发生。发展一个企业，很多时候不在乎你是不是有个很好的想法，关键是在有了好的想法之后，如何将你的想法在日常的工作细节中表现出来，这就和领导力有了很大关系。领导者需要懂得如何去激励员工做好日常工作中的每一个细节，他需要确保他的想法是被贯彻执行的。从某种意义上讲，战略并非难事，但如何把理想的战略转化成现实，领导者的角色就很重要了。

7）激励力

即创造梦想，并以梦想感召他人，对他人产生影响的能力，甚至能影响他人做本来他可能不会做的事情。鲍勃·伊顿说："领导者是能够将一群人带到他们自认为去不了的地方的人。"领导者的最重要任务之一，是为人们描述一个远景，让人们相信这个远景，在想象中熟悉这个远景并行动起来去实现这个远景。企业领导者应描述企业未来的目标以及实现这一目标的主要途径,勾画出现实和理想的差距,从而激发起员工实现理想的热情。

【管理实践】

乐观的拿破仑

拿破仑在一次与敌军作战时,遭遇顽强的抵抗,队伍损失惨重,形势非常危险。拿破仑也因一时不慎掉入泥潭中,被弄得满身泥巴,狼狈不堪。

可此时的拿破仑全然不顾,内心只有一个信念,那就是无论如何也要打赢这场战斗。只听他大吼一声,"冲啊!"

他手下的士兵见到他那副滑稽模样,忍不住都哈哈大笑起来,但同时也被拿破仑这种乐观自信勇往直前的精神所鼓舞。一时间,战士们群情激昂、奋勇当先,终于取得了战斗的最后胜利。

无论在多么危急的困境中,领导者都要保持乐观积极的心态,领导者的自信可以感染员工。领导者不是只告诉员工怎么干,而是要激发他们产生抱负,并朝着目标勇往直前。

---

8)学习力

即对任何事都拒绝自以为是,永远保持对新鲜事物、不同事物的好奇。对知识的渴求是一种不懈的追求,追求那些能够彻底改变企业前景的 1% 的关键信息。这是一种放眼未来的欲望,并且竭尽可能地去捕捉在未来等待着自己的究竟是什么。具备这种素质的领导者时而眺望前进的道路上有什么,时而回头看看谁可能正从后面赶上来。他们遭受措手不及的打击的可能性小得多,控制自己企业命运的可能性大得多。

柳传志说:"一个优秀的领导人,在战略上要有高瞻远瞩制定战略的能力,还要有慧眼识人选拔人才的能力,我把它归结为一个学习能力。因为这些东西不是与生俱来的,不是从书本上学,就是从实践中学,特别在中国,又在一个经济制度转轨时期更多的是在实践中积累,这种东西就是一个学习能力。"

9)自省力

学习的内在动力来源于一个人的自省,只有感到不足的人,才能不断学习。自省对领导者来说尤为重要,因为它不仅促使他们不断补充其他专业知识,还会使他们经常进行必要的反思,比如,下属的手和脑是不是在尽心尽力地为我做事?下属对我的管理方法适应吗?我应从哪里和怎样获得更快更多更准确和更有用的信息?

10)组织力

构建一个强大的管理团队并懂得对团队进行指导,给予他们目标和动力,帮助他们克服困难,以结果导向的方式来管理他们,并奖惩分明。

11)判断力

对企业领导者的要求首先应是"知人善任",具有良好的判断力,而不是任何具体的业务能力。IBM 大中华区董事长兼首席执行总裁周伟焜说:"很多人花时间去建立组织,这并没有错。不过,只有当我们把正确的事交给正确的人来做,组织才有效果。根据我自己的经验,如果你把事情搞清楚,找到对的人,不管你的组织怎么样,你都有办法取得成功。

134

如果你没有用正确的人来做事情,你一样没有办法成功。"

12) 适应力

过去的企业领导人对未来担忧得比较少,准备应对变化的努力比较少,当时最重要的能力是魄力、体力和智力;而现在的领导人需要具备很强的适应力,以做出那些能够带来成功的灵活决策。领导者还要不断地制造变化,经常要求员工改变一点点,引导员工自我适应。

13) 创新力

领导者的任务就是一只手抓种子,另一只手拿着水和化肥,让所在的企业和身边的人不断地发展和创新。为了促进不断地创新,作为一个领导者,当看到下属做出创新,一定要给他回报。通过这种回报的方式,让整个组织认识到创新的重要性,就能鼓励整个企业当中有越来越多的创新。需要在组织当中树立起一些创新的榜样,并且加以褒扬。要不断地去强化这种强调能力的观念,如果不这样做,对于创新视而不见的话,那么官僚主义将占上风。

14) 移情力

即换位思考力。作为一个领导者,要记住自己的员工都是人,他们有七情六欲,会害怕、有需求、会感到不安全、需要别人的尊重和鼓舞、需要被奖励、有成就感,希望自己的意见被采纳,自己的工作被认可,希望自己成为团队的一分子。这个团队拥有远大的远景、方向和目标。他们不是冷冰冰的机器,如果你只懂得管理机器,那么你不过是个技师罢了。领导者要学会倾听员工的诉说,理解他们的恐惧,善于发现他们的优点并予以表扬,在他们取得成绩时给予祝贺。维珍集团理查德·布兰森说:"对那些为你工作或和你一起工作的人,在任何时候都不要吝啬对他们的赞美。"杰克·韦尔奇说:"工作在我们的生活中占据了太重要的位置,怎能缺少对成绩的欢庆呢? 需要尽可能多地抓住庆祝的机会,让工作变得多姿多彩。"

15) 人才培养力

现在,企业领导者都醉心于战略,而忽视了人。实际上,"人"才是领导者最重要的工作。杰克·韦尔奇说:"在你成为领导以前,成功只同自己的成长有关。当你成为领导以后,成功都同别人的成长有关。"GE 公司全球副总裁、GE 基础设施中国区总裁兼 CEO 安迪说:"我们不认为人才培养是一个专门的部门工作,作为一个公司的领导,我不认为培养人才是别人做的工作,而是所有领导人应做的工作。"明基电通营销总部总经理曾文祺说:"培养人是一种乐趣,看着他把潜能发挥出来。作为领导者,要知道如何培养人。"

作为一个领导者的最重要的品质就是有愿望、有能力释放别人的潜力,领导力最终帮助其他人实现他们认为实现不了的东西,就是为了帮助别人看到不同的可能性,看到自身的潜力。通常来说,员工进步的幅度就说明了一个人的领导能力,领导能力也就是为员工制定职业发展规划,激励他们争取优异业绩的能力,重点是让员工具备做正确事情的勇气。

管理学者诺尔·蒂奇曾总结:"领导即教育"。他说,他遇到的成功的领导者,譬如韦尔奇和格罗夫,无不把教育当成他们的主要工作,并投入大量的时间从事这项工作。

16) 人才运用力

作为领导者,要让下属有舞台充分展现自己的才华,敢于用能力比自己更强的人,组织才能不断发展壮大。领导者最大的忌讳就是与下属争夺功劳，这是最不明智，也是最愚蠢的做法。如果领导者足够自信的话，就要希望身边的人比他还聪明，这样才能带领公司成功。一个领导者做的最糟糕的事情之一就是害怕有成就的人，害怕出色的人。出色的人是最重要的，作为领导者每天都要搜寻这些出色的人，因为他们可以使公司更加成功。

杰克·韦尔奇说："要找到你能找到的最佳人才，一定要留心找最聪明的人，这样的话可以向他们学习，一直保持好奇心。我有很多的贵人相助，有很多的指路人，我很多的导师都是我的员工。你总是可以从别人那里学到很多的东西。"

当代许多最伟大的领导者，其中包括参与曼哈顿计划（Manhattan Project，美国陆军部于1942年6月开始实施的利用核裂变反应来研制原子弹的计划）的小罗伯特·奥本海默（J. Robert Oppenheimer）、施乐Palo Alto研究中心（Xerox PARC）的鲍勃·泰勒（Bob Taylor）以及华特·迪士尼（Walt Disney），他们都有宽阔的胸襟，身边聚集了一大批有能力抢走他们工作的人。这倒不是因为他们是圣人，而是因为这是最可靠的成功和生存之道。

除了敢于用"能人"、"强人"之外，优秀的领导者还要能用人所长，善于发现员工的强项，让合适的人做合适的事，使"人事相称，人尽其才"。

【管理实践】

甘戊过河

甘戊出使齐国，走到一条大河边，无法向前，他只好求助于船夫。船夫划船靠近岸边，见甘戊一副文人打扮，便问："你过河去干什么？"甘戊说："我奉国王之命出使齐国。"船夫指着河水说："这条河流，你都不能靠自己的本事渡过去，你怎么能替国王完成出使齐国的任务呢？"甘戊反驳船夫说："世间万物，各有所能，比方说，骏马日行千里，为天下骑士所看重，可是如果叫它去捕捉老鼠，那它肯定不如一只小猫；宝剑削铁如泥，为天下勇士所青睐，可是如果用它来劈砍木柴，那它肯定不如一把斧头。就像你我，要说在江河上行船划桨，我的确比不上你；可是若论出使大小国家，你能跟我比吗？"船夫听了甘戊一席话，顿时无言以对，他心悦诚服地请甘戊上船，送甘戊过河。

甘戊说得好！只有让骏马去伴随骑士，让小猫去捕捉老鼠，让宝剑去斩杀敌人，让斧头去劈砍木柴，世间的万物才能各尽所能。领导者要善于分析每个员工的长处，尽量将他们安排到最能施展其长处的岗位上，只有这样，企业才能做到人尽其才，让每个员工充分实现他们的价值。

17）制度建设力

万科董事长王石说："我认为没有我领导的万科能继续发展，将是我个人领导力的最大成功。"诺基亚董事长兼CEO约玛·奥利拉说："领导者引领的最好的时候，是人们感觉不到领导者存在的时候。"而一个组织的成功之所以能够不依赖领导者，是因为该组织拥有良好的制度。招商集团董事长秦晓说："我始终认为，一个企业的成功是制度的成功。企业领导者的影响是有的，但不能超越制度。"

领导应将上述各种不同能力结合起来，自然地运用在工作中，掌控团队的注意力和信任,并展示出一种超凡的感召力。

对领导特质理论的评价具体如下。

（1）它对有效领导者所应具备特质的内容及相对重要性的认识很不一致,甚至相互冲突。

（2）认为领导者是先天的,这有片面性。

（3）忽视了被领导者及其他情境因素对领导效能的影响。

众多分离特质的研究努力以失败告终。人们没有找到一些特质因素总能对领导者与下属,以及有效领导者与无效领导者进行区分。

三、领导风格——领导行为理论

领导行为理论认为领导的有效性取决于领导行为和风格。所谓领导方式、领导风格或领导作风就是对不同类型领导行为形态的概括。

（一）基于权力运用的领导风格分类

1. 勒温的 3 种领导风格类型

美国依阿华大学的研究者、著名心理学家勒温(Kurt Lewin)和他的同事们从 20 世纪 30 年代起就进行了关于团体气氛和领导风格的研究。勒温等人发现,团体的领导并不是以同样的方式表现他们的领导角色,领导者们通常表现出不同的领导风格,这些不同的领导风格对团体成员的工作绩效和工作满意度有着不同的影响。勒温等研究者力图科学地识别出最有效的领导行为,他们着眼于 3 种领导行为或领导风格,即专制型、民主型和放任型的领导风格。

（1）专制型。亦称专权型或独裁型,这类领导者是由个人独自做出决策,然后命令下属予以执行,并要求下属不容置疑地遵从其命令。

主要特点如下。

① 个人独断专行。

② 领导者预先安排一切工作内容、程序和方法,下级只能服从。

③ 下级没有任何参与决策的机会,只能奉命行事。

④ 主要靠行政命令、纪律约束、训斥惩罚来维护领导者的权威。

⑤ 领导者与下级保持相当的心理距离。

（2）民主型。领导者在采取行动方案或做出决策之前会主动听取下级意见,或者吸收下级人员参与决策制定。

主要特点如下。

① 领导者在做出决策之前通常都要同下属磋商。

② 分配工作时,尽量照顾到组织每个成员的能力、兴趣和爱好。

③ 对下属工作的安排并不具体,个人有相当大的工作自由。

④ 主要运用个人的权力和威信,而不是靠职位权力和命令使人服从。

⑤ 领导者积极参加团体活动,与下级无任何心理上的距离。

（3）放任型。放任型领导者的主要特点是极少运用权力影响下属,而给下级以高度的独立性,以致达到放任自流和行为根本不受约束的程度。

勒温认为,这三种不同的领导风格,会造成三种不同的团体氛围和工作效率。专制型的领导者只注重工作的目标,仅仅关心工作的任务和工作的效率。但他们对团队的成员不够关心,被领导者与领导者之间的社会心理距离比较大,领导者对被领导者缺乏敏感性,被领导者对领导者存有戒心和敌意,容易使群体成员产生挫折感和机械化的行为倾向。民主型的领导者注重对团体成员的工作加以鼓励和协助,关心并满足团体成员的需要,营造一种民主与平等的氛围,领导者与被领导者之间的社会心理距离比较近。在民主型的领导风格下,团体成员有较强的工作动机,责任心也比较强,团体成员自己决定工作的方式和进度,工作效率比较高。放任型的领导者采取的是无政府主义的领导方式,对工作和团体成员的需要都不重视,无规章、无要求、无评估,工作效率低,人际关系淡薄。

　　勒温等人试图通过实验决定哪种领导风格是最有效的领导风格。他们分别将不同的成年人训练成为具有不同领导风格的领导者,然后将这些人充当青少年课外兴趣活动小组的领导,让他们主管不同的青少年群体。进行实验的青少年群体在年龄、人格特征、智商、生理条件和家庭社会经济地位等方面进行了匹配,也就是说,几个不同的实验组仅仅在领导者的领导风格上有所区别。这些青少年兴趣小组进行的是手工制作的活动,主要是制作面具。结果发现,放任型领导者所领导的群体的绩效低于专制型和民主型领导者所领导的群体;专制型领导者所领导的群体与民主型领导者所领导的群体工作数量大体相当;民主型领导者所领导的群体的工作质量与工作满意度更高。

　　基于这个结果,勒温等研究者最初认为民主型的领导风格似乎会带来良好的工作质量和数量,同时群体成员的工作满意度也较高,因此,民主型的领导风格可能是最有效的领导风格。但不幸的是,研究者们后来发现了更为复杂的结果。民主型的领导风格在有些情况下会比专制型的领导风格产生更好的工作绩效,而在另外一些情况下,民主型领导风格所带来的工作绩效可能比专制型领导风格所带来的工作绩效低或者仅仅与专制型领导风格所产生的工作绩效相当,而关于群体成员工作满意度的研究结果则与以前的研究结果相一致,即通常在民主型的领导风格下,成员的工作满意度会比在专制型领导风格下的工作满意度高。

　　在实际的组织与企业管理中,很少有极端型的领导,大多数领导者都是界于专制型、民主型和放任型之间的混合型。

　　勒温能够注意到领导者的风格对组织氛围和工作绩效的影响,区分出领导者的不同风格和特性并以实验的方式加以验证,这对实际管理工作和有关研究非常有意义。许多后续的理论都是从勒温的理论发展而来的。但是,勒温的理论也存在一定的局限。这一理论仅仅注重了领导者本身的风格,没有充分考虑到领导者实际所处的情境因素,因为领导者的行为是否有效不仅仅取决于其自身的领导风格,还受到被领导者和周边的环境因素影响。

　　2. 利克特的四种领导风格类型(表7-3)

　　美国密西根大学的伦西斯·利克特教授及其同事,经过长期的领导方式研究,提出了领导的四种基本风格类型。

　　(1) 专制—权威式。采用这种领导方式的领导者非常专制,决策权仅限于最高层,对下属很少信任,激励也主要是采取惩罚的方法,沟通采取自上而下的方式。

　　(2) 开明—权威式。采用这种方式的领导者对下属有一定的信任和信心,采取奖赏和惩罚并用的激励方法,有一定程度的自下而上的沟通,也向下属授予一定的决策权,但自己仍牢牢掌握着控制权。

（3）协商式。这种方式的领导者对下属抱有相当大但并不完全的信任，主要采用奖赏的方式来进行激励，沟通方式是上下双向的，在制定总体决策和主要政策的同时，允许下属部门对具体问题做出决策，并在某些情况下进行协商。

（4）群体参与式。采用这种方式的领导者对下属在一切事务上都抱有充分的信心与责任，积极采纳下属的意见，更多地从事上下级之间以及同级之间的沟通，鼓励各级组织做出决策。

在调查中，利克特发现采用群体参与式的主管人员较采用其他方式的领导者能取得更大的成绩，因为这种领导方式在设置和实现目标方面是最有效率的，而且通常也是最富有成果的。

表 7-3　利克特的四种领导风格

	对下属的信任度	激励方式	沟通方式	分权程度
专制—权威式	很少信任	主要采取惩罚方法	自上而下	非常专制，决策权仅限于最高层
开明、权威式	有一定的信任和信心	奖赏和惩罚并用	有一定程度的自下而上的沟通	向下属授予一定的决策权，但自己仍牢牢掌握控制权
协商式	对下属抱有相当大但并不完全的信任	主要采用奖赏的方式来进行激励	上下双向	允许下属部门对具体问题做出决策，并在某些情况下进行协商
群体参与式	对下属在一切事务上都抱有充分的信心与信任	主要采用奖赏的方式来进行激励	更多地从事上下级之间以及同级之间的沟通	积极采纳下属的意见，鼓励各级组织做出决策

（二）基于态度和行为倾向的领导风格分类

1. "双中心"论

1）以任务为中心（或关心任务式）的领导风格

这种类型的领导者最为关心工作任务的完成，他们总是把工作任务放在首位，而对人际关系却不甚关心，有时为了完成任务甚至不惜损害与上下左右的关系。以工作任务为中心的领导者往往在实际领导行为中表现为前述的专制式。这种领导风格通常可以带来较高的工作效率，但会降低组织成员的满意程度和影响群体团结。

2）以人员为中心（或关心人员式）的领导风格

这一类型的领导者把主要精力放在下属身上，关注的是他们的感情和相互之间的人际关系，以及员工个人的成长和发展。其领导的权力多是建立在个人的专长和模范表率作用的基础上。这种领导风格能够提高组织成员的满意程度，并加强群体的团结，但对工作效率的作用并不总是成正比的，领导者表现出关心体谅下属未必就能保证工作效率会自然地得到提高。

2. "管理方格"论

管理方格理论（Management Grid Theory）是研究企业的领导方式及其有效性的理

论,是由美国得克萨斯大学的行为科学家罗伯特·布莱克(Robert R·Blake)和简·穆顿(Jane S·Mouton)在1964年出版的《管理方格》一书中提出的。他们认为,在企业管理的领导工作中往往出现一些极端的方式,或者以生产为中心,或者以人为中心,或者以X理论为依据而强调监督人,或者以Y理论为依据而强调相信人。为避免趋于极端,克服以往各种领导方式理论中的"非此即彼"的绝对化观点,他们指出:在对生产关心的领导方式和对人关心的领导方式之间,可以有使二者在不同程度上互相结合的多种领导方式。关心任务和关心人员不过是同一事物的两面,而不应是一面上的两个极端。对人的关心并不意味着必定忽视任务,同理,对任务的重视也不意味着必定缺少对人的关心。领导者可以根据现实需要和可能,对任务或人员表现出不同程度的关心。

布莱克和穆顿设计出了一幅巧妙的两维坐标图,他们称之为"管理方格图"(图7-1)。横坐标表示领导者对生产的关心程度,纵坐标表示领导者对人的关心程度。纵横轴上各有9个不同的刻度,表示对人或者生产(任务)的不同关心程度,这样,两者的组合就形成了81个小方格,分别代表81种不同的领导方式。其中有5种典型的组合状态,即1-1、1-9、9-1、9-9和5-5,反映出了五种典型的领导方式。

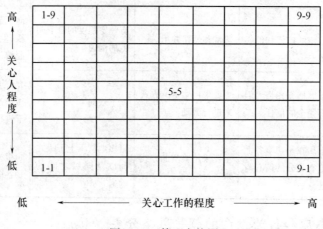

图7-1 管理方格图

(1)1-1贫乏型。这种方式下的领导者对员工表现出极度的漠不关心,领导者自己也仅以最低限度的努力来完成必须做的工作。

(2)9-1任务型。领导者的注意力集中在完成任务的效率方面,但并不关心人的因素,对员工的士气和能力发展很少注意,代表了以任务为中心的领导方式的极端情形。

(3)1-9俱乐部型。领导者集中注意对职工的支持与体谅,但对任务效率和规章制度、指挥监督等则很少关心,代表了以人员为中心的领导方式的极端情形。

(4)5-5中间型。领导者对人的关心度和对生产的关心度能够保持平衡,追求正常的效率和令人满意的士气。

(5)9-9战斗集体型。领导者对员工、生产都极为关心,努力使员工个人的需要和组织的目标最有效地结合起来。

布莱克和穆顿认为,9-9型的领导方式最为有效,是领导者改进其领导行为的目标模式。而对于领导者现行所采取的领导方式,则可根据该领导者"对人的关心"和"对生产的关心"在态度和行为方面的实际表现来进行衡量,如此便可以在其81个方格中所处位置大致确定出该领导者所奉行的领导方式。然后通过专门的管理方格法训练和学习,使之向理想的领导方式转变。

布莱克和穆顿所主张的9-9型领导方式只能说是一种理想模式,现实中要达到这样一种理想的状态并不容易。但他们提出的对人的关心与对任务的关心应当结合的观点在现实工作中具有重要指导意义。

四、领导工作的情景——领导的权变理论

领导者倾向于采用何种领导方式,往往与他们对员工人性的认识有关。实际中何种领导方式最适宜、最有效,还要视具体的工作环境而定。

按照权变领导理论的观点,领导行为的有效性不单纯取决于领导者的个人行为。某种领导方式在实际工作中是否有效主要取决于具体的情景和场合。某一种情境下具有相当效能的领导方式,在另一种情境下可能失去控制。任何一种领导方式,都不可能是绝对最好的,或者绝对最不好的。对领导行为有效性的评价,实际上并不取决于领导者所采用的某一特定领导方式,而是根据该领导方式所应用的情境而定。没有最好的领导模式,只有最合适的领导模式,这就是权宜制变的权变管理原理或原则在领导工作中的体现。

1. 领导行为连续统一体模型

坦南鲍姆(R. Tannenbaum)和施米特(W. H. Schmidt)于1958年提出了领导行为连续体理论。他们认为,经理们在决定何种行为(领导作风)最适合处理某一问题时常常产生困难。他们不知道是应该自己做出决定还是授权给下属作决策。为了使人们从决策的角度深刻认识领导作风的意义,他们提出了领导行为连续统一体模型,描述了从主要以领导人员为中心到主要以下属为中心的一系列领导方式的转化过程,这些方式因领导者授予下属权力大小的差异而发生连续性的变化(图7-2)。

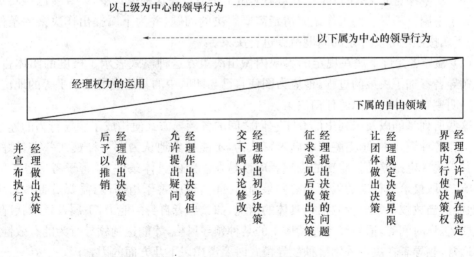

图7-2 领导行为连续统一体

领导风格与领导者运用权威的程度和下属在做决策时享有的自由度有关。在连续体的最左端,表示的领导行为是专制型的领导;在连续体的最右端表示的是将决策权授予下属的民主型的领导。在管理工作中,领导者使用的权威和下属拥有的自由度之间是一方

扩大另一方缩小的关系。在高度专制和高度民主的领导风格之间,坦南鲍姆和施米特划分出7种主要的领导模式。

(1) 领导做出并宣布决策,也就是责令下属执行经理个人做出的决策。在这种模式中,领导者确定一个问题,并考虑各种可供选择的方案,从中选择一种,然后向下属宣布执行,不给下属直接参与决策的机会。

(2) 领导者做出并推销决策。即在下属接受决定前作适当说明和解释,说服下属执行决策。在这种模式中,同前一种模式一样,领导者承担确认问题和做出决策的责任。但他不是简单地宣布实施这个决策,而是认识到下属中可能会存在反对意见,于是试图通过阐明这个决策可能给下属带来的利益来说服下属接受这个决策,消除下属的反对。

(3) 领导者做出决策并征求下属的意见。即领导者提出计划,允许下属提出疑问,并予以解释和回答。在这种模式中,领导者提出了一个决策,希望下属接受这个决策,他向下属给出一个有关自己的计划的详细说明,下属可以提出问题。这样,下属就能更好地理解领导者的计划和意图,领导者和下属能够共同讨论决策的意义和作用。

(4) 领导者提出可修改的计划。即领导者做出初步的决策,交下属讨论修改。在这种模式中,下属可以对决策发挥某些影响作用,但确认和分析问题的主动权仍在领导者手中。领导者先对问题进行思考,提出一个暂时的可修改的计划,并把这个暂定的计划交给有关人员征求意见。

(5) 领导者提出待决策问题,征求意见作决策。在以上几种模式中,领导者在征求下属意见之前就提出了自己的解决方案,而在这个模式中,下属有机会在决策做出以前就提出自己的建议。领导者的主动作用体现在确定问题,下属的作用在于提出各种解决的方案,最后,领导者从他们自己和下属所提出的解决方案中选择一种他认为最好的解决方案。

(6) 领导者规定决策的界限,下属集体做出决策。在这种模式中,领导者已经将决策权交给了下属。领导者的工作是弄清楚需要解决的问题,并为下属提出作决策的条件和要求,下属按照领导者界定的问题范围进行决策。

(7) 领导者允许下属在规定的界限内做出决策。这种模式表示了极度的团体自由。如果领导者参加了决策的过程,他应力图使自己与团队中的其他成员处于平等的地位,并事先声明遵守团体所做出的任何决策。

这些所列举的以及未列出的介于它们之间的各领导方式便构成了领导行为的连续统一体。在各种模式中,坦南鲍姆和施米特认为,不能抽象地认为哪一种模式一定是好的,哪一种模式一定是差的。成功的领导者应该是在一定的具体条件下,善于考虑各种因素的影响,采取最恰当行动的人。当需要果断指挥时,他应善于指挥;当需要员工参与决策时,他能适当放权。领导者应根据具体的情况,如领导者自身的能力,下属及环境状况、工作性质、工作时间等,适当选择连续体中的某种领导风格,才能达到领导行为的有效性。

通常,领导者在决定采用哪种领导模式时要考虑以下几方面的因素。

(1) 领导者的特征——包括领导者的背景、教育、知识、经验、价值观、目标和期望等。

(2) 员工的特征——包括员工的背景、教育、知识、经验、价值观、目标和期望等。

(3) 环境的要求——环境的大小、复杂程度、目标、结构和组织氛围、技术、时间压力和工作的本质等。

根据以上这些因素,如果下属有独立做出决定并承担责任的愿望和要求,并且他们已经做好了这样的准备,他们能理解所规定的目标和任务,并有能力承担这些任务,领导者就应给下级较大的自主权力。如果这些条件不具备,领导者就不会把权力授予下级。

坦南鲍姆和施米特的领导行为连续统一体理论对管理工作的启示在于以下内容。

(1) 一个成功的领导者必须能够敏锐地认识到在某一个特定时刻影响他们行动的种种因素,准确地理解他自己,理解他所领导的群体中的成员,理解他所处的组织环境和社会环境。

(2) 一个成功的领导者必须能够认识和确定自己的行为方式,即如果需要发号施令,他便能发号施令;如果需要员工参与和行使自主权,他就能为员工提供这样的机会。

这一理论的贡献在于不是将成功的领导者简单地归结为专制型、民主型或放任型的领导者,而是指出成功的领导者应该是在多数情况下能够评估各种影响环境的因素和条件,并根据这些条件和因素来确定自己的领导方式和采取相应的行动。

但坦南鲍姆和施米特的理论也存在一定的不足,那就是他们将影响领导方式的因素即领导者、下属和环境看成是既定的和不变的,而实际上这些因素是相互影响、相互作用的,他们对影响因素的动力特征没有给予足够的重视,同时在考虑环境因素时主要考虑的是组织内部的环境,而对组织外部的环境以及组织与社会环境的关系缺乏重视。

2. 最难共事者模型

弗雷德·菲德勒(Fred E. Fiedler),是美国当代著名心理学和管理专家,于芝加哥大学获得博士学位,现为美国华盛顿大学心理学与管理学教授。他从 1951 年起由管理心理学和实证环境分析两方面研究领导学,提出了"权变领导理论",开创了西方领导学理论的一个新阶段,使以往盛行的领导形态学理论研究转向了领导动态学研究的新轨道,对以后的管理思想发展产生了重要影响。他的主要著作和论文包括《一种领导效能理论》(1967),《让工作适应管理者》(1965),《权变模型——领导效用的新方向》(1974),以及《领导游戏:人与环境的匹配》等。

该理论认为在领导过程中,领导者施加影响的能力取决于群体的工作环境、领导者的风格和个性,以及领导方法对群体的适合程度。菲德勒提出,对一个领导者的工作最起影响作用的三个基本因素是职位权力、任务结构和上下级关系。在许多研究者仍然争论究竟哪一种领导风格更为有效时,菲德勒在大量研究的基础上提出了有效领导的权变模型,他认为普遍适用于各种情境的领导模式并不存在,相反,在不同情况下都有可能找到一种与特定情境相适应的有效的领导模式。

在领导方式测评基础上,菲德勒把领导工作所面临的环境状况具体分解为以下三方面情境因素。

(1) 领导者——被领导者的关系(上下级关系)。即领导者是否受到下级的喜爱、尊敬和信任,是否能吸引并使下级愿意追随他。

(2) 领导者所处职位的固有权力(职位权力)。即领导者所处的职位能提供的权力和权威是否明确充分,在上级和整个组织中所得到的支持是否有力,对雇佣、解雇、纪律、晋升和增加工资的影响程度大小。

(3) 工作任务的结构(任务结构)。指工作团体要完成的任务是否明确,有无含糊不清之处,其规范和程序化程度如何。

据其研究结果,菲德勒提出,组织可以采取两种途径来改善领导工作的有效性。

(1) 替换领导者以适应领导工作特定情境的要求。比如,如果群体所处的情境被评估为十分不利,而目前又是一个关系取向的领导者进行领导,那么替换一个任务取向的领导者则能提高群体绩效。

(2) 改变领导工作情境以适应现有领导者的风格。菲德勒提出了一些改善上下级关系、职位权力和任务结构的建议。领导者与下属之间的关系可以通过改组下属组成加以改善,使下属的经历、技术专长和文化水平更为合适;任务结构可以通过详细布置工作内容而使其更加定型化,也可以对工作只做一般性指示而使其非程序化,领导的职位权力可以通过变更职位充分授权,或明确宣布职权而增加其权威性。

菲德勒模型强调为了领导有效需要采取什么样的领导行为,而不是从领导者的素质出发强调应当具有什么样的行为,这为领导理论的研究开辟了新方向。菲德勒模型表明,并不存在着一种绝对的最好的领导形态,企业领导者必须具有适应力,自行适应变化的情境,同时也提示管理层必须根据实际情况选用合适的领导者。

3. 领导方式寿命周期模型(图 7-3)

由科曼首先提出,后经赫西和布兰查德发展的领导寿命周期理论指出,现实中没有一成不变的某种普遍最好的领导方式,而只有最为适合的领导方式。"高工作、高关系"类型的领导方式并不是经常有效的,"低工作、低关系"类型的领导方式也并不一定经常无效,关键要看下属的成熟程度。换而言之,有效的领导风格应当适应其下属的成熟度。

所谓"成熟度"是指下属对自己直接行为负责任的意愿和能力。它由工作成熟度和心理成熟度两项要素构成。

(1) 工作成熟度。指一个人工作的知识和技能。工作成熟度高的人,由于拥有足够的知识、能力和经验,能独自完成其工作任务而不需要别人的指导。

(2) 心理成熟度。指一个人做事的意愿和动机。心理成熟度高的人不需要太多的外界鼓励,他们主要靠自我的内在动机来激励。

该理论所提出的 4 种领导方式及其适用条件具体如下。

(1) 命令式。这是体现高工作、低关系结合的领导方式,适用于下属成熟度低的情况。即下属既不愿意也无能力执行某任务,因此他们既不能胜任工作又不能被信任。对这种成熟度低的下属,领导者可以采取单向沟通形式,责令下属执行工作任务。

(2) 说服式。这是体现高工作、高关系结合的领导方式,适用于下属较不成熟的情况。下属愿意担负起工作责任,但目前尚缺乏足够的技能。这时,领导者应以双向沟通信息的方式说服下属接受他所决定的工作任务和工作方法,同时从心理上增强他们的工作意愿和工作热情。

(3) 参与式。这是体现高关系、低工作结合的领导方式,适用于下属比较成熟的情况。下属的工作能力强但工作意愿比较低。这时领导者应该通过双向沟通和悉心倾听的方式与下属进行充分的信息交流,支持下属按自己的想法发挥其工作能力,而不给予过多的指示和约束。

(4) 授权式。这是体现低工作、低关系结合的领导方式,适用于下属高度成熟的情况。下属具有较高的自信心、能力和愿望来承担工作责任,这时领导者可赋予下属自主决

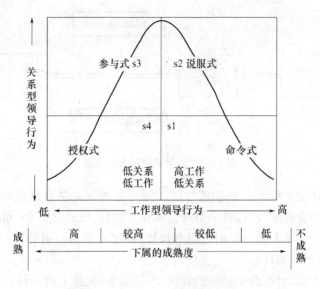

图7-3 领导方式寿命周期模型

策和行动的权力,领导者只起监督的作用。

总而言之,随着下属由不成熟向逐渐成熟过渡,领导行为应当按高工作低关系－高工作高关系－低工作高关系－低工作低关系逐步推移,这种推移变化就形成了领导方式的寿命周期。这说明现实中没有一成不变的某种普遍最好的领导方式,而只有最为适合的领导方式。

4. 路径—目标理论

它是由美国管理学家罗伯特·豪斯(Robert House)提出的。他认为最富有成效的领导方式是领导者采取种种步骤去设计一种环境,使群体成员潜在地或明显地受到动机的激励,并能对它做出有效的响应。从本质上讲,路径—目标要求最有效的领导者应能帮助其下属实现组织目标和个人目标,特别是一些成就与报酬目标。领导者要做到这一点,就要明确规定职位与工作职责,消除工作中的障碍,在制定目标时谋求群体成员的帮助,促进群体内部的团结和协作,增进个人在工作中得到满足的机会,减少不必要的紧张与外部控制,使酬劳的期望得以实现,以及做其他一些能满足人们期望的事情。研究结果表明,路径—目标法对于上层职位和专业性工作特别有用,但它用于日常生产工作的效果则不明显。

总而言之,领导者的行为方式可以有多种,它们没有绝对的优劣之分,而只有与领导者所面临的特定情境是否适合的问题(图7-4)。

对领导行为与领导情境的适应关系应该持一种动态的观点,在领导行为风格和领导情境因素的发展变化中不断改进和提高领导工作的效能。

五、科学地运用领导艺术

现代社会中的组织,常常是由一个多种因素组成的比较复杂的社会性组织,它不可能脱离整个社会。因此,对组织中的主管人员的领导方法提出了更高的要求,同时也决定了

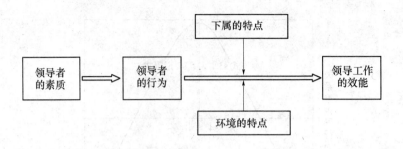

图 7－4　领导效能的影响因素

主管人员的工作在很大程度上是创造性的。领导艺术就是富有创造性的领导方法的体现。在履行领导职能的过程中,科学是与艺术相互结合、彼此交织在一起的。主管人员要具备灵活运用各种领导方法和原则的能力与技巧,才能率领和引导人们克服前进道路上的障碍,顺利实现预定的目标。

领导艺术的内容,目前尚无统一的看法,归结起来,大体上有两种:一是把其视为履行职能的艺术,包括决策艺术、授权艺术、用人艺术;二是把它视为提高工作有效性的艺术,包括安排时间的艺术、处理好各种关系的艺术。

领导艺术建立在主管人员个人的经验、素养和洞察力的基础上,认真讲求领导艺术,有助于提高工作的有效性,有助于密切主管人员和员工的关系。在这样的环境中,将能够形成既有集中,又有民主,既有纪律,又有自由,既有统一意志,又有个人心情舒畅、生动活泼的崭新局面。对任何国家、任何组织来说,领导艺术对办好一个组织都起决定性的作用。

【管理实践】

什么是"内行"领导?

美国著名的电子专家 W. 肖克利是晶体管的发明人,诺贝尔奖金获得者,为电子技术的发展做出了巨大贡献。1956 年,雄心勃勃的肖克利在硅谷成立了以他的名字命名的公司——肖克利电子公司,自任总经理。然而,在这位深谙电子专业知识的专家"内行"的领导下,不到两年,公司就倒闭了。

难道他不是"内行"吗?为什么电子专家"内行"领导,公司反而失败了呢?

思考题:

1. 领导的本质和作用是什么? 如何去发挥这种作用?

2. 领导和管理是一回事吗?

3. 优秀的领导者应具备什么样的素质?

4. 什么是权力? 领导者的权力来源是什么? 发挥领导者的影响力为什么不能单纯依靠职权? 如何正确地使用这些权力?

5. 领导行为的理论模式有几种类型? 各类理论的特点是什么?

6. 从所学的领导方式及其理论中,你得到哪些启示?

7. 试对领导特质理论、领导行为理论和权变领导理论作一简要对比分析。

8. 如何理解领导连续统一体的权变思想?

9. 结合实际谈谈影响领导有效性的因素。

第八章 激 励

本章知识地图

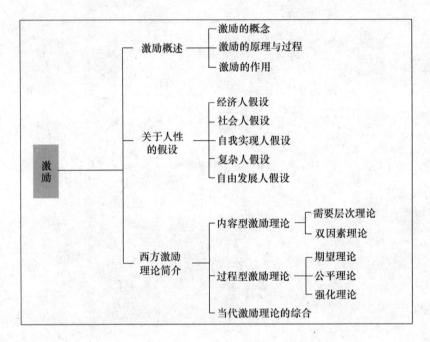

学 习 目 标

（1）理解激励的概念、激励的作用、人性假设。

（2）掌握需要层次理论、双因素理论、期望理论、公平理论的主要内容及其在激励实践中的运用。

案 例

英国有一家著名的长寿公司俱乐部，申请加入该俱乐部的企业寿命必须要超过300年。这家俱乐部成员唯一的共同点，就是这些企业都能跟随时代造就出符合时代要求的激励机制，从而使企业具有高度的敏感性。这种敏感性包括对外部市场变化的高度敏感，对企业内部管理的高度敏感，对企业发展技术的高度敏感，内部控制的高度敏感和对人才吸引的高度敏感。正是企业的高度敏感性塑造了企业的百年老店。

企业的敏感性来自哪里？就来自激励制度带来的企业活力。一家企业如何采取全新的激励机制雇佣优秀的员工，发挥他们的优势呢？世界著名的经理人韦尔奇给出的答案是:要搞好一家企业,关键是要给 20% 表现优秀的员工不断地加薪,并不断地淘汰企业里表现较差的 10% 的员工。只要企业的最高决策层能做到这一点,企业肯定就能办好。

问题:

如何理解"要搞好一家企业,关键是要给 20% 表现优秀的员工不断地加薪,并不断地淘汰企业里表现较差的 10% 的员工"?

【管理实践】

古时候,有一位富翁,家里请了一位手艺高超的厨子,尤其擅长"烤鸭"这道菜。可是,这位富翁从来没有赞扬过厨子的手艺。长期以后,厨子每一次送到富翁面前的烤鸭,虽然美味可口,却只有一只腿,另一只腿到哪里去了呢? 富翁心里很纳闷,感到非常奇怪。

有一天中午,厨子把烤鸭端上桌,富翁看到仍是一只腿的鸭子,忍不住问厨子:"为什么每次你烤的鸭子都只有一只腿呢?"厨子回答说:"鸭子本来就只有一只腿嘛!""胡说! 鸭子明明是两只腿啊!"

厨子不再辩解,就推开窗子,请富翁向外望去。不远处水塘边有一群鸭子,正在打盹儿,缩起了一只脚,只用一只脚伫立。于是厨子说:"你看! 鸭子真的只有一只腿嘛!"

富翁不服气,于是两手用力鼓掌,鼓了数下,鸭子被掌声惊醒,动了起来。富翁得意的说:"你看每一只鸭子都有两只腿啊!"厨子听了,不慌不忙地说:"对嘛! 如果您在吃美味的烤鸭时,也能鼓掌称赞一下,烤鸭就会有两只腿了。"

此后,富翁吃烤鸭时,都不忘真诚地赞美厨子,当然,从此富翁就能吃到两只腿的烤鸭啦!

富翁为什么先前吃不到两只腿的烤鸭呢? 因为缺乏激励!

富翁为什么后来能吃到两只腿的烤鸭呢? 因为实施激励!

有人说:"如果没有优秀的领导,再好的员工都可能碌碌无为。但是如果领导得力,就能充分激发出员工的潜能。"可见,领导很重要的一项工作就是激励。

第一节　激励概述

一、激励的概念

所谓激励,就是通过一定的手段使员工的需要和愿望得到满足,以调动他们的工作积极性,使其主动而自发地把个人的潜能发挥出来并奉献给组织,从而确保组织达成既定的目标。

激励与沟通是领导的关键手段,领导者要想取得下属的认同,进而让下属追随与服从,首先必须能够了解下属的愿望并尽可能帮助他们实现。从某种程度上讲,管理者只有懂得什么东西在激励员工,以及激励如何发挥作用,并把它们在各项管理工作中反映出来,他们才有可能成为有效的领导者。

人们加入一个组织或者群体,都是为了达到他们个人所不能达到的目标。然而,进入组织的人们不一定会努力工作,贡献他们潜在的能力。他们为组织服务的愿意程度是有高低的,有的强烈,有的一般,也有的消极。如何使组织中的各类成员为实现组织的目标热情高涨地去工作,尽可能有效地贡献出他们的智慧和才能,这才是领导者要研究的激励问题。

激励是心理学术语,指心理上的驱动力,含有激发动机,鼓励行为,形成动力的意思,即通过某种内部和外部刺激,促使人奋发向上努力去实现目标。在管理工作中,可把激励定义为调动人的工作积极性,使其把潜在的能力充分地发挥出来。从组织的角度来说,领导者激励下属,就是要激发和鼓励下属朝着组织所期望的目标表现出积极主动的符合要求的工作行为。

要从以下几个方面理解和掌握激励概念。

(1)激励主要是激发人的动机,使人产生一种内在动力,从而使之朝着所期望的目标前进。

(2)未满足的需要是激励的起点,没有需要,动机也就无从产生。

(3)激励必须是领导者利用某种外部诱因。

(4)激励的实现,必须使外部诱因内化为个人的自觉行为,否则,领导的意图再好,个体不愿接受,也就没有激励效果。

(5)激励的目的,是激发职工按照管理要求行事或干工作的积极性、主动性和创造性,而不是各行其是,任意发展,偏离组织的目标。

二、激励的原理和过程——人的行为基本模式

1. 激励的过程

激励的实质是通过影响人的需求或动机达到引导人的行为的目的,它实际上是一种对人的行为的强化过程。因此,研究激励,先要了解人的行为过程。心理学家提出动机欲望支配着人们的行为,而动机又产生于人的需要。需要是人的一种主观体验,是对客观要求的必然反映,人在社会生活中形成的对某种目标的渴求和欲望构成了人的需要的内容并成为人行为活动积极性的源泉。人的行为受需要的支配和驱使,需要一旦被意识到,它就以行为动机的形式表现出来,驱使人的行为朝一定的方向努力,以达到自身的满足。

从感觉需要出发,在人的心理上引起不平衡状态,产生不安和紧张,导致欲望动机,有了动机就要选择和寻找目标,激起实现目标的行动。当需求得到满足,行为结束。心理紧张消除后,人们又会产生新的需求,形成新的欲望,引起新行为,如此循环往复。激励的过程如图8-1所示。

由此可见,激励可以说是通过创造外部条件来满足人的需要的过程。人的行为的始点是需要。所谓需要,就是人们对某种事物或目标的渴求和欲望,包括基本需要和各种高层次的需要。当人的需要未得到满足时,心理上会产生一种不安和紧张,这种状态会促成一种导向某种行为的内在驱动力,这就是动机。所谓动机,就是诱发行为指向目标的一种内在状态。当人有了动机之后就会导致一系列寻找、选择和达到目标的行为。如果人的行为达到了目标,就会产生心理和生理上的满足,原有的需要满足了,新的需要又会产生,

150

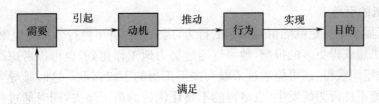

图 8 - 1　激励的基本过程

从而又引起人的新的行为。

2. 人的行为基本模式(图 8 - 2)

从灵活、权变的观点出发,领导者要对组织中动机各异的人的行为予以有力激励,就必须充分了解和把握有关激励的各种理论。

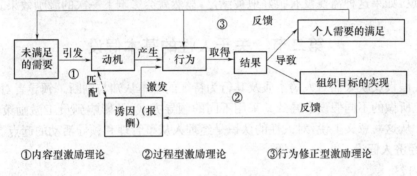

①内容型激励理论　　②过程型激励理论　　③行为修正型激励理论

图 8 - 2　人类行为的基本模式

(1) 人的内在的动机是促使人产生行为的基本原因,从这个意义上说激励是一个心理过程。

(2) 人的行为不仅产生于其内在的需要和动机,还来自外界环境对人的外在刺激,这构成了"诱因",它包括物质和精神两方面的刺激。外在的刺激能否强烈地影响人的行为,需取决于人的内心是否对之有所感受。

外在的刺激只有同人的内在需要匹配并发生共鸣,才能产生激励作用,因此将吸引、诱导或激发一个人的行为的诱因称作激励因素。激励因素与动机之间的关系,正如外因与内因的关系一样,前者需要通过后者而起激励作用。领导者在激励员工时,首先必须找出他们的需要是什么,然后再提供适当的刺激或诱因以激励员工努力工作。这就是内容型激励理论的核心主张。

三、激励的作用

激励是与人的行为过程紧密联系在一起的,激励的作用主要表现在以下 3 个方面。

1. 需要的强化

人的需要不仅复杂,有时还相互矛盾。不仅不同种类的需要之间存在着矛盾,即使同类需要之间也存在着矛盾。而激励工作要强化的是那些有利于组织目标实现的人的需要。事实上,人们做出的选择并不是完全偏向一种需要,而是多种需要的调和与相互妥协。如何能在这种调和中去强化最有利于组织目标实现的需要,这就是激励的艺术性所在。

2. 动机的引导

强化了需要不一定就能得到预期的行为,因为可能有多种行为都能提供同一种满足。比如,某员工想获得更多的报酬,他可以通过努力地工作得到,也可以考虑跳槽到另一家薪水更高的组织获得,还可能通过采取一些不正当的手段谋取。这时领导者就应该加以引导,以杜绝不良行为的发生,也尽可能不要让优秀的员工流失,同时通过相关激励措施的制定引导其行为到有利于组织目标的方向上来。

3. 提供行动条件

要鼓励人行动就应该为他们的行动提供条件,帮助他们实现目标。

在激励过程中,行动结果提供的反馈又会反过来影响人的需要,也就是说当人的需要得到很好的满足时,这种需要就会得到强化,其行为的动机就会更强烈,或产生进一步的需要;相反,如果这种需要没有很好地被满足,显然就会影响下一次的激励效果。

第二节　关于人性的基本假设

人性假设反映人们对人的本质及其行为特征的基本认知与判断。领导者对组织成员在人性上所做的不同假设会导致其采用不同的领导方式,并影响到员工激励策略的制定和使用。从这一意义上说,对人性的认识是经理人从事管理和领导活动的起点。

1. 经济人假设

1) 内容

这是对人性的一种早期的、传统的认识。这种观点认为人是以一种合乎理性的、精打细算的方式行事,人的行为是由经济因素推动和激发的,个人在组织中处于被动的、受控制的地位。

2) 对管理和领导工作的影响

基于这种假设所引出的管理方式是:组织应以经济报酬来使人们服从和做出绩效;并应以权力与控制体系来保护组织本身及引导员工。其管理的重点在于提高效率,完成任务。其管理特征是制定各种严格的工作规范,加强各种法规和管制。为了提高士气则用金钱刺激,同时对消极怠工者进行严厉惩罚,即采取"胡萝卜加大棒"政策。

2. 社会人假设

1) 内容

这是初期的人际关系论的思想。这种观点认为,人是受社会需要所激励的,集体伙伴的社会力量要比上级主管的控制力量更加重要。

2) 对管理和领导工作的影响

按照这种假设进行管理,领导就应该关心和体贴下属,重视人们之间的社会关系,通过培养和形成组织成员的归属感来调动人的积极性,以促进生产率的提高。

3. 自我实现人假设

1) 内容

这是人际关系论发展到后期的思想。这种观点认为,人是自我激励、自我指导和自我控制的,人们要求提高和发展自己,期望获取个人成功。他们将追求自我实现看作自己工作的最根本目的。

2）对管理和领导工作的影响

从这一观点出发，企业就应当把人当作宝贵的资源来看待，通过提供富有挑战性的工作，使人的个性不断成熟并体验到工作的内在激励。而一旦工作被设计得富有意义、具有吸引力，足以引起人们的成就感，那么按照自我实现人的假设，人就可以在高强度的自我激励之下，不需要借助其他外来的激励力，就能自动、自愿地将自己的才能发挥出来，为企业做出贡献。

4. 复杂人假设

1）内容

这是 20 世纪 60 年代末 70 年代初以后出现的一种体现权变思想的人性观。这一观点认为，现实组织中存在着各种各样的人，不能把所有的人都简单化和一般地归类为前述的某一种假设之下。相反地，应该看到人是千差万别的，不同的人以及同一个人在不同的场合会表现出不同的动机和需要。

2）对管理和领导工作的影响

根据这种权变认识，领导者对人进行激励的措施和领导方式也就应该力图灵活多样，做到因人、因问题和因环境不同而采取相应的领导策略。

5. 自由发展人假设

1）内容

这是 20 世纪 80 年代西方管理理论发展到企业文化阶段提出的，认为在破除了人身依附观念的现代企业中，由契约关系形成的雇用关系还不足以充分调动人的积极性，需要的是一种真正的、全面的人与人之间的信任与平等关系，只有在这种工作环境中，人们才能自主、酌情处理问题，达到一种全面而自由发展自己的境界。企业文化管理理论更加重视人，强调以人为本。

2）对管理和领导工作的影响

①要关心人、尊重人、信任人，以摆脱企业与职工之间的对立局面，创造一种和谐的企业环境，消除企业内部的文化性内耗。但更重要的是以此来激发人的内在潜力，服务于企业目标。②强调内部体制开放，通过内部的创新活动和加强企业内部的竞争机制，使企业充满活力。③强调运用价值观、习俗、礼仪以及文化网络等手段，增强企业的文化力，塑造良好企业形象。

第三节　激　励　理　论

激励理论是关于如何满足人的需要、激发人的积极性的理论。从 20 世纪 20 年代以来，管理学家、心理学家及行为科学家从不同角度提出了各种激励理论，可分为三大类。

第一类是内容型激励理论：研究重点是激励内容，即个体需要和动机的内容，试图从人的需要出发，解释人的行为是由什么因素引发、激励的问题。

第二类是过程型激励理论：主要研究当人的动机被激发起来后，如何选择行为，导向目标并持续下去的心理过程。

第三类是综合型激励理论：对二者进行概括和综合，比较全面地反映了激励的全过程。

一、内容型激励理论

1. 需要层次理论

需要层次论是研究人的需要结构的一种理论，是美国心理学家马斯洛（Abraham h. maslow，1908－1970）所首创的一种理论。他在1943年发表的《人类动机的理论》（A Theory of Human Motivation Psychological Review）一书中提出了需要层次论。

这种理论认为：

（1）人的行为受到人的需要欲望的影响和驱动，但只有尚未满足的需要才能够影响人的行为，已满足的需要不能起激励作用。

（2）人的需要是内在的、天生的、下意识存在的，由于重要程度和发展顺序的不同，可以形成一定的层次性，从基本的（如食物和住房）到复杂的（如自我实现）。

（3）当人的某一级的需要得到最低限度满足后，才会追求高一级的需要，如此逐级上升，成为推动继续努力的内在动力。

（4）人的行为是由主导需要决定的。

马斯洛把人的需要划分为5个层次，如图8－3所示，由低到高依次为：

（1）生理需要，指人在食物、水、居住、性满足以及其他方面的需求和欲望，是个人生存的基本需要。

（2）安全需要，指人保护自己免受身体和情感伤害的需求和欲望，包括心理上与物质上的安全保障，如不受盗窃和威胁，预防危险事故，职业有保障，有社会保险和退休基金等。

（3）社交需要，指人在友谊、爱情、归属及接纳方面的需求和欲望。人是社会的一员，需要友谊和群体的归属感，人际交往需要彼此同情互助和赞许。

（4）尊重需要，指人在受人尊重方面如地位、认可和关注方面的需要，以及在自我尊重方面的需要。

（5）自我实现需要，指通过自己的努力，不断成长与发展，发挥自身潜能，取得成就和实现理想抱负，从而对生活和工作真正感到很有意义。

对于具体的人来说，并不会在任何条件下都同时具有这5种需要并且保持它们间的同等的需要程度。对人的行为方向起决定作用的是这个人在这一时期的主导需要。

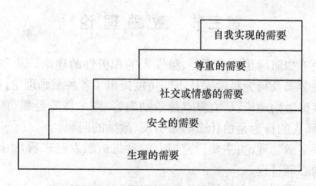

图8－3 马斯洛的需要层次理论

在这 5 种需要中,生理、安全需要是人的基本的、低层次的需要,而其他则为较高级的需要。这种划分的前提是,高级需要是从内部使人得到满足,而低层次需要则主要从外部使人满足。

几乎所有的介绍马斯洛的书籍都这样介绍他的需要层次论,但是,这实际上存在一定的不完整。马斯洛本人的著作中对需要层次论作了更多的探讨。首先,除了广为人知的以上 5 种需要外,马斯洛还详细说明了认知和理解的欲望、审美需要在人身上的客观存在,但是他也说明,这些需要不能放在基本需要层次之中。

对马斯洛的观点存在着许多争论。许多人从不同的角度批评马斯洛的观点或者提出自己的需要层次学说,但到目前为止,马斯洛的观点仍然是最被广泛传播的一种。比如,奥尔德弗(C. P. Alderfer)于 1969 年在《人类需要新理论的经验测试》一文中修正了马斯洛的论点,认为人的需要不是分为 5 种而是分为 3 种。

(1) 生存的需要(Existence),包括心理与安全的需要。

(2) 相互关系和谐的需要(Relatedness),包括有意义的社会人际关系。

(3) 成长的需要(Growth),包括人类潜能的发展、自尊和自我实现。奥尔德弗需要论,简称为 ERG 需要理论。

这两种理论的不同点是:奥尔德弗经过大量调查证明,这些需要不完全是天生的。需要层次论建立在满足—上升的基础上,ERG 理论不仅体现满足—上升的理论,而且也体现了挫折—倒退这一方面。挫折—倒退说明,较高的需要得不到满足时,人们就会把欲望放在较低的需要上。ERG 理论认为需要次序并不一定如此严格,而是可以越级的,有时还可以有一个以上的需要。

2. 双因素理论

激励因素—保健因素理论是美国的行为科学家弗雷德里克·赫茨伯格(Fredrick Herzberg)提出来的,又称双因素理论。赫茨伯格曾获得纽约市立学院的学士学位和匹兹堡大学的博士学位,之后在美国和其他 30 多个国家从事管理教育和管理咨询工作,是犹他大学的特级管理教授。他的主要著作有:《工作的激励因素》(1959,与伯纳德·莫斯纳、巴巴拉·斯奈德曼合著)、《工作与人性》(1966)、《管理的选择:是更有效还是更有人性》(1976)。双因素理论是他最主要的成就,在工作丰富化方面,他也进行了开创性的研究。

20 世纪 50 年代末期,赫茨伯格和他的助手们在美国匹兹堡地区对 200 名工程师、会计师进行了调查访问。访问主要围绕两个问题:在工作中,哪些事项是让他们感到满意的,并估计这种积极情绪持续多长时间;又有哪些事项是让他们感到不满意的,并估计这种消极情绪持续多长时间。赫茨伯格以对这些问题的回答为材料,着手研究哪些事情使人们在工作中快乐和满足,哪些事情造成不愉快和不满足。结果他发现,使职工感到满意的都是属于工作本身或工作内容方面的;使职工感到不满的,都是属于工作环境或工作关系方面的。他把前者叫做激励因素,后者叫做保健因素。

保健因素的满足对职工产生的效果类似于卫生保健对身体健康所起的作用。保健是从人的环境中消除有害于健康的事物,它不能直接提高健康水平,但有预防疾病的效果;它不是治疗性的,而是预防性的。保健因素包括公司政策、管理措施、监督、人际关系、物质工作条件、工资水平、劳动保护、福利等。当这些因素恶化到人们认为可以接受的水平以下时，就会产生对工作的不满意。但是，当人们认为这些因素很好时，也只不过预防或消除了这种不满意，并不会导致积极的态度，不能起真正的激励作用，这就形成了某种既不是满意，又不是不满意的中性状态。因此，赫茨伯格将这类只能起保持人的积极性和维持工作现状的作用称为"保健因素"。

那些能带来积极态度、满意和激励作用的因素就叫做"激励因素"，这是那些能满足个人自我实现需要的因素，并不是与工作的环境条件相关联的，而是与工作本身所具有的内在激励感联系在一起的，包括以下内容。

（1）工作表现机会和工作带来的愉悦。

（2）工作上的挑战性和成就感。

（3）由于良好的工作成绩而得到赏识、奖励。

（4）对未来发展的期望。

（5）职务上的责任感。

如果这些因素具备了，就能对人们产生更大的激励。从这个意义出发，赫茨伯格认为传统的激励假设，如工资刺激、人际关系的改善、提供良好的工作条件等，都不会产生更大的激励；它们能消除不满意，防止产生问题，但这些传统的"激励因素"即使达到最佳程度，也不会产生积极的激励。按照赫茨伯格的意见，管理当局应该认识到保健因素是必需的，不过它一旦使不满意中和之后，就不能产生更积极的效果。只有"激励因素"才能使人们有更好的工作成绩。

赫茨伯格及其同事之后又对各种专业性和非专业性的工业组织进行了多次调查，他们发现，由于调查对象和条件的不同，各种因素的归属有些差别，但总的来看，激励因素基本上都是属于工作本身或工作内容的，保健因素基本都是属于工作环境和工作关系的。但是，赫茨伯格注意到，激励因素和保健因素都有若干重叠现象，如赏识属于激励因素，基本上起积极作用；但当没有受到赏识时，又可能起消极作用，这时又表现为保健因素。工资是保健因素，但有时也能产生使职工满意的结果。

赫茨伯格的双因素理论同马斯洛的需要层次论有相似之处。他提出的保健因素相当于马斯洛提出的生理需要、安全需要、社交需要等较低级的需要；激励因素则相当于受人尊敬的需要、自我实现的需要等较高级的需要。当然，他们的具体分析和解释是不同的。但是，这两种理论都没有把"个人需要的满足"同"组织目标的达到"这两点联系起来。

有些西方行为科学家对赫茨伯格的双因素理论的正确性表示怀疑。有人做了许多实验，也未能证实这个理论。赫茨伯格及其同事所做的实验，被有的行为科学家批评为是他们所采用方法本身的产物：人们总是把好的结果归结于自己的努力，而把不好的结果归罪于客观条件或他人身上，问卷没有考虑这种一般的心理状态。另外，被调查对象的代表性也不够，事实上，不同职业和不同阶层的人，对激励因素和保健因素的反应是各不相同的。实践还证明，高度的工作满足不一定就产生高度的激励。许多行为科学家认为，不论是有关工作环境的因素，还是工作内容的因素，都可能产生激励作用，而不仅是使职工感到满足，这取决于环境和职工心理方面的许多条件。

但是，双因素理论促使企业管理人员注意工作内容方面因素的重要性，特别是它们同工作丰富化和工作满足的关系，因此是有积极意义的。赫茨伯格告诉我们，满足各种需要所引起的激励深度和效果是不一样的。物质需求的满足是必要的，没有它会导致不满，但是即使获得满足,它的作用往往是很有限的、不能持久的。要调动人的积极性,不仅要注意物质利益和工作条件等外部因素,更重要的是要注意工作的安排,量才录用,各得其所,注意对人进行精神鼓励,给予表扬和认可,注意给人以成长、发展、晋升的机会。随着温饱问题的解决,这种内在激励的重要性越来越明显。

【管理实践】

激励员工士气的十大法则

(1) 亲自向员工的杰出工作表现表示感谢,一对一地亲自致谢或书面致谢。

(2) 花些时间倾听员工的心声。

(3) 对个人、部门及组织的杰出表现提供明确的回馈。

(4) 积极创造一个开放、信任及有趣的工作环境,鼓励新点子和主动性。

(5) 让每一位员工了解公司的收支情形、公司的新产品和市场竞争策略,以及讨论每位员工在公司全部计划中所扮演的角色。

(6) 让员工参与决策,尤其是那些对其有影响的决定。

(7) 肯定、奖励及升迁等,都应以个人工作表现及工作环境为基础。

(8) 加强员工对于工作及工作环境的归属感。

(9) 提供员工学习新知及成长的机会,告诉员工在公司的目标下,管理者如何帮助其完成个人目标,建立与每位员工的伙伴关系。

(10) 庆祝成功,无论是公司、部门或个人的优秀表现,都应举办士气激励大会或相关活动。

二、过程型激励理论

领导者要能切实有效地激励员工,还必须了解人的动机是如何转化为其实现目标的特定行为,以及此次行为对其个人需要的满足状况又是如何影响他的下一回的行为等激励过程的问题。这方面的研究构成了过程型激励理论,包括期望理论、公平理论、强化理论。

1. 期望理论

期望理论是美国心理学家弗洛姆(V. H. Vroom)在其 1964 年出版的《工作与激励》一书中提出的。这种理论认为,人是理性的人,对于生活与事业的发展,他们有既定的信仰和基本的预测;一个人决定采取何种行为与这种行为能够带来什么结果对他来说是否重要有关,人就是根据他对某种行为结果实现的可能性和相应奖酬的重要性的估计来决定其是否采取某种行为的。换言之,弗洛姆认为,在一项工作上人们受到激励的程度取决于经其努力后取得的成果的价值(即效价)与他对实现目标的可能性的看法(期望值,或称期望率)的乘积。用公式可表示为

$$激励力 = 效价 \times 期望值$$

效价指个人主观做出的对某一预期成果或目标的吸引力(效用)的估价,期望值是指个人经主观认知估计出的通过其努力达到预期成果或目标的概率。其中,人们对期望值

的认知包括两个环节的主观判断因素：一个是个人对努力转换为工作绩效的可能性的判断；另一个是个人对工作绩效转换为其预期报酬的可能性的判断。

期望理论说明，促使人们去做某件事的激励力大小同时取决于效价和期望值这两个因素，且只有在效价和期望值都较高的情况下，员工的激励力才会高。

期望理论揭示了激励实际上是体现浓厚的个人心理色彩和认知判断的过程，深受行为科学家欢迎，因为他们认为这一理论能够被实践验证，并且比较清楚地说明了个体受到激励的原因。从实用的角度讲，期望理论为领导者提高员工的工作业绩指出了一系列可供借鉴的途径。例如，为了提高期望值，目标设置要具体可行，要根据员工的能力合理地指派工作和设定目标；注意培训员工以提高其完成任务的能力；创造有利于完成任务的条件；及时兑现报酬等。为了提高效价，奖励要针对人们最迫切要求满足的需要；对不同的人可根据其需求的不同给予不同的奖励。要通过各种渠道了解员工效价、期望值的变化情况，以及时采取措施维持其工作积极性。

2. 公平理论

公平理论是美国心理学家亚当斯（J. Stacy Adams）在其 1965 年发表的《社会交换中的不公平》一书中提出的。公平理论认为：人是社会人，一个人的工作动机，不仅受其所得报酬绝对值的影响，而且受到相对报酬多少的影响。每个人都会把自己所得的报酬与付出的劳动之间的比率同其他人的比率进行社会比较（横向比较），也会把自己现在的投入产出比率同过去的投入产出比率进行历史比较（纵向比较），并且将根据比较的结果决定今后的行为。当他们把自己的投入产出比与别人的或自己以前的投入产出比进行比较时，若发现比率相等，心里就比较平静，认为自己得到了公平的待遇；当发现比率不相等时，内心就会产生不公平感，导致紧张不安，从而会被激励去采取行动以消除或减少引起心理紧张不安的差异，如以下内容。

（1）采取一定行动，改变自己的收支情况。如以减少业绩、罢工、旷工等相威胁要求增加工资报酬，或者以怠工、泡病号、推卸工作来减少自己的劳动投入。

（2）采取一定的行动，改变别人的收支情况。如降低他人的收入，"自己拿不到，干脆谁也甭拿"，或增加他人的支出，"谁拿得多，谁去干"。由此消除认知失调。

（3）通过某种方式进行自我安慰。如换一个比较对象，以获得主观上的公平感：与张三比是吃亏了，但若与王五比，似乎还可以，比上不足，比下有余；或通过曲解自己的或别人的收支情况，造成一种主观上公平的假象，以消除自己的不公平感等。

（4）在无法改变不公平现象时，可能采取发牢骚、制造人际矛盾、放弃工作等行为。

公平理论指出，领导者必须对员工的贡献给予恰如其分的承认，否则员工就会产生不公平的感觉。公平理论不仅就员工对自己所得奖酬比较后的心理状态作了详尽的描述，而且还对比较后可能引起的行为变化进行了预测。这些研究结果对领导者客观地评价工作业绩和确定合理的工作报酬，以及敏锐地估计员工的行为是非常重要的。

3. 强化理论

期望理论与公平理论主要着眼于如何激发人的动机，使其产生组织所希望的行为，强化理论则主要着眼于如何引导人的行为，使它朝着组织所希望的方向进行。心理学家认为，人具有学习能力，通过改变其所处的环境，可以保持和加强积极的行为，减少或消除消极行为，把消极行为转化为积极行为。哈佛的斯金纳（B. F. Skinner）据此提出了强化理论,他认为,人的行为是对其所获刺激的一种反应。如果刺激对他有利,他的行为就有可能重复出现;若刺激对他不利,则他的行为就可能减弱,甚至消失。因此管理人员可以通过强化的手段,营造一种有利于组织目标实现的环境和氛围,以使组织成员的行为符合组织的目标。

1) 正强化

正强化就是奖励那些符合组织目标的行为,以便使这些行为得以进一步加强,重复地出现。

2) 惩罚

当员工出现那些不符合组织目标的行为时,采取惩罚的办法,可以迫使这些行为少发生或不再发生。

3) 负强化

负强化是一种事前的规避。它通过对什么样的行为会不符合组织目标的要求以及如果员工发生不符合要求的行为将予以何种惩罚的规定来达到组织的目标。

4) 忽视

忽视就是对已出现的不符合要求的行为进行"冷处理",达到"无为而治"的效果。

强化理论认为,领导者影响和改变员工的行为应将重点放在积极的强化而不是简单的惩罚上,惩罚虽然在表面上会产生较快的效果,但其作用通常是暂时的,而且对员工的心理易产生不良的副作用。负强化和忽视对员工行为的影响作用也不应该轻视。因此,4种行为强化方式应该配合起来使用。

三、当代激励理论的综合

前面列出了若干理论,但是孤立地理解和运用各个单独理论的做法是不妥的,事实上许多理论可以相互补充。

如期望理论认为如果个体感到在努力与绩效之间、绩效与奖励之间、奖励与个人目标的满足之间存在密切联系,那么他就会付出高度的努力;反之,每一个联系又受到一定因素的影响。对于努力与绩效之间的关系来讲,个人还必须具备必要的能力,对个体进行评估的绩效评估系统也必须公正、客观。对于绩效与奖励之间的关系来讲,如果个人感知到自己是因绩效而非其他因素而受到奖励时,这种关系最为紧密。强化理论通过组织的奖励强化了个人的绩效而体现出来。如果领导者设计的奖励系统在员工看来是用于奖励卓越的工作绩效的,那么奖励将进一步强化激励这种良好绩效。

在实际工作中,要综合各种激励理论,融会贯通,创造性地加以运用,特别是公共管理部门的领导,在满足需要、激发人们行为积极性时,一定要注意言出必行,真正为下属办实事。有的领导者也想调动员工的积极性,但他们只一味地要求员工努力,不给员工办事,或者是开"空头支票",长此以往会挫伤员工的工作积极性,给今后的工作带来难度。要注意满足员工需要必须公平合理且有区别,同时从思想意识上引导下属树立正确的价值观,从低层次的需要转向更高层次的需要,使其行为取向与社会标准趋于一致。

第九章 信息沟通

本章知识地图

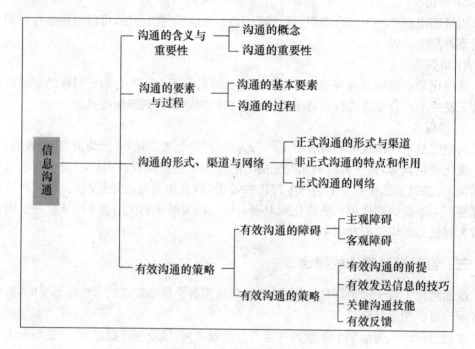

学习目标

(1) 理解沟通的概念、形式及要素。

(2) 掌握沟通的技能与策略。

1990 年,当哥伦比亚航空公司的一架波音 707 飞机正在接近纽约肯尼迪机场时,该飞机的飞行员告诉机场空中交通指挥员,在当时的恶劣天气条件下,该飞机做了几次着陆尝试,结果都不成功,燃料快被耗尽了。然而,由于空中交通指挥员经常听到这些话语,他们对该架飞机的情况没有采取任何特殊的措施。尽管该飞机的机组成员都清楚这是一个严重的问题,但是他们却没有向空中交通指挥员发出"燃料情况紧急"信号,而这个信号却可以迫使空中交通指挥员安排该飞机在其他飞机之前降落。而且,该架飞机飞行员的声音和语调也没有显示出燃料问题的紧迫性。肯尼迪机场的空中交通指挥员没有意识到这架飞机的真实情况不佳。最后,该架飞机的燃料耗尽之时,它坠毁在了距离机场 16 英里远的地方,导致 73 人死亡。

问题：

这架飞机坠毁的主要原因是什么？如何才能避免此类事情的再次发生？

【管理实践】

美国著名学府普林斯顿大学对一万份人事档案进行分析,结果发现:"智慧"、"专业技术"和"经验"只占职业成功因素的 25%,其余 75%决定于良好的人际沟通。

哈佛大学就业指导小组 2002 年调查结果显示,在 500 名被解职的男女中,因人际沟通不良而导致工作不称职者占 82%。

在管理的领导职能中,要使领导者和组织成员同心协力实现组织目标,并不是简单地贯彻领导方式和激励的基本内容。要真正发挥管理的领导职能,不仅取决于领导者和被领导者两方面,还取决于作为组织成员的各方对组织目标及其实施方式的理解,并在多大的程度上达成一致。这关系到管理的绩效,沟通和管理绩效密切相关。从根本上说,沟通是关于如何使领导方式和激励行为保持一致的问题。由于个体和组织间的差异,决定着沟通不仅范围大,而且复杂。要使组织目标顺利实现,必须建立起一定的行之有效的机制,以便解决沟通不足而引发的管理冲突。

第一节　沟通的含义与重要性

一、沟通的概念

沟通是为了一个设定的目标,把信息、思想和情感在个人或群体间传递,并且达成共同协议的过程。整个管理工作都与沟通有关。企业与外部人士的交流,组织者与被组织者的信息传递,领导者与下属的感情联络,控制者与控对象的纠偏工作,都与沟通相联系。

二、沟通的重要性

沟通在管理中具有以下几方面的重要意义。

(1) 沟通是协调各个体、各要素,使企业成为一个整体的凝聚剂。每个企业都是由数人,数十人,甚至成千上万人组成的,企业每天的活动也由许多的具体的工作所构成,由于各个体的地位、利益和能力的不同,他们对企业目标的理解、所掌握的信息也不同,这就使得各个体的目标有可能偏离企业的总体目标,甚至完全背道而驰,如何保证上下一心,不折不扣地完成企业的总目标呢？这就需要互相交流意见,统一思想认识,自觉地协调各个体的工作活动,以保证组织目标的实现。

(2) 沟通是领导者激励下属,实现领导职能的基本途径。一个领导者不管有多么高超的领导艺术水平,有多么灵验的管理方法,他都必须将自己的意图和想法告诉下属,并且了解下属的想法。领导环境理论认为,领导者就是了解下属的愿望并为此而采取行动,为满足这些愿望而拟订与实施各种方案的人,而下属就是从领导者身上看到了一种达到自己愿望或目的的人。而这些"目的"的"看到"或"了解"都需要沟通这个基本工具和途径。

（3）沟通也是企业与外部环境建立联系的桥梁。企业必然要和顾客、政府、公众和竞争者等发生各种各样的关系，它必须按顾客的要求调整产品结构，遵守政府的法规法令，担负自己应尽的社会责任，获得适用且廉价的原材料，并且在激烈的竞争中取得一席之地，这使得企业不得不和外部环境进行有效的沟通。由于外部环境永远处于变化之中，企业为了生存就必须适应这种变化，这就要求企业不断地与外界保持持久的沟通，以便把握住成功的机会，避免失败的可能。

第二节　沟通的要素与过程

一、沟通的基本要素

信息的发送者、信息的接收（受）者、所沟通信息的内容以及信息沟通的渠道。

二、沟通的过程（图 9－1）

1. 信息的发出

发送者具有某种意思或想法，但需纳入一定的形式之中才能予以传送，此即为编码。根据这些编码的符号的不同，信息沟通也就分为口头沟通、书面沟通及非言语沟通三种。

2. 信息的传递

通过一条连接信息发送者与接收者双方的渠道、通道或路径而将信息发送出去。

3. 信息的接收（收受）

从沟通渠道和路径传来的信息，需要经过接收者接收并接受之后，才能达成共同的理解。信息的收受实际上包括了接收、解码和理解三个小的步骤。

4. 信息的反馈

只有通过反馈，信息发送者才能最终了解和判断信息的传递是否有效。但并不是所有的信息沟通都会伴随着信息的反馈。不出现反馈的信息沟通称为单向沟通，出现反馈的信息沟通称为双向沟通。

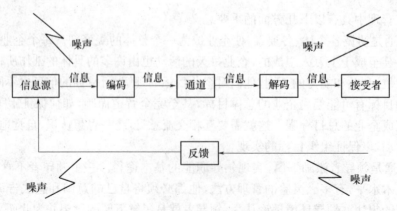

图 9－1　沟通过程

第三节　沟通的形式、渠道与网络

一、正式沟通的形式与渠道

通过正式的组织程序,依照组织结构进行的信息沟通。从信息的流通方向来看,正式沟通可以有如下几条渠道,如图 9-2 所示。

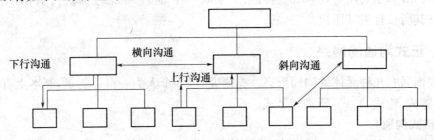

图 9-2　组织的正式信息沟通渠道

1. 纵向信息沟通

即沿着组织的指挥链在上下级之间进行的信息沟通。它可以区分为自上而下的和自下而上的两种形式。不同领导方式的信息沟通如图 9-3 所示。

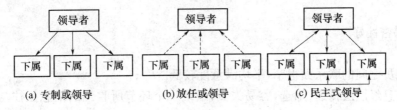

图 9-3　不同领导方式的信息沟通

2. 横向信息沟通

这是指组织内部同一层次人员之间的沟通,亦称为平行沟通。这种沟通主要是为了促成不同系统(部门、单位)之间的协调配合和相互了解而运用的。

3. 斜向信息沟通

这是发生在组织内部既不同系统又不同层次的人员之间的沟通。斜向沟通对组织中的其他正式沟通渠道会起到一定的补充作用。

斜向沟通的沟通线路和传递时间会大大缩短,但斜向沟通容易在部门之间,尤其是在直线职权与参谋职权之间造成矛盾。

以上横向沟通和斜向沟通都是脱离组织的指挥链而跨系统发生的。在一些严格、正规的机械式组织中,它们并不被承认是正式的、法定的沟通形式,因而常常亦被作为非正式沟通渠道来看待。

二、非正式沟通的特点和作用

非正式沟通包括非正式组织内部的沟通和正式组织中不按照正式的组织程序而进行的沟通两种。

非正式沟通的特点具体如下。

其信息传递的媒介和路线均未经过事先安排,具有很强的随意性、自发性。尤其在非正式组织中,成员间的社会交往行为主要采用这种非正式沟通渠道,各式传闻或小道消息就是其具体表现。

非正式沟通的主要优缺点:信息传递速度快,但失真比较严重。

非正式沟通经常发生于人与人之间的社会交往中,但它也可用来辅助组织中工作关系的协调。对非正式沟通,组织的管理者宜采取一种"管理"的态度来进行引导和利用,以更好地扬其所长且避其所短。

三、正式沟通的网络

正式沟通有几种具体的沟通形态。据研究,以 5 个人为一群体为例,基本上有五种沟通形态,链式、轮式、Y 式、环式和星式。

1. 链式沟通

指信息在组织成员间只进行单线、顺序传递的犹如链条状的沟通网络形态(图 9-4)。

图 9-4 链式沟通

优点:

沟通保密性好。

缺点:

(1) 成员之间的联系面很窄,平均满意度较低。

(2) 信息经层层传递、筛选,容易失真,最终一个环节所收到的信息往往与初始环节发送的信息差距很大。

链式网络适用于严格按直线制职权关系和指挥链系统而在各级主管人员间逐级进行的信息传递。

2. 轮式沟通

这种网络中的信息是经由中心人物而向周围多线传递的,其结构形状因为像轮盘而得名。轮式网络是着眼于加强组织控制而采取的一种沟通结构形式(图 9-5)。

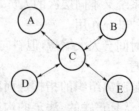

图 9-5 轮式沟通

优点:

(1) 信息沟通的准确度很高。

(2) 解决问题速度快。

（3）主管人员控制力强。

缺点：

其他成员满意度低。

一般地说，轮式网络适用于组织接受紧急任务，需要进行严密控制，同时又要争取时间和速度的情形。

3. Y式沟通（伞式沟通）

信息的传递都是经由中心人物而同时向周围多线联系的，沟通的中心环节则是所增添的帮助筛选信息的秘书或助理等。这实际上是链式与轮式相结合的纵向沟通网络（图9-6）。

优点：

主管人员控制力强。

缺点：

（1）组织成员的士气比较低。

（2）与轮式网络相比较，因为增加了中间的过滤和中转环节，容易导致信息曲解或失真，沟通的准确性受到影响。

Y式网络适用于主管人员的工作任务十分繁重，需要有人协助筛选信息和提供决策依据，同时又要对组织实行有效的控制的情形。

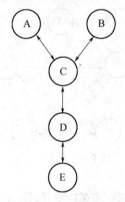

图9-6 Y式沟通

4. 环式沟通

环式网络可以看作是将链式形态下两头沟通环节相联结而形成的一种封闭式结构，它表示组织所有成员间都不分彼此地依次联络和传递信息（图9-7）。

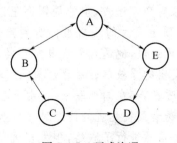

图9-7 环式沟通

优点：

集中化程度比较低,组织成员具有较高的满意度。

缺点：

沟通渠道窄、环节多,信息沟通的速度和准确性难有保证。

环式网络适用于组织中需要创造出一种能激昂士气的氛围来实现组织目标的情形。

5. 星式沟通(全通道式或全方位式)

星式网络可以多渠道和全方位地传递信息,成员之间直接、全面沟通的结果会使信息传递速度和准确性获得提高(图9-8)。

优点：

(1) 集中化程度低,成员地位差异小,有利于提高成员士气和培养合作精神。

(2) 具有宽阔的信息沟通渠道,成员可以直接、自由而充分地发表意见,有利于集思广益,提高沟通的准确性。

缺点：

(1) 沟通渠道太多,易造成混乱。

(2) 讨论过程通常费时,从而会影响工作效率。

全渠道式网络适用于组织需要解决复杂问题的情形。

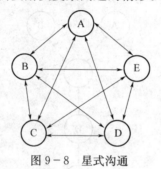

图9-8 星式沟通

第四节 有效沟通的策略

【管理实践】

有一条船遇难了,留下三位幸存者。这三个幸存者分别游到三个相隔很远的孤岛上。第一个没有无线电,他只有高声呼救,但他周围两里以内都没有人。第二个有无线电,但已受潮,一架从他头顶上飞过的飞机虽能听到声音,却无法听到他的呼叫内容。第三个人有一架完好的无线电,他通过无线电向外报告自己受难的情况和目前所处的方位,救援飞机收到他发出的呼救信号后迅速前往搭救。

虽然遇难的三个人都在呼救,都在向外联系,但由于各自联络的手段不同,效果截然不同。沟通是指信息从发送者到接受者的传递过程。上面遇难的三个人中,第一个人未能联络上接受者,第二个虽然进行了联络,但发出的信息不清,对方无法辨认,只有第三个人才实现了有效的沟通。

一、有效沟通的障碍

有效沟通是指发出的信息与对方收到的信息在内容上能达到相互一致或基本上相接近。所有对理解造成干扰和影响的障碍因素统称为"噪声"。噪声可能在沟通过程的任何环节上造成信息的失真,影响信息沟通的有效性。噪声的来源有多方面。来自于信息沟通过程所发生的环境或背景的噪声称为外部噪声,如在总部人员与生产现场人员的电话交谈中,同事在临近的桌旁高声喧哗,以及现场设备运转的轰鸣声等。除此之外,信息沟通过程本身也可能存在一种内部的噪声,阻碍信息沟通取得预期的效果。一般来讲,沟通中的障碍主要是主观障碍、客观障碍和沟通方式的障碍三个方面。

1. 主观障碍

大致包括以下几种情况。

(1) 个人的性格、气质、态度、情绪、见解等的差别,使信息在沟通过程中受个人的主观心理因素的制约。

(2) 在信息沟通中,如果双方在经验水平和知识结构上差距过大,就会产生沟通的障碍。

(3) 信息沟通往往是依据组织系统分层次逐级传递的。然而,在按拨交传达一条信息时,往往会受到个人的记忆、思维能力的影响,从而降低信息沟通的效率。

(4) 对信息的态度不同,使有些员工和管理人员忽视对自己不重要的信息,不关心组织目标、管理决策等信息,而只重视和关心与他们物质利益有关的信息,使沟通发生障碍。

(5) 主管人员和下级之间相互不信任。这主要是由于主管人员考虑不周,伤害了员工的自尊心,或决策错误所造成,而相互不信任则会影响沟通的顺利进行。

(6) 下级人员的畏惧也会造成障碍。这主要是由主管人员管理严格、咄咄逼人以及下级人员本身的素质所决定的。

(7) 语言使用的障碍。语言是沟通的工具。人们通过语言、文字及其他符号将信息经过沟通渠道来沟通。但是语言使用不当就会造成沟通障碍。这主要表现在:一是误解。这是由于发送者在提供信息时表达不清楚,或者是由于接收者接收失误所造成的。二是歪曲。这是由于对语言符号的记忆模糊所导致的信息失真。三是信息表达方式不同。这表现为措词不当,词不达意,丢字少句,空话连篇,文字松散,句子结构别扭,使用方言、土语,千篇一律等。这些都会增加沟通双方的心理负担,影响沟通的进行。

(8) 沟通方式选择不当所造成的障碍。沟通的形态和网络多种多样,且它们都有各自的优缺点。如果不根据组织目标及其实现策略进行选择,不灵活使用原则、方法,则沟通就不可能畅通进行。在管理工作实践中,存在着信息的沟通,也就必然存在沟通障碍。主管人员的任务在于正视这些障碍,采取一切可能的方法消除这些障碍,为有效的信息沟通创造条件。

2. 客观障碍

主要有两点。

(1) 如果信息的发送者和接收者空间距离太远、接触机会少,就会造成沟通障碍。社会文化背景不同,种族不同而形成的社会距离也会影响信息沟通。

(2) 组织机构所造成的障碍。组织机构过于庞大,中间层次太多,信息从最高决策层到下级基层单位会产生失真,而且还会浪费时间,影响其及时性。

【管理实践】

沟通的智慧

Google 公司全球副总裁兼中国区总裁李开复在一封信中讲述了"沟通的智慧"。

记得我刚进入苹果公司开始我的第一份工作时,公司里有一位经理叫西恩,大家都知道他是一个非常有才华的人,尤其在开会的时候,他得体的言辞完美地展现出他过人的才学、情商与口才,足以让在场的所有人钦佩不已。有一天,我鼓足勇气去向西恩讨教有效沟通的秘诀,西恩说:"我的秘诀其实很简单:我并不总是抢着发言;当我不懂或不确定时,我的嘴闭得紧紧的;但是当我有好的意见时,我绝不错过良机——如果不让我发言,我就不让会议结束。"我问他:"如果别人都抢着讲话,你怎么发言呢?"西恩说:"我会先用肢体语言告诉别人:下一个该轮到我发言啦!例如,我会举起手,发出特殊的声响(如清嗓子声),或者用目光要求主持人让我发言。如果其他人霸占了所有的发言机会,我就等发言人调整呼吸时迅速接上话头。"我又问他:"如果你懂得不多,但是别人向你咨询呢?"西恩说:"我会先看看有没有比我懂得更多的人帮我回答,如果有,我会巧妙地把回答的机会'让'给他;如果没有,我会说'我不知道,但是我会去查',等会开完后,我一定会去把问题查清楚。"

二、有效沟通的策略

1. 有效沟通的前提

沟通前思考和确认以下问题。

(1) 你是谁?你代表什么?确认自己的身份。

(2) 你要达到什么样的沟通目地?

(3) 你准备怎样来沟通?

(4) 你的沟通对象是怎样的人?

(5) 你的沟通目标和方式合乎情理吗?

(6) 你的沟通时间地点选得对吗?

2. 有效发送信息的技巧

有效发送信息需要信息发出者在沟通的方式、时间、内容、地点、对象等方面作自我检查(表 9-1)。

表 9-1 有效发送信息的自我检查表

需要注意的问题	要　　点
How	电话、面谈、会议、信函、备忘录
When	时间是否恰当、情绪是否稳定
What	简洁、强调要点、熟悉的语言
Who	谁是你信息的接受对象、先获得接受者的注意、接受者的观念、接受者的需要、接受者的情绪
Where	地点是否合适、环境是否不被干扰

3. 关键沟通技能——积极聆听

（1）聆听的概念。聆听不仅是耳朵听到相应的声音的过程，而且是一种情感活动，需要通过面部表情、肢体语言和话语的回应，向对方传递一种信息：我很想听你说话，我尊重和关怀你。

（2）有效聆听的原则。

① 适应讲话者的风格。

② 眼耳并用。

③ 首先寻求理解他人，然后再被他人理解。

④ 鼓励他人表达自己。

（3）有效聆听的 4 个步骤。

① 准备聆听。

② 发出准备聆听的信息。

③ 在沟通过程中采取积极的行动，积极的行动包括我们刚才所说的频繁点头，鼓励对方去说。

④ 准备理解对方全部的信息，在沟通中你没有听清楚或者没有理解时，一定要及时告诉对方，请对方重复或者解释。

4. 有效反馈

沟通过程的最后一环是反馈回路。反馈对信息的传送是否成功以及传送的信息是否符合原本意图进行核实，它用来确定信息是否被理解。反馈包括正面的反馈和建设性反馈：正面的反馈就是对对方做的好的事情予以表扬，希望好的行为再次出现；建设性的反馈就是在对方做的不足的地方，给他提出改进的意见。以下几种情况不属于反馈。

（1）指出对方做的正确或者错误的地方。这仅仅是一种主观认识，反馈是你的表扬或者建议，为了使他做得更好。

（2）对于他的言行的解释，也不是反馈。这是对聆听内容的复述。

（3）对于将来的建议。反馈是着眼于目前或近期的，而不是将来。

【管理实践】

营造一张和谐舒适的人际关系网络，是您打开成功之门的钥匙。

—— 李嘉诚

思考题：

1. 什么是沟通？沟通的基本过程是怎样的？

2. 什么是正式沟通和非正式沟通？正式沟通的网络有哪些？各有哪些特点？

3. 沟通的障碍主要有哪些？如何克服这些沟通障碍？

第十章 控制与控制过程

本章知识地图

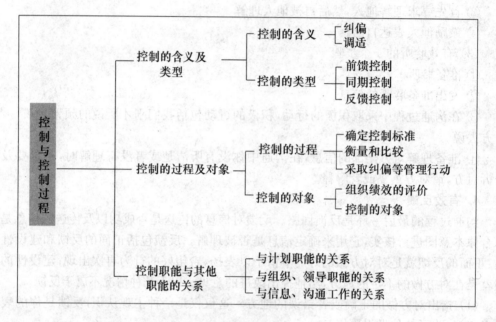

学习目标

(1) 理解并掌握控制的含义、控制的类型。

(2) 理解并掌握控制的过程;了解控制的对象。

(3) 理解控制职能与其他职能的关系。

案例:墨西哥水泥公司

为了在竞争激烈的水泥业务中取得竞争优势,墨西哥水泥公司将目标市场集中在世界上发展中国家和地区,在这些地方什么事情都可能发生而且经常出现差错。比如,即使在其家乡,墨西哥水泥公司也必须应对不可预测的天气变化和恶劣的交通条件,而且随时可能发生劳工罢工以及政府对建设工地的随时检查,这些都影响到公司的运货工作。另外,一半以上的订单会因顾客的需要而改变或取消,而且这种事情还常常发生在运货前夕。水泥业界有种说法:要损毁一车水泥,只要不到90分钟的时间。所以,以上混乱的局面对水泥公司就意味着高成本、复杂的进度安排,以及公司管理人员和一般员工士气的受挫。对建筑商的影响也是这样。对建筑商来说,如果他们能够在希望的日子里收到交货,

170

那他们就真是幸运了,根本不要指望在希望的准确时点收到货物。

迈瑟和雷森德是两位国内咨询家,他们从各个角度分析了这个问题,并得出结论:顾客不可避免地会感到混乱,因此必须在一定的框架内找到一种方式来解决问题。这两位咨询家组织了一个工作组,走访了联邦快递公司设在田纳西州孟菲斯和德克萨斯休斯敦的911个投递点,研究这些机构如何处理极其复杂的情况。在观察的基础上,工作组提出了一种运送水泥的新方案,他们称此为"生存于混乱之中"。墨西哥水泥公司不是试图去改变客户,而是设法以顾客方希望的方式开展业务。他们设计了一个系统,将最后一刻的订单变更和不可预见的问题都视为是常规的。

新方案的核心要素是一个相当复杂的信息技术系统。其中包括一个全球卫星定位系统和在所有运输卡车中安装的随车计算机。这些随车计算机能收到每天更新的顾客订单、生产日程、交通问题、天气条件等信息。现在,墨西哥水泥公司的卡车都是每天早上开出,在街道上巡荡。一旦有顾客给公司下订单,公司就会有一个人检查该顾客的信用情况,然后确定离顾客最近的是哪一辆卡车,遂向他下达运送水泥的指令。与此同时,墨西哥水泥公司进行了管理和组织变革,以支持这一方案的实施。司机们平均都受过6年的学校教育,公司还替他们注册了中学课程班,让他们每周参加学习。公司还开始对他们进行运送工作培训,培训的内容不仅是运输水泥,还包括如何提供高质量的服务。另外,公司废除了很多严格和苛刻的规章制度,给予工人更大的自主权和解决问题的责任。这实际上是仿效联邦快递公司紧急情况反应技能方面的做法,在911个投递点考察的咨询工作组已经在那里亲眼看到公司的员工是这样做的。公司在瓜达拉哈拉的运营经理佩里兹指出,"他们以前仅仅把自己看作是司机。但是,任何人都能运送水泥。现在,我们的员工已经明确他们是在提供一种服务,这是我们的竞争对手不能达到的。"

现在,当天送达货物和允许顾客随意变更订单,这已经成为墨西哥水泥公司的标准操作程序。然而最重要的结果也许是,墨西哥水泥公司已经可以在这个不断变化的复杂环境中兴旺繁荣了。[①]

问题:
思考墨西哥水泥公司对于复杂环境下的供货工作是如何进行控制的。

第一节　控制的含义及类型

本章开头的引例说明了有效的控制对于经营管理的成功有多么重要。虽然那个故事显得有点复杂,但关于控制的道理其实却很简单。控制就如同日常生活中对房间温度的调节和控制一样。当室内太热或太冷不符合"舒适"的要求时,就需要打开空调降温或加热。

组织中的许多活动也需要类似的控制,以取得更接近于期望的结果。实际上,组织的管理系统由于受到日益复杂且多变的环境影响,其自身的运行及产出结果也充满了不确定性。在这种情况下,组织要想实现既定的目标,执行为此而拟订的计划,克服因管理权

① 理查德·L·达夫特,《组织理论与设计(第七版)》,清华大学出版社,2003年

力分散导致的失控现象,纠正因管理人员能力差异带来的偏差,求得组织在竞争中的生存和发展,不进行控制工作几乎是不可想象的。

什么是管理控制? 它的一般过程是怎样的? 它在各主要管理职能中处于什么地位和作用? 都有哪些控制方法和手段? 进行管理控制时要遵循哪些基本原则? 实际的控制工作中常用的控制策略有哪些? 这些与控制有关的基本内容就是本章要讨论的主题。

一、控制的含义

控制是管理过程中一项不可或缺的职能。这是因为,在管理实践中,虽然事先有计划,并且通过组织和领导职能来保证计划的实施,但理想状态并不存在。无论计划制订得如何周密,由于各种原因,在执行计划的活动中总会出现与计划不一致的现象。这就需要发挥控制职能的作用,监视组织各方面的活动和组织环境的变化,保证组织计划与实际运行状况保持动态适应。

那么什么是控制呢? 从传统的意义上讲,控制工作表现为这样一种情形,即为了确保组织的目标以及为此而拟订的计划能够得以实现,各级管理者根据事先确定的标准,对工作活动及其效果进行衡量和评价,并在出现偏差时进行纠正,以防止偏差继续发展或今后再度发生。在这里,控制的核心要义在于"纠偏",即原计划不变,只是对计划执行中的偏差进行纠正。

而从广义的角度看,控制工作还存在另一种情形,即在计划的执行过程中,管理者根据组织内外环境的变化和组织的发展需要,对原计划进行修订或制订新的计划,并在此基础上相应调整衡量和纠偏等工作,以确保新计划的实现。在这种情形下,因为需要为适应内外部情况变化而对原计划予以修订甚至重新制订,所以其核心要义在于"调适"。

因此,首先可以明确的是,控制工作的主要含义就是"纠偏"和"调适"。

其次,控制工作要有效地"纠偏",首先要准确地"识偏"。对管理者而言,只有先确定了一定的标准,再通过将标准与实际执行情况进行对比,才能最终发现偏差的存在。所以,控制的重要含义还包括"定标"和"比较"。

再次,当"偏差"被识别和确认后,按道理应当进行"纠偏"。然而,实际情况往往是,偏差的存在是不可避免的,或者为了纠正某种程度的偏差所付出的代价太大、不合算。因此,只要偏差处在一个可接受的程度之内——称为"容限",那么就可以认定这样的偏差并非不妥,因而可以不采取实际的"纠偏"行动。这意味着对"纠偏"的理解,更准确地说是"纠正不妥当(超出容限)的偏差",而非逢偏必纠。

另外,"纠偏"固然是控制的根本含义,而如果没有偏差可纠,是否就不存在控制工作了呢? 显然不是。没有偏差事实上往往正是有效控制的结果。所以即使没有实际的"纠偏"行为,而只要有以纠偏为目的的监督、衡量和比较等活动,控制工作就是事实上存在着的。换句话说,控制必纠不妥之偏,没有偏差也未必不是控制。

还应该指出的是,控制工作具有很强的目的性。这一点容易被忽视,但却是最不应该被忽视的。无论控制工作具体表现为"纠偏"还是"调适",其目的都在于实现组织的目标。只不过"纠偏"型的控制是要"维持现状",使系统的活动趋于相对稳定,实现组织的既定目标;而"调适"型的控制工作则是要"打破现状",修改已定的计划,确定新的现实目标和管理控制标准。

最后,在控制工作的两种情形中都明确指出了管理者是控制工作的责任主体。但这并不是说,只有管理者才负有控制工作的责任。需要特别指出的是,除管理者之外的其他员工同样承担着控制工作的职责。对于这些员工来说,虽然他们不承担管理工作,但仍然对自己的工作负有自我控制的责任。

综上所述,对控制可作如下的定义:所谓控制是指对组织的各项活动及其效果进行监控和衡量,并采取措施纠正不妥的偏差或者为了适应已变化的情况而作整体调适,以保证计划或组织目标得以实现的过程。

二、控制的类型

按照不同的分类标准,可以将控制划分为不同的类型。比如可以按照不同的控制对象将控制分成不同的类型,可以按照控制实施的主体将控制分为"他控"与"自控",还可以依照控制的手段不同来进行分类。这里主要讨论一下依照时间标准划分的前馈控制、同期控制和反馈控制。

按照采取控制行动的时间来划分,在活动开始之前就采取控制行动的称为前馈控制;在活动进行之中采取控制行动的称为同期控制;在活动结束之后才采取控制行动的称为反馈控制,如图10-1所示。

图 10-1　按采取控制行动的时间来划分的控制类型

(1)前馈控制是一种预防性控制,是在实际工作开始之前就实施的控制。所以前馈控制并不是要在问题出现后才采取控制措施,而是要"防患于未然",预期可能出现的问题,在问题出现之前就采取一些措施来防止问题的发生。实现前馈控制无疑是一种比较理想的状态,但由于这种类型的控制需要及时、准确的信息和对未来的合理估计,所以事实上并不总能实现。

(2)同期控制又被称为过程控制、现场控制、同步控制、实时控制,这些不同的叫法都反映出它是在活动进行过程中实施的控制。因为同期控制是即时进行的控制,所以运用它可以在问题出现时便随时予以纠正,因而可以避免问题的扩大或避免重大损失的发生。

(3)反馈控制是在活动结束之后,根据活动的结果采取的控制。它是一种事后控制,其作用类似于"亡羊补牢"。它的主要缺点在于:对于已经发生的结果或损失,它无能为力。然而,在实际工作中,反馈控制仍然是常用的控制手段。毕竟,"吃一堑"的可能总是存在,所以有必要依靠反馈控制来"长一智",使下一次的活动能够得到改善。

下面关于扁鹊的小故事,就是关于前馈控制、同期控制和反馈控制的生动的说明。

第二节 控制的过程和对象

一、控制的过程

前面对控制含义的讨论,已经暗示了控制的一般过程,它主要包括 3 个步骤:确定控制标准;衡量和比较;采取"纠偏"等管理行动。

1. 确定控制标准

确定标准是控制工作的必要前提。没有标准,控制工作就失去了参照和标杆,就无从知道到底应该控制什么以及控制工作应该达到怎样的要求,进而无法评价和确认控制工作的成效。因此,确定控制标准是开展控制工作的第一步。

确定控制标准需要完成的工作主要包括 3 个方面:确定标准的来源和范围;确定标准的表达形式;选择制定标准的方法。

(1)确定标准的来源和范围。控制工作并非为了控制而控制,而是为了完成计划或实现组织目标。从根本上讲,控制工作的成效不是由其自身而是由它完成计划的程度来评价的。因此,只能依据计划来产生和确定控制工作的标准。换句话说,控制标准的来源和范围应该是计划。

(2)确定标准的表达形式。依照标准的表达形式,可以将标准分为两大类型:定量标准和定性标准。一般情况下,标准应尽量数字化和定量化,以保持控制的准确性。实践中,经常从标准的属性出发而使用以下几类更加具体的标准。

① 时间标准,是指完成一定工作所需花费的时间限度。

② 财务标准,这类标准具有财务属性,与各项财务指标有着密切的关系。它又可以细分为很多具体的标准。比如,费用标准、资本标准、收益标准等。

③ 实物标准,是用非货币衡量的标准。在耗用原材料、雇用劳力、提供服务以及生产产品等操作层面中运用。例如单位产品工时数、货运吨里数、轴承的硬度、纤维的强度等,它们可以反映数量,也可以反映品质。

④ 质量标准,是指工作应达到的要求,产品或劳务所应达到的品质标准。

⑤ 行为标准,是对员工规定的行为准则要求。

⑥ 无形标准，这是指既不能以实物又不能以货币来衡量的标准。如员工潜力的发挥、员工的忠诚度等。

要说明的是，以上各类标准相互之间未必是泾渭分明、互不交叉的。有可能某个具体的标准同时可归于两个以上的类别。比如纤维的强度既可归于实物标准，同时也可归于质量标准。

（3）选择制定标准的方法。在实际工作中常用的制定标准的方法有以下 3 种。

① 统计方法，即根据工商企业历史数据记录或对比同类企业的水平，用统计学的方法确定标准。这种方法常用于拟订与工商企业经营活动和经济效益有关的标准。

② 工程方法，即指以准确的技术参数和实测的数据为基础制定的标准。工程方法主要用于测量生产者个人或群体的产出定额标准。例如，科学管理的代表人物泰勒所倡导的时间研究和动作研究就是一种工程方法。又比如确定机器的产出标准，就是根据设计的生产能力来确定的。

③ 经验估算法，即指由经验丰富的管理者来制定标准。这种方法通常是对以上两种方法的补充。

标准的制定是全部控制工作的第一步，一个周密完善的标准体系是整个控制工作的质量保证。

2. 衡量和比较

确定了完整的标准体系，接下来的控制工作就是衡量和比较。衡量就是要采集实际工作的数据，了解和掌握工作的实际情况。比较则是将实际情况与控制标准进行对比和分析，以发现是否存在不妥的偏差，这为后续的控制工作提供了依据。

（1）衡量工作。在衡量工作中，核心的两大问题是衡量什么及如何衡量。衡量什么的问题应该说在进行衡量之前就已经得到了解决，因为管理者在确立控制标准时，随着标准的制定，计量对象、计算方法以及统计口径等也就相应地被确立下来了，所以简单地说，要衡量的是实际工作中与已制定的标准所对应的要素。

如何衡量的问题是一个方法问题，即运用什么方法去采集实际工作的数据和信息，以掌握工作的实际情况。常用的衡量方法有如下 4 种。

① 个人观察。个人观察提供了关于实际工作的最直接的第一手资料，这些信息未经过第二手而直接反映给管理者，相当程度上避免了可能出现的遗漏、忽略和信息的失真。尤其是通过走动式管理，管理者甚至可以获得面部表情、语调以及懈怠这些常被其他方法所忽略的信息。但是个人观察的方法也有许多局限性：首先，这种方法费时费力，需要耗费管理者大量的劳动；其次，仅凭简单的观察往往难以考察更深层次的工作内容；再次，由于观察的时间占工作总时间的比例有限，往往不能全面了解各个方面的工作情况；最后，工作在被观察时和未被观察时往往不一样，管理者有可能得到的只是假象。

② 统计报告和图表。统计报告就是将在实际工作中采集到的数据以一定的统计方法进行加工处理后得到的报告，它不仅包含文字和数据，还包含有各种图形和图表。在当前计算机应用非常普及的条件下，统计报告因为更加容易生成，所以其应用的普遍性正在增加。但尽管如此，统计报告的应用价值还是要受两个因素的制约：一是其真实性，即统计报告所采集的原始数据是否正确，使用的统计方法是否恰当，管理者往往难以判断；二是其全面性，即统计报告中是否全部包括了涉及工作衡量的重要方面，是否遗漏或掩盖了

其中的一些关键点,管理者也难以肯定。

③ 口头报告和书面报告。口头报告的优点是快捷方便,而且能够得到立即的反馈。其缺点是不便于存档查找和以后重复使用,而且报告内容也容易受报告人的主观影响。相比之下,书面报告要比口头报告来得更加精确全面、更加正式,而且也更加易于分类存档和查找,但速度会慢一些。

④ 抽样检查。在工作量比较大而工作质量又比较平均的情况下,管理者可以通过抽样检查来衡量工作,即随机抽取一部分工作进行深入细致的检查,以此来推测全部工作的质量。这种方法最典型的应用是产品质量检验。在产品数量极大或者产品检验具有破坏性时,这是唯一可以选择的衡量方法。此外,对一些日常事务性工作的检查来说,这种方法也非常有效。

在运用上述方法进行衡量工作的同时,还要特别注意所获取信息的质量问题,信息质量应尽量达到以下四个方面的要求。

① 准确性,即所获取的用以衡量工作的信息应能客观地反映现实,这是对其最基本的要求。

② 及时性,即信息的加工、检索和传递要及时,过分拖延的信息将会使衡量工作失去意义,从而影响整个控制工作的进行。

③ 完整性,即要求信息在准确性的基础上还要保证其完整性,不因遗漏重要信息而造成误导。

④ 适用性,即应根据不同管理部门的不同要求而向他们提供不同种类、范围、内容、详细程度、精确性的信息。

(2) 比较工作。衡量工作的结果是了解和掌握了工作的实际进行情况,那么接下来的工作就是要将标准与实际工作的结果进行对照,并分析其结果,为进一步采取管理行动作好准备。比较工作中,"对照"、"比较"是基础,"分析"是关键。

比较的结果无非有两种可能,一种是存在偏差,另一种是不存在偏差。实际上,并非与标准不符合的结果都被归结为偏差,往往有一个与标准稍有出入的浮动范围(容限)。一般情况下,工作结果只要在这个浮动范围之内就不被认为是出现了偏差。

一旦工作结果在浮动范围之外,就可认为是发生了偏差。这种偏差可能有两种情况:一种是正偏差,即结果比标准完成得还好;另一种是负偏差,即结果没有达到标准。

结果出现正偏差,当然是件令人高兴的事,但高兴之余也应对其进行详细分析:仅仅是因为运气好,还是因为员工的努力工作? 原来制订的计划有没有问题? 是否是因为标准太低? 这些问题都有进一步分析的必要。在实际工作中,甚至可能出现结果是好的(只是一些偶然因素造成的),但工作过程和水平却出现乏善可陈、不容乐观的情况,而糟糕的工作过程和水平势必影响今后的工作成果。在这种情况下,就不能简单地沉醉于偶然得到的好的结果,也不能天真地认为控制工作做到了位,而应客观、冷静地分析工作中的不足,这样才能真正地保证控制工作的质量。

如果工作结果出现负偏差,那么更有进一步分析的必要。正因为工作的结果是由各方面因素确定的,所以偏差的原因也可能是各种各样的。例如某公司的季度销售额发生滑坡,原因可能是营销部门工作的放松,也可能是制造部门产品质量的下降,也可能是竞争对手实力的加强,也可能是宏观经济调整引起的行业性需求疲软,还可能是因为本季度计划的制订不切合实际。因此,管理者就不能只抓住工作的结果,而应该分析出现偏差的真实原因。一般来讲,原因不外乎三种:一是计划或标准本身就存在偏差;二是由于组织内部因素的变化,如营销工作的组织不力、生产人员工作的懈怠等;三是由于组织外部环境的影响,如宏观经济的调整等。事实上虽然各种原因都可以归结为这三点,但要做出具体分析,不仅要求有一个完善的控制系统,还要求管理者具备细致的分析能力和丰富的控制经验。

对比较的结果进行分析是比较工作中最需要理智分析的部分,也最具有挑战性的工作,是否要进一步采取管理行动以及采取怎样的管理行动就取决于对结果的分析。因此,其对于后续的控制工作到底该怎样展开具有关键的作用。

3. 采取"纠偏"等管理行动

控制过程的最后一项工作就是采取管理行动。具体采取何种管理行动取决于之前的比较分析。这里有3种情况:其一,如果比较分析的结果表明没有偏差或只存在健康的正偏差,那么控制工作事实上不需要采取任何管理行动;其二,如果存在不健康的正偏差以及纯粹是工作不力造成的负偏差,这些偏差统称为不妥的偏差,就需要采取"纠偏"的控制措施了;其三,由于种种原因(可能是计划或标准本身的原因,也可能是外部环境方面的原因),原先确定的标准是不适当的,这时候就需要采取修订标准的管理行动。

下面简述一下后两种情况。

(1)纠偏以改进工作绩效。如果分析衡量的结果表明,计划是可行的,标准也是切合实际的,问题出在工作本身,管理者就应该采取纠正行动。这种纠正行动可以是组织中的任何管理行动,如管理方法的调整、组织结构的变动、附加的补救措施、人事方面的调整等。总之,分析衡量结果得出是哪方面的问题,管理者就应该在哪方面有针对性地采取行动。

按照行动效果的不同,可以把改进工作绩效的行动分为两大类:立即纠正行动和彻底纠正行动。前者是指发现问题后马上采取行动,力求以最快的速度纠正偏差,避免造成更大损失,行动讲究结果的时效性;后者是指发现问题后,通过对问题本质的分析,挖掘问题的根源,即弄清偏差是如何产生的,为什么会产生,然后再从产生偏差的地方入手,力求永久性地消除偏差。可以说前者重点纠正的是偏差的结果,而后者重点纠正的是偏差的原因。在控制工作中,管理者应灵活地综合运用这两种行动方式,特别注意不应满足于"救火式"的立即纠正行动,而忽视从事物的原因出发,采取彻底纠正行动,杜绝偏差的再度发生。在实际工作中,有些管理者热衷于"头痛医头,脚痛医脚"式的立即纠正行动方式,这种方式有时也能得到一些表面的、一时的成效,但由于忽视了分析问题的深层原因,不从根本上采取纠正行动,最终无法避免"温水煮青蛙"的结局。这是值得管理者深思的。

(2)修订标准。在某些情况下,偏差还有可能来自不切实际的标准。因为标准订得过高或过低,即使其他因素都发挥正常也难以避免与标准的偏差。这种情况的发生可能是由于当初计划工作的失误,也可能是因为计划的某些重要条件发生了改变等。不切实际的标准会给组织带来不利影响,过高的实现不了的标准会影响员工的士气,而过低的轻易就能实现的标准又容易导致员工的懈怠情绪。所以,如果发现标准不切实际,管理者应该及时修订标准。但是管理者在决定修订标准时一定要非常谨慎,要防止标准的"灵活性"被用来为不佳的工作绩效作开脱。管理者应从控制的目的出发作仔细分析,确认标准的确不符合控制的要求时,才能做出修正的决定。

控制的过程如图 10-2 所示。控制过程基本上是一个确定控制标准、衡量和比较以及采取管理行动的连续过程。根据比较阶段的结果,所采取的管理行动可以是不采取任何行动、纠偏以改进绩效或修订标准。

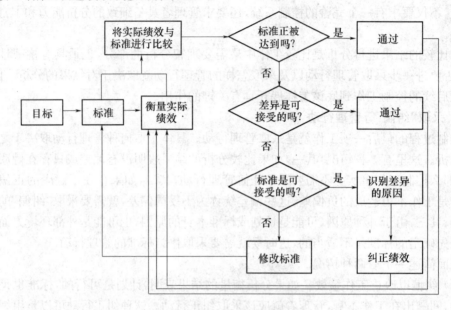

图 10-2　控制过程

二、控制的对象

控制工作所要控制的对象有哪些？试图通过——例举的方式全面地回答这个问题并不容易,因为很难从道理上说哪些工作不需要控制,而既然所有工作都需要控制,要穷举这些工作就非常困难。不过尽管如此,努力去说明主要的控制对象都有哪些仍然是值得尝试的。

控制工作是为了完成计划或实现组织目标,换句话说,控制工作是为了实现所期望的绩效。因此,那些衡量绩效的要素或指标就应当是控制工作的对象。下面,先讨论组织绩效的评价问题,再说明控制工作的对象主要有哪些。

1. 组织绩效的评价

对组织绩效的衡量和评价有两类方法:权变评价法和平衡评价法。

权变评价法包括三种具体的评价方法:资源评价法、内部过程评价法和目标评价法。它们分别对应于组织活动的三大过程:投入、中间转换和产出(图 10-3)。

目标评价法重在识别组织的产出目标以及测评组织在何种程度上实现了这些目标。常见的指标既有财务类的指标如资产、负债、盈利等,也有非财务类的指标如市场份额、创新变革等。

内部过程评价法以组织内部的效率和健康状态来衡量组织绩效,具体的指标可以是:作业效率、组织文化、工作氛围、团队精神、员工忠诚度、员工与管理者之间的信心、信任和沟通等。

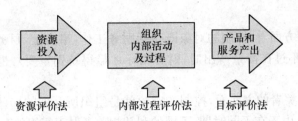

图 10-3 权变评价法与组织活动

资源评价法重在衡量组织获得稀缺而又宝贵的资源并成功地将其加以整合和管理的能力。通常可以通过衡量组织的讨价还价能力、对环境及其变化准确认知和做出反应的能力、获得资源的能力以及所拥有的资源状况来评价组织绩效。

组织绩效的平衡评价法中有一种利益相关者评价法,它是以利益相关者的满意程度作为评价组织绩效的尺度。为什么要关注利益相关者的满意程度?这是因为利益相关者对企业的成功有着不同程度的影响,某些利益相关者甚至对组织的存在和发展有着决定性的影响。在运用这种方法时,因为组织的利益相关者有多个主体,所以需要在对各利益相关者满意程度分别评价的基础上进行综合以给出整体的评价,即所谓"平衡"。假定该企业有七个主要的利益相关者,在某个年度,各利益相关者的满意度如表 10-1 所列。可以看出,虽然除债权人以外的其他利益相关者都对企业给出了比较满意的评价,但由于该年度债权人的满意度至为重要,占到了总体评分的七成,所以该企业的绩效整体上仍然是不好的,绩效水平只达到 35%。这里的可能情形是,该企业在本年度的经营极为依赖银行的贷款,可是由于信用不佳,影响到银行对它的评价,进而难以从银行获得贷款,从而可能对企业的持续经营带来严重的困难。因此,企业的绩效评价低也就不足为奇了。

表 10-1 各利益相关者对企业的满意度

利益相关者	绩效评价标准	满意度	权重	实际得分	总分
1. 股东	财务回报	90%	5%	0.045	
2. 员工	工作满足感	100%	5%	0.05	
3. 顾客	产品和服务质量	90%	5%	0.045	
4. 债权人	信用的可靠性	10%	70%	0.07	0.35
5. 社区	对社区事务的贡献	90%	5%	0.045	
6. 供应商	满意的交易	90%	5%	0.045	
7. 政府部门	遵守法律和条例	100%	5%	0.05	

2. 控制的对象

以上对组织绩效评价方法的讨论揭示了可以从哪些方面衡量和评价组织绩效,它们是绩效评价的要素或指标的重要来源。从控制工作的角度讲,控制的对象也应该包括以下方面。

(1) 从投入的方面看,控制的对象应该包括各种资源的获得和使用。这些资源包括人力资源、物质资源、资金、信息资源、关系资源等。

(2) 从中间转换过程的角度看,控制的对象还应该是组织的运作过程。这个过程包括了诸多的活动,比如设计、采购、生产、销售、服务等价值链各环节的运作以及文化建设、团队建设等方面。

（3）从产出的方面看,控制的对象既包括财务工作(事实上,财务工作贯穿于整个组织运行的始终,只不过在衡量产出时,财务指标才显得特别重要),也包括非财务的一些指标。

（4）从利益相关者的方面看,控制的对象就是组织所开展的那些与利益相关者有关的各种工作活动。由于在不同时期,不同的利益相关者对于组织的存续具有不同的影响,因而控制工作的重点会有所不同。显然,组织中的那些与重要的利益相关者有关的工作活动,应该是控制工作的重点。

总之,控制的对象既可以是与某个特定的方面相联系的工作活动(比如生产作业与中间转换过程的特定联系),也可以是贯穿组织运行始终的那些工作活动(比如对人员的管理、对信息的管理、财务管理等),还可以是与组织之外的利益相关者发生联系的各种工作活动。

第三节　控制职能与其他职能的关系

控制职能与其他管理职能有着密切的联系,控制工作既依赖于又有利于其他管理过程——计划、组织和领导等。

首先,要深入理解和把握控制的职能,必须把它放在与计划职能的联系中加以说明。控制工作是要按计划标准来衡量所取得的成果并纠正所发生的偏差,以保证计划目标的实现。如果说管理的计划工作是谋求一致、完整而又彼此衔接的行动方案,那么管理的控制工作则是务使一切管理活动都按计划进行。没有计划,就不能确定目标,不能详细规定工作活动,控制也就成为无源之水,从而丧失了意义。

计划和控制是一个问题的两个方面。管理者首先制订计划,然后计划又成为用以评定行动及其效果是否"合格"的标准。计划越明确、全面和完整,控制的成效也就越好。这个基本观点在实际工作中有这样几方面的意义:①一切有效的控制方法首先就是计划方法,例如预算、政策、程序和规则,这些控制方法同时也是计划方法或计划本身。②如果不首先考虑计划以及计划的完善程度,就试图去设计控制系统的话,那是不会有效果的。换句话说,之所以需要控制,就是因为要实现目标和计划。控制到什么程度、怎么控制都取决于计划的要求。③控制职能使管理工作成为一个闭路系统,成为一种连续的过程。在多数情况下,控制工作既是一个管理过程的终结,又是一个新的管理过程的开始。控制职能绝不是仅限于衡量计划执行中出现的偏差,控制的目的在于通过采取纠正措施,把那些不符合要求的管理活动引回到正常的轨道上来,使管理系统稳步地实现预定目标。纠正的措施可能很简单,例如批评某位负有责任的管理者。但是很多的情况下,纠正措施可能涉及到需要重新拟订目标、修订计划、改变组织机构、调整人员配备,并对指导或领导方式做出重大的改变等。这实际上是开始了一个新的管理过程。从这个意义上说,控制工作不仅是实现计划的保证,而且可以积极地影响计划及其他管理工作。

然后,控制职能也与组织、领导等职能存在着密切的联系。没有组织,就会在谁应做衡量、比较以及谁应采取纠正措施上缺乏指导,控制工作难以开展。没有有效的领导及相应的团结、一致、高效的管理行动,即使有堆积如山的衡量报告,控制工作的实效也难以

校后勤办社会"，本该由社会办的事情都由学校包揽了。这是传统计划经济体制下政府包办高等教育的产物。它带来两个问题：一个是学校空间被挤占，无法扩大办学规模。高校绝大部分建在城市，校园空间十分有限，教工宿舍、学生宿舍、食堂及其他生活设施在校园占据了相当大的地方；另一个是政府投入的资金，不能都用在教学设施上，相当大的部分被生活设施占用，没有资金盖新的宿舍楼，从资金上限制了办学规模。

从1999年开始，高校大规模扩招，学生多，房子少这个矛盾就突显出来。教育部决定高校后勤社会化改革开始全面启动。

所谓高校后勤社会化改革，就是把高校后勤这一块交给社会去办，学校只管教学、科研、育人；学校原有的后勤机构人员逐渐与学校分离，走向社会。

后勤与学校的分离，不是简单的"一走了之"，而是一个艰难复杂的转制过程。

在管理体制上，改革是把高校的后勤服务经营人员和相应的资源成建制从学校行政管理系统中分离出来，按照现代企业制度，组建自主经营、独立核算、自负盈亏的学校后勤服务实体，一般叫后勤公司。按照社会化大生产的原则，分离出来的后勤人员融入到社会第三产业中。

在资产制度上，学校与后勤公司形成甲方、乙方的关系。对学校原来的后勤国有资产盘清登记，明确产权关系，实行所有权和使用权的规范分离。学校以签署托管协议的方式将后勤资产无偿或以优惠价租赁给后勤公司使用，后勤公司通过对设备维修或固定资产折旧费、上缴费用等形式明确对国有资产的保值责任。

在这个基础上，后勤公司采用引进、联合、租赁、资产代管、股份合作等多种形式和办法，实施后勤资产重组。

高校后勤社会化改革，初步解决了扩大高等教育规模的瓶颈制约问题。

高校后勤社会化改革提高了后勤服务质量，增大了学校后勤实体的经济实力，加快了后勤产业化的进程。过去仅靠财政拨款搞后勤建设，现在的后勤公司自我发展，经济实力增长更快。

高校后勤社会化改革，还有一项始料未及的成就：随着高校后勤这块"蛋糕"越做越大，带动了房地产开发、物业管理、商业零售、餐饮等服务业的发展，为高校分流人员、社会失业人员创造了就业岗位。[①]

问题：
高校后勤社会化改革是否可看作是"科层控制"向"市场控制"的转变？

第一节　设计控制系统的基本方法和思路

任何组织要想有效地实现自己的目标，适当的控制系统是不可或缺的。大体上，有如下3种基本的方法（其实也是基本的思路）可用于设计控制系统。

---

① 傅振国，"我国高校后勤社会化改革综述——3年大于50年"，http://www.edu.cn/20021224/3074706.shtml.

一、市场控制法（Market Control）

它强调利用外部的市场机制，如价格竞争和市场份额等来进行控制。运用这种方法的组织，其控制系统是围绕着诸如价格竞争和市场份额这类指标建立的，组织内各分部（如各事业部）被视为一个个的利润中心，并且对它们的评价也是看它们对企业总体利润的贡献度。各分部事实上是以市场为导向来建立控制标准、实现对内部运营的控制的。

【管理实践】

帝国石油公司的市场控制①

在20世纪90年代早期，帝国石油公司（Imperial Oil Limited of Canada）研发部门是一个年预算达4500万美元的垄断性服务部门。公司感到原有管理方式难以使这里的200名科学家及其他人员产生控制成本或提升质量的任何动力。于是，公司大幅度削减了拨给研发部门的预算，责令其与本公司内部及外部的客户单位通过谈判订立应用研究及提供实验室服务的合约，基本上以自己的收入来维持本部门的开支。订立的合约中详细规定了每个开发项目、实验分析或其他服务的收费。这样，具有很强成本意识的帝国石油公司的业务部门管理者就能将之与公司外部其他实验室的比较中选购更合算的研发服务。

帝国石油公司的研发部甚至也在本单位内部引入了竞争机制。比如，如果科研项目组自己的实验室收费太高或效率太低，他们就可以从公司外部购买所需的实验室服务。这样做促使研发部门的质量和效率都明显得到了改善。结果，高质量、低成本的服务吸引来了公司外部的大量客户。加拿大许多企业定期将汽车发动机燃烧后的汽油标本送到这里来作化验，汽车制造商也请他们进行事故分析。美国的通用汽车公司和福特汽车公司也请帝国石油公司的研发部门作汽车底盘动力测试。据帝国石油公司负责公司战略计划的经理John Charlton介绍，将市场控制方法应用于公司研发部门的结果是，该单位的任务量增加，而其内部成本却降低了12%。

二、科层控制法（Bureaucratic Control）

它强调组织的权威。运用这种方法的组织，强调内部层级链的管控机制，运用规则、条例、程序、政策、行为的标准化、职务说明以及预算等来确保员工行为适当并符合绩效标准的要求。

【管理实践】

海尔的斜坡球体定律和OEC管理法

海尔认为，企业管理好比斜坡上的球体，向下滑落是它的本性，要想使它往上移动，

---

① 理查德·L·达夫特，《组织理论与设计（第七版）》，清华大学出版社，2003年

需要两个作用力：一个是止动力，保证它不向下滑，这好比企业的基础工作；一个是拉动力，促使它往上移动，这好比企业的创新能力，且这两个力缺一不可。这就是海尔的斜坡球体定律。

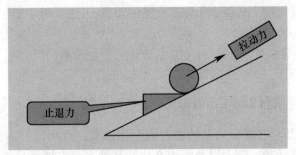

为解决企业从斜坡往下滑的问题，海尔创造了著名的 OEC（Overall Every Control ＆ Clear）管理法，即 Overall（全方位）、Every（每人、每天、每件事）、Control＆Clear（控制和清理），总结起来叫日事日毕、日清日高。

海尔从 1989 年开始搞日清日高管理，主要针对当时企业管理上普遍存在的一个问题，即管理控制粗放，浪费严重。为解决这一问题，海尔提出搞日日清，即每天对各种消耗和质量进行清理，找出原因和落实责任，做不到日清，不准下班回家。不仅如此，在"日清"的基础上，还要求"日高"，即每天都有所进步，各方面工作都必须持续改善。这就是日清日高管理法的雏形。张瑞敏发现这是一种非常实用而有效的办法，于是加以推广，并在其他工作中应用。海尔在通过 ISO9001 认证后，这一管理思想和方法得到完善，形成了现在的 OEC 管理法。

海尔的 OEC 模式点滴：

一踏进海尔冰箱公司厂区，便发现每条道路、每个花坛、每块草坪旁都挂着"负责人＊＊＊、检查人＊＊＊"的牌子。这现象到了车间就更普遍了，电梯、玻璃窗、消防器材、每台设备都张贴或悬挂着同样的标示。这样事事、物物都有人管，大到一台设备，小到一块玻璃都规定具体责任人，并有人监督检查，以保证企业每一环节的运行不出偏差与纰漏。

走进"海尔"生产车间，一眼便可看到入口处和作业区显眼的地方，有一块 60cm 见方的特别图案，红框、白芯，白芯上醒目地印着一双绿色大脚印，这是"海尔"特有的现场管理"6S 大脚印"。站在"6S 大脚印"往前方看，一块写有"整理、整顿、清扫、清洁、素养、安全"大字的牌子映入眼帘，这就是"6S"的内容。这 6 个词的英文拼写第一个字母都是 S，因此简称"6S"。每天下班的时候，班长都站在此处，总结当日"6S"工作和当日要求，并且要将昨日"6S"工作和当日要求做得较差的员工请到"脚印"上检讨自己的工作，以求今后改进。

在车间里，还可以看到每个班组都挂着一块醒目的牌子，牌子上写着班组每位员工的名字，名字下面大都贴着绿色圆标签，偶有出现黄色圆标签，则说明该工位工作出现偏差，需要尽快纠正。这种"绿色工位认证"不仅起到了激励作用，还使车间主任和其他管理人员能够掌握各工位工作状态，便于加强管理。

"海尔"的 OEC 管理把每个员工的积极性、创造性调动起来形成合力,通过管人达到管事的目的。在海尔冰箱二厂总装车间门体预装工序上,有一面以操作工高云燕命名的"云燕镜子"。高云燕以前负责给冰箱钻孔时,需翻过门体才知道孔眼钻好没有,影响质量和效率。后来,她在钻台前面放置一面镜子,操作时一目了然,大大提高了加工质量和进度。一个小发明,一片爱厂心。后来"晓玲扳手"、"启明焊枪"等 11 项小发明均以员工命名,它鼓舞着"海尔"员工在质量上精益求精。

三、族群控制法(Clan Control)

它强调族群内部具有凝聚力和约束力的文化因素。运用这种方法的组织,强调通过共享的价值观、规范、传统、信念以及组织文化的其他方面来规范员工的行为。

需要指出的是,大多数组织都不会单独依赖这三种方法中的某一种去设计控制系统,而是强调某一种方法的同时,复合运用其他方法。关键是无论用何种方法,所设计的控制系统的有效性应该是更为关注的。

【管理实践】

3M 公司新产品开发(NPD)中的族群控制特色

3M 公司是成功地开发和推介新产品的典型代表,它的目标是成为世界上最富有创新性的公司。3M 的旗下目前已拥有 60000 种产品,其公开的战略是使业务的 50% 来自于最近 3 年内发明的新产品.

3M 公司认为 NPD(New Product Development)更多的是一个文化的、组织的问题,而不是一个技术问题。3M 公司在内部建立了很多适宜的系统并不断地对它们进行改进和优化。3M 公司通过大量的程序和计划支持和激发研发人员进行创新。在3M 公司中,研发人员具有的承担风险的勇气、高涨的激情及无穷的好奇心都紧紧地与对客户需求的准确把握联系在一起,这极大地促进了 3M 公司的创新。3M 公司的文化偏爱创新而不是循规蹈矩。这种文化鼓励全体员工有远见的思想和行动。

15% 的选择权:公司允许员工将每个工作周中 15% 的工作时间用在自主选择的可能给公司带来利益的项目上,员工常常并不需要告知管理者这个项目的存在,也不必证明项目的正当性。

种子基金:如果研发人员创造出一项新的技术或新的构想,他们可以向所在业务单元的经理要求调用种子基金来进行进一步的研究。如果那项资金支持被否决了,他们可以把这个研究带去另外任何一个 3M 业务单元。

奖赏和赞誉:3M 设立了 12 个全球范围的奖项和 4 个美国本土地区的奖项来奖励那些为公司做出了重大贡献的个人。每个业务和参谋单位,每个部门和地区也都有自己的途径去发现和奖励有功的职员。

双重的职业途径:研发人员可以自己选择从事技术工作还是管理工作,这两条职业发展道路拥有平等的进步和提升的机会。很多技术型企业都成功地提供这种选择权,从而使研发人员既可以更充分地发展自身的职业兴趣,同时不会因为没有参与管理工作而受到经济上的处罚。

高层管理承诺:有些公司总是期望新任命的产品经理能够很快地将新产品投放市场。如果这个人努力了18个月后仍旧只是取得很小的成效,他(她)就会被调到另一个部门或者是被解雇。但是在3M公司,最高管理者不会将新产品开发的任务留给一个或两个人。在3M公司,创新是每个人的工作,那些展示出自己的天赋、首创精神和创造性的员工将被给予机会去实现他们的研究梦想——不管他们所受的正规训练和背景是怎样的。

在3M公司,NPD并不只是中层管理者的任务;高层管理者也把NPD作为促进知识联结的主要任务之一。3M公司总是将团队的努力和贡献用于创新中。创新者们都学会了:寻求宽容要优于寻求批准。

3M公司要坚持长期的承诺和努力就得要允许犯错误并且能够容忍错误。最高管理者如果能持有这样一种长远的观点,那就能够容忍一些错误的发生。3M公司的陶瓷事业是由于在发展粗石研磨技术时出现失误才开始的,而且Post—it Notes(便条贴)所用的胶水也是由于Spence Silver的一个错误才被发明的。那种胶水的独特之处就在于它的粘性很弱,但与其他粘性很弱的胶水不同的是,便条贴胶水的粘性不会随着时间的增长而变化并会一直保持很弱的粘性。也正因为这种特殊的粘性,Art Fry公司发明了使用这种胶水的新的文具。

结构:表面看来,3M的集团结构显得非常的科层化。最上层有CEO,然后接下来是一些分支的领导。在每个分支里有一系列的集团,在这些集团中又有分部、部门、业务单元以及部门内的项目团队。然而,3M公司中这50个左右的分支几乎都是从底层发展起来的,它们都是前沿的项目中成功创新的结果。3M公司的分部经理长久以来将自己的角色定位在创造一种氛围,这种氛围引导着每个员工走上自我激励和创新的道路。几十年来,最高管理者的首要角色之一便是作为教练、赞助商和顾问去激发前线经理的能量和首创精神。因此,科层结构不是决策分权化,而是决策集中化的一种手段。除此之外,3M公司内部各分部、部门相互之间还存在着强大的横向信息流动和沟通。这样的信息流动和沟通背后强大的支撑是3M公司的一个信条:"产品是某个部门开发的,而技术是属于整个公司的。"

市场导向:在3M公司,比单纯地由营销部门去识别客户需求更进一步的是,3M的研发人员也会花很多时间在终端客户身上。仔细听取顾客的需求能够促进创新上的突破。市场需求帮助创新者弄明白自己的努力应该瞄准的目标。正是这些需求以及客户的想法给3M公司的创新注入了动力。3M公司所致力于做的事情就是寻找到实际的解决方案以满足客户需求。

3M公司是世界上最具有创新精神的企业之一。3M公司通过采取一系列的措施来创建一个适当的环境以激励它的员工奉献于NPD的实践。3M公司的企业文化激发了创造性并且给员工接受挑战和尝试新鲜思想的自由。这种企业文化引领出了一个稳定的产品流——产品的不断出现好像不息的流水。3M公司采用"全面创新管理"

的方法去管理新产品的开发。不但在日常运作的层面强调创新,还在战略的层面强调创新。对 NPD 进行战略性管理,创建适当的组织结构和文化使所有员工焕发出动力和创造性,设计适宜的流程,以高层管理的承诺来推动新产品开发,应用新技术以支持和促进新产品开发的过程,这一切就是 3M 公司在 NPD 方面既高效又成功的原因。

四、平衡计分卡控制法(Balanced Scorecard control)

平衡计分卡是近年才提出的一种综合的控制方法,它将各方面的控制整合起来,以使管理者对组织的绩效进行全面的把握。所谓平衡计分卡法,就是将传统的财务评价和经营评价结合起来,从与企业经营成功关键因素相关联的方面建立绩效评价指标体系,并用这个指标体系对组织进行综合的管理控制。如图 11 - 1 所示,它包含 4 个主要的评价方面:财务绩效、顾客服务、内部业务流程及组织学习和成长能力。

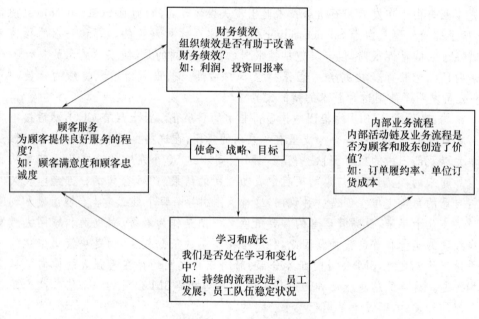

图 11 - 1 平衡计分卡法

平衡计分卡促使管理者将注意力集中在决定一个组织未来成功的关键性战略绩效指标上,也有助于从更全面、更长远的视角看待组织的控制工作。

【管理实践】

中外运敦豪(DHL)的平衡计分卡

中外运敦豪首先建立了公司的远景战略,就是"Market leader"(市场领导者)。在国际快递行业中提供最高的服务给客人,这就是中外运敦豪的战略目标。

中外运敦豪以前衡量绩效主要是用财务指标,看收入的增长是否达到标准,采用的是盈利和收款的情况等这些硬性的财务指标。但后来中外运敦豪觉得这样看待公司的经营是远远不够的。他们认为应该全面系统地、从战略的角度看待绩效。因此,1990年代末DHL开始运用平衡计分卡。DHL认为平衡主要体现在四部分的平衡:内部和外部、短期和长期、结果和动机、数量和质量。DHL的平衡记分卡具体涵盖了三个环环相扣的内容:财务指标、作业指标(成本和效率)、客户指标。假设总分为100分,则三者分别为40/30/30分。各指标仍可细分,比如客户指标一项中又具体包含"客户保有率"、"新客户的开发"、"客户满意度"3方面内容。

在平衡计分卡里他们不但重新设计了财务指标,如使用超过90天的应收账款来描述收入与预算的完成情况、利润和预算的完成情况,还涵盖了很多客户的指标,如客户保有率,还有新增客户、客户满意度等外部的、软性的指标。

这些数据指标被称作KPI(Key Performance Index,关键绩效指标)。运用KPI能够起到通过指标控制流程的作用。中外运敦豪明确了给客人提供最好的服务时,重在过程,而不仅仅是一个结果。

为此,中外运敦豪在总部成立了"平衡计分卡小组",负责公司的策略制定、实施、考评和完善。他们还邀请了一家培训顾问设计整个课程,然后再培训39个分公司的内部培训师,内部的培训师再培训内部员工。这样的实施就非常有效。因为内部讲师来进行培训,他讲的故事或者模式,都很贴近员工。

实施平衡计分卡促进了中外运敦豪的业绩增长,公司业务年平均增长率为40%,营业额跃升60倍之多。目前,中外运敦豪已在中国建立了最大的合资快递服务网络,稳居中国航空快递业的领导地位,在中国的市场占有率达到37%。

第二节　控　制　方　法

应用于实践的管理控制方法和手段非常丰富,既有普适性较强的方法手段,又有针对具体事务的方法手段。鉴于不可能对这些方法手段进行全面地罗列或介绍,因而这里选择一些较常使用的控制方法予以简单介绍。

一、财务控制法

财务控制法是对控制工作中使用的各种财务方法的总称,大体上包括了3个方面:预算控制、财务分析和财务审计。

1. 预算控制

预算控制是使用最广泛的一种控制方法。预算清楚地表明了计划与控制的紧密联系。首先,预算是一种计划,是用数字编制的未来某一个时期的计划,即用财务数字(例如在财务预算和投资预算中)或非财务数字(例如在生产预算中)来表明预期的结果。其内容可以简单地概括为三个方面:即"多少"(为实现计划目标的各种管理工作的收入或产出与支出或投入各是多少);"为什么"(为什么必须收入或产出这么多数量,以及为什么需要支出或投入这么多数量);"何时"(什么时候实现收入或产出以及什么时候支出或投入以使得收入与支出取得平衡)。其次,预算是一种预测,它是对未来一段时期内的收支情况的预计。最后,预算主要是一种控制手段。编制预算实际上就是控制过程的第一步——"定标"。由于预算是以数量化的方式来表明管理工作的标准,从而其本身就具有可考核性,因而有利于根据标准来评定工作成效,找出偏差,并采取纠正措施,消除偏差。

按照不同的内容,可以将预算分为经营预算、投资预算和财务预算三大类。

(1) 经营预算。经营预算是指企业日常发生的各项基本活动的预算。它主要包括销售预算、生产预算、直接材料采购预算、直接人工预算、制造费用预算、单位生产成本预算、推销及管理费用预算等。其中最基本和最关键的是销售预算,它是销售预测正式的、详细的说明。由于销售预测是计划的基础,加之企业主要是靠销售产品和劳务所提供的收入来维持经营费用的支出和获利的,因而销售预算也就成为预算控制的基础。生产预算是根据销售预算中的预计销售量,按产品品种、数量分别编制的。在生产预算编好后,还应根据分季度的预计销售量,经过对生产能力的平衡,排出分季度的生产进度日程表,或称为生产计划大纲。在生产预算和生产进度日程表的基础上,可以编制直接材料采购预算、直接人工预算和制造费用预算。这三项预算构成了对企业生产成本的统计。而推销及管理费用预算包括制造业务范围以外预计发生的各种费用明细项目,例如销售费用、广告费、运输费等。对于实行标准成本控制的企业,还需要编制单位生产成本预算。

(2) 投资预算。投资预算是对企业的固定资产的购置、扩建、改造、更新等在可行性研究的基础上编制的预算。它具体反映在何时进行投资、投资多少、资金从何处取得、何时可获得收益、每年的现金净流量为多少、需要多少时间回收全部投资等。由于投资的资金来源往往是企业的限定因素之一,而对厂房和设备等固定资产的投资又往往需要很长时间才能回收,因此,投资预算应当力求和企业的战略以及长期计划紧密联系在一起。

(3) 财务预算。财务预算是指企业在计划期内反映有关预计现金收支、经营成果和财务状况的预算。它主要包括"现金预算"、"预计收益表"和"预计资产负债表"。必须指出的是,前述的各种经营预算和投资预算中的资料,都可以折算成金额反映在财务预算内。这样,财务预算就成为各项经营业务和投资的整体计划,所以也被称为"总预算"。

预算以数量化的方式将组织内各部门的活动表现出来,非常有利于对这些活动的考核和评价。然而,预算的缺点也正在于此,因为它难以反映组织中那些难以量化的因素。

2. 财务分析

财务分析揭示了组织的财务状况和经营绩效,可以从很多方面反映出是否存在问题和偏差,因而是控制工作中经常使用的控制方法。控制工作中最为常见的财务分析是比率分析,即通过选择两个重要数据相除形成这两个数据间的比例数值,再将此数值进行纵向对比(与历史数值对比)或和横向对比(与同类公司对比),在对比中发现问题并采取进一步的控制措施。表 11-1 例举了几个常用的财务比率。

表 11-1 常用财务比率举例

比率名称	计算方法	说明
投资回报率	净利润/总投资	反映盈利能力
销售净利率	净利润/销售额	反映盈利能力

比率名称	计算方法	说明
资金利润率	净利润/资金总额	反映盈利能力
流动比率	流动资产/流动负债	反映短期偿债能力
速动比率	速动资产/流动负债	反映短期偿债能力
负债比率	总负债/总资产	反映举债经营能力
固定资产周转率	销售额/总资产	反映固定资产利用程度、经营能力

3. 财务审计

审计是审计机关依法独立检查被审计单位的会计凭证、会计账簿、会计报表以及其他与财政收支、财务收支有关的资料和资产，监督财政收支、财务收支真实、合法和效益的行为。开展审计的机构既可以是组织内部设立的审计机构，也可以是依法成立的独立的社会审计机构，还可以是国家审计机关。

财务审计工作包含两个基本的方面，即审查和评价。通过审查，可以搜集证据，查明事实，而通过评价则可以得出好坏优劣的判断。可见，在财务审计的基础上，就可以针对出现的问题采取进一步的控制措施了。

二、行政控制法

任何组织的管理都有行政管理的一面，它反映了组织内部的权力层级关系。行政控制法就是更多地带有组织内部行政管理色彩的控制方法。下面介绍几种常用的行政控制方法。

1. 视察

视察也许算得上是一种最古老、最直接的控制方法，它的基本作用就在于获得第一手的信息。作业层（基层）的主管人员通过视察，可以判断出产量、质量的完成情况以及设备运转情况和劳动纪律的执行情况等；职能部门的主管人员通过视察，可以了解到工艺文件是否得到了认真的贯彻，生产计划是否按预定进度执行，劳动保护等规章制度是否被严格遵守，以及生产过程中存在哪些偏差和隐患等；而上层主管人员通过视察，可以了解到组织的方针、目标和政策是否深入人心，可以发现职能部门的情况报告是否属实以及员工的合理化建议是否得到认真对待，还可以从与员工的交谈中了解他们的情绪和士气等。所有这些，都是主管人员最需了解的，但却是正式报告中见不到的第一手信息。

视察的优点还不仅仅在于能掌握第一手信息，它还能够使得组织的管理者保持和不断更新自己对组织的感觉，使他们感觉到事情是否进展得顺利以及组织这个系统是否运转得正常。视察还能让上层主管人员发现被埋没的人才，并从下属的建议中获得不少启发和灵感。此外，亲自视察本身就有一种激励下级的作用，它使得下属感到上级在关心着他们。所以，坚持经常亲临现场视察，有利于创造一种良好的组织气氛。

当然，主管人员也必须注意视察可能引起的消极作用。例如，下属可能误解上司的视察，将其看作是对他们工作的一种干涉和不信任，或者是看作不能充分授权的一种表现。尽管如此，亲临视察的显著好处仍使得一些优秀的管理者始终坚持这种做法。一方面即使是拥有计算机化的现代管理信息系统、计算机提供的实时信息、做出的各种分析，仍然代替不了主管人员的亲身感受、亲自了解；另一方面，管理的对象主要是人，是要推动人们去实现组织目标，而人需要通过面对面的交往所传达的关心、理解和信任。

2. 报告

报告是用来向负责实施计划的主管人员全面地、系统地阐述计划的进展情况、存在的问题及原因、已经采取了哪些措施、收到了什么效果、预计可能出现的问题等情况的一种重要方式。控制报告所提供的信息是管理者决定是否采取纠正措施的依据。

对控制报告的基本要求是必须做到：适时；突出重点；指出例外情况；尽量简明扼要。通常，运用报告进行控制的效果，取决于主管人员对报告的要求。管理实践表明，大多数主管人员对下属应当向他报告什么缺乏明确的要求。随着组织规模及其经营活动规模的日益扩大，管理也日益复杂，而主管人员的精力和时间是有限的，所以定期的情况报告也就越发显得重要。

通常，负责实施计划的上层主管人员需掌握的情况，可归纳为以下 4 个方面：其一是投入程度。主管人员需要确定他本人参与的程度，他需要逐项确定他应在每项计划上花费多少时间，应介入多深；其二是进展情况。主管人员需要获得那些应由他向上级或向其他有关单位和部门汇报的有关计划进展的情况，诸如进度如何，怎样向我们的客户介绍计划进展情况，在费用方面做得如何，如何向客户解释费用问题等；其三是重点情况。主管人员需要在向他汇报的材料中挑选那些应由他本人注意和决策的问题；最后是全面情况。主管人员需要掌握全盘情况，而不能只是了解一些特殊情况。

【管理实践】

通用电气公司

美国通用电器公司建立了一种行之有效的报告制度。报告主要包括以下 8 个方面的内容。

（1）客户的鉴定意见以及自上次会议以来外部的新情况。这方面报告的作用在于使上级主管人员判断情况的复杂程度和严重程度，以便决定他是否要介入以及介入的程度。

（2）进度情况。这方面报告的内容是将工作的实际进度与计划进度进行比较，说明工作的进展情况。通常，拟订工作的进度计划可以采用"计划评审技术"。对于上层主管人员来说，他所关心的是处于关键线路上的关键工作的完成情况，因为关键工作若不能按时完成，那么整个工作就有可能延误。

（3）费用情况。报告的内容是说明费用开支的情况。同样，要说明费用情况，必须将其与费用开支计划进行比较，并回答实际的费用开支为什么超出了原定计划，以及按此趋势估算的总费用开支（超支）情况，以便上级主管人员采取措施。

（4）技术工作情况。技术工作情况是表明工作的质量和技术性能的完成情况和目前达到的水平。其中很重要的问题是说明设计更改情况，要说明设计更改的理由和方案，以及这是客户提出的要求还是公司自己做出的决定等。

以上关于进度、费用和技术性能的报告，从 3 个方面说明了计划执行情况。下面是要报告需要上层主管人员决策和采取行动的那些项目,分为当前的关键问题和预计的关键问题两项。

（5）当前的关键问题。报告者需要检查各方面的工作情况,并从所有存在的问题中挑出3个最为关键的问题。他不仅要提出问题所在,还须说明对整个计划的影响,列出准备采取的行动,指定解决问题的负责人,以及规定解决问题的期限,并说明最需要上级领导帮助解决的问题所在。

（6）预计的关键问题。报告的内容是在指出预计的关键问题的同时详细地说明问题,指出其影响,准备采取的行动,指定负责人和解决问题的日期。预计的关键问题对上层主管人员来说特别重要,这不仅是为他们制定长期决策时提供选择,也是因为他们往往认为下属容易陷入日常问题而对未来漠不关心。

（7）其他情况。报告的内容是提供与计划有关的其他情况。例如,对组织及客户有特别重要意义的成就、上月份(或季、年)的工作绩效与下月份的主要任务等。

（8）组织方面的情况。报告的内容是向上层领导提交名单,名单上的人员可能会去找这位上层领导,这位领导也需要知道他们的姓名。同时还要审查整个计划的组织工作,包括内部的研制开发队伍以及其他的有关机构或部门。

3. 程序控制

程序是对操作或事务处理流程的一种描述、计划和规定。组织中常见的程序很多,例如决策程序、投资审批程序、主要管理活动的计划与控制程序、会计核算程序、操作程序、工作程序等。凡是连续进行的、由多道工序组成的管理活动或生产技术活动,只要它具有重复发生的性质,就都应当为其制定程序。

程序是一种计划。它规定了如何处理重大问题以及处理物流、资金流、信息流等的例行办法。也就是说,对处理过程包含哪些工作、涉及哪些部门和人员、行进的路线、各部门及相关人员的责任,以及所需的核对、审批、记录、存贮、报告等方面予以明确规定并要求人们严格遵守。

程序也是一种控制标准。它通过文字说明、格式说明和流程图等方式,把一项业务的处理方法规定得一清二楚,从而既便于执行者遵守,也便于主管人员进行检查和控制。程序所隐含的基本假设是,管理中的种种问题都是因为没有程序或没有遵守程序而造成的。

程序还是一种系统。一个复杂的管理程序,例如新产品开发、成本核算等,往往涉及多个职能部门、多个工作岗位、不同的主管人员和专业人员、各种计划、记录、账簿、报告,以及各种类型的管理活动,例如调研、计划、设计、会审、校核、登账、核算等,因而应将其看作是一种系统,用系统观点和系统分析方法来分析和设计程序。从系统的观点来看,一个管理系统的程序化水平,是这个系统"有序"程度的一种标志。

实践经验表明,主管人员在对程度进行计划和控制时,应遵循下列准则。

（1）使程序精简到最低程度。对主管人员来说,最重要的准则就是要限制所用程序的数量。程序控制有一些固定的缺点,例如增加文书工作的费用,压抑人们的创造性,对改变了的情况不能及时做出反应等。所有这些都是有关的主管人员在制定程序之前要反复考虑的。换句话说,主管人员必须在可能得到的效益、必要的灵活性和增加的控制费用之间权衡得失利弊。

(2) 确保程序的计划性。既然程序也是计划,因而程序的设计必须考虑到有助于实现整个组织的(而不仅仅是个别部门的)目标和提高整个组织的效率。主管人员应当向自己提出如下的问题并做出满意的回答:程序是否已计划好? 如果建立某一程序是必要的,那么所设计的程序能否收到预期的效果? 能否有助于实现计划? 例如,间接材料的发放程序必须起到监督间接材料的领用、控制间接材料的消耗、加强成本核算、降低成本、提高企业经济效率的作用。

(3) 把程序看成是一个系统。任何一个程序,无论是工资发放、材料采购、成本核算,还是新产品开发,必须从整体角度来考虑,任何一个程序又都是更大的系统的组成部分或要素。由许多程序组成的系统称为程序系统。将程序看作系统,就是要从整体的角度细微地分析和设计程序,务必使各种程序的重复、交叉和矛盾现象减少到最低限度。此外,将程序看作系统,还有助于主管人员追求整体的最优化,而不仅仅是局部的优化。

(4) 使程序具有权威性。程序能否发挥应有的作用,一方面取决于它设计得是否合理;另一方面取决于它执行得是否严格。程序要求人们按既定的方式行事,但人们往往总是想按照习惯的方式或是随意性的方式处理事情。这就给程序的实施带来不少阻力,因而也就对程序的控制提出严格的要求,这就使程序具有权威性。具体地说,这就要求:首先,程序的制定和发布要具有权威性。在国外一些企业中,设有专门的标准委员会,负责统一制定、协调和发布程序及其他管理标准和技术标准,并监督其实施。而且,一般是企业的最高主管亲自兼任标准委员会的主任;其次,各级主管人员特别是上层主管人员要带头遵守程序。尤其是人事任命、费用开支和投资计划审批的程序等,最容易在上层主管人员那里受到破坏。上行下效,上级不遵守,下级自然会乱来;最后,必须长期坚持对程序实施的检查监督。这要求有三个步骤:一是把程序以手册或其他文字形式分发给必须依此办事的人;二是必须使员工懂得为什么这些程序的每一个步骤都是必要的,以及设计这些程序想达到什么目的,并教会员工如何在程序的指导下工作;三是通过内部审核等职能性活动,定期检查程序的实施情况,特别是要对因违反程序造成的事故和损失进行认真的追究和严肃的处理。

程序的重要性是毋庸置疑的,但由于程序的计划和控制工作单调枯燥,看似简单平凡,所以主持其事的人往往得不到最高主管部门人员的关心和支持。在我国,真正对程序的计划和控制持认真态度的企业或其他组织还不多,即使在这些组织中,有的也只是"认真"过一个时期,后来因为各种原因而流于形式。所以,真正实行程序化、标准化管理并不是件容易的事。不过,也应当看到,随着改革开放的深入进行,随着各方面管理工作的不断完善以及引进、吸收、消化国外先进的管理方法、技术、手段等,有不少组织也已真正开始重视并认真对待其管理当中有关程序的制定和控制工作,并已取得良好的效果。实践经验证明,推行管理的程序化和标准化,是改革传统粗放式管理方式,实现管理现代化的重要步骤之一。

福特北美汽车公司付款流程重组

福特北美公司预付款部门雇佣员工500余人，冗员严重，效率低下。他们最初制定的改革方案是：运用信息技术，减少信息传递，以达到裁员20%的目标。

但是参观了Mazda（马自达）之后，他们震惊了，Mazda是家小公司，其应付款部门仅有5人，就算按公司规模进行数据调整之后，福特公司也多雇佣了5倍的员工，于是他们推翻了第一种方案，决定彻底重建其流程。

Ford公司付款的传统流程具体如下。

（1）采购部门向供货商发出订单，并将订单的复印件送往应付款部门。

（2）供货商发货，福特的验收部门收检，并将验收报告送到应付款部门（验收部门自己无权处理验收信息）。

（3）同时，供货商将产品发票送至应付款部门。

当且仅当"订单"、"验收报告"以及"发票"三者一致时，应付款部门才能付款。而往往，该部门的大部分时间都花费在处理这三者的不吻合上，从而造成了人员、资金和时间的浪费。

Ford公司付款重组新流程具体如下。

（1）采购部门发出订单，同时将订单内容输入联机数据库。

（2）供货商发货，验收部门核查来货是否与数据库中的内容相吻合，如果吻合就收货，并在终端上按键通知数据库，计算机会自动按时付款。

福特公司的新流程采用的是"无发票"制度，大大地简化了工作环节，带来了如下结果。

（1）以往应付款部门需在订单、验收报告和发票中核查14项内容，而如今只需3项——零件名称、数量和供货商代码。

（2）实现裁员75%，而非原定的20%。

（3）由于订单和验收单的自然吻合，使得付款也必然及时而准确，从而简化了物料管理工作，并使得财务信息更加准确。

三、作业控制法

作业控制法是那些与企业的生产作业相关的控制方法。企业的生产作业涉及的工作活动非常多，比较重点的工作环节是采购、库存、生产及质量管理等。对应于这些工作环节，尤其是生产与质量管理环节，发展出了很多系统而复杂的管理方法。

比如较有代表性的全面质量管理（TQM），其管理和控制的触角就不是仅限于质量方面，而是延伸到了几乎所有方面，并且TQM管理本身还包含着诸多比较高端和流行的管理控制技术和方法（如质量管理小组、六西格玛、标杆管理等），从而使得TQM成为一种全员、全过程、全方位的系统而复杂的管理控制方法。

对于作业控制法有更多需要或兴趣的同学，可以进一步查找相关资料作更多的了解。

四、绩效的综合控制法

一般而言,大多数控制方法都是根据特定的控制对象而具体设计的,例如政策控制、程序控制、产品质量控制、生产费用控制、现金预算等。这些控制方法一般只针对组织某一方面的工作,其控制的重点是管理过程本身或是其中的某个环节,而不是管理工作的整体绩效和最终成果。但经验表明,高效率不一定带来高效益。因此,还必须提出一些能够控制企业整体工作绩效的方法。此外,在一些实行分权管理或事业部制的企业中,如何对那些具有相对独立性的单位或部门进行有效的控制,在不干预其内部管理过程的前提下使之达到预期的目标,也需要有一些有效的综合控制办法。

综合控制首先要解决的问题是确定衡量整体绩效的标准。从根本上说,衡量一个组织全部工作绩效的综合标准和最终标准应是经济方面的指标(对企业来讲就是利润和利润率)。因此,一般而言,综合控制主要是财务方面的控制,也就是说从财务的角度控制那些直接影响经济指标(利润和利润率)大小的因素,例如投资、收入、支出、负债等。这方面主要的方法除了有预算控制外,还有损益控制与投资报酬率控制等方法。但是另一方面,利润和利润率高并不意味着企业就一定管理完善,因为即使管理得很差,也可能因为环境机遇方面的原因而取得很好的结果。这样的企业,一旦外部环境条件恶化,往往就会陷于困境甚至破产。因此,组织绩效的综合控制,还应包括对管理工作质量和水平的评价和控制。目前,这方面比较有效的控制方法之一,就是管理审核。

下面介绍一下几种常见的综合控制方法。

1. 损益控制法

损益法是根据一个组织(企业)的损益表,对其经营和管理成效进行综合控制的方法。由于损益表能够反映该企业在一定期间内收入与支出的具体情况,从而有助于从收支方面说明影响企业绩效的直接原因,并有利于从收入和支出的方面进一步查明影响利润的原因。所以,损益控制的实质是对利润和直接影响利润的因素进行控制。显然,如果损益表能采取预测的形式,将会使控制更为有效。

一般说来,损益控制法主要适用于那些实行分权制或事业部制组织结构的企业,它将受控制的分部看作利润中心,也就是直接对利润负责的单位。实行损益控制意味着充分地授权。作为利润中心的单位或部门,可以按照他们认为是有利于实现利润的方式相对独立地开展经营。他们往往有权决定销售价格;有权订货、采购、制造、雇佣和解聘员工;有权决定工资及奖金的分配制度等。由此可见,一个组织其所属各部门各单位的职能越完整,就越有利于实行严格的损益控制法。反过来看,为了充分发挥损益控制法的积极作用,应当使受控制的单位或部门的职能尽可能完整,从而能够最大限度地承担起对利润负责的责任。

由于损益控制法的优点,使得一些以职能制和专业化原则为基础组织起来的企业,在其内部的各部门之间也实行损益控制。例如,在一些大型机构制造企业中,将铸造、热处理、镀金、机加工、装配车间也看作是"利润中心"。铸造车间将铸件"出售"给机加工车间;而后者又将它的半成品"出售"给装配车间;装配车间再将产成品"出售"给销售部门;最后由销售部门出售给客户。严格地说,这种形式的利润中心只是一种"模拟利润中心",相应的损益控制应当称为"模拟损益控制"。这种情况下,"利润"是根据预先制定的"内部转移价格"来计算的。这种"模拟损益控制"的好处是,可以强化企业内部各部门的经济责任,强化各部门主管人员的成本意识和质量意识,使部门的目标与组织的目标取得较大程度的一致性。当然,这种做法也存在一些缺点。一个主要的缺点是,内部转移价格的制定和核算工作要花费大量的精力,而且很难完全准确,从而使内部利润未必能真正反映一个部门的工作绩效,结果形成"假帐真算",失去了应有的控制作用。所以,模拟损益控制只适用于产品比较单一、生产相对稳定、管理基础工作较好的企业,而一般不适用于政府部门或是企业的职能管理部门。

【管理实践】

海尔的内部市场链

市场链是海尔集团在内部管理上为了充分调动每个员工的积极性而采取的一种管理方法,市场链就是要使外部市场目标转化成内部市场目标;把内部市场目标转化成每个人的目标;把内部服务成本降低;把市场链完成的效果转化为每个人的收入。

企业外部的大环境是社会主义的市场经济,内部怎么办?海尔的掌舵人张瑞敏认为,企业走向市场的前提是每一个员工必须先在市场之中,必须通过企业机制与市场机制的整和,使市场外部竞争效应内部化,建立内部市场链。市场链的实施是一项改革,它使目标体系和评价体系以及激励体系具体落实到每个人的身上。

企业内部市场链包括信息—开发—制造—售前—售中—售后—信息的闭环结构。企业内部市场链与市场是交叉的、联系的,通过海尔分布在海外的信息分部及国内获得的信息,以用户潜在的需求确定产品竞争力,以用户的难题确定开发的课题,以用户的要求制定质量标准。

对于员工来说,人人都是一个市场,人人都有一个市场。每个人都要由过去的"对上级负责"转变为"对市场负责"。具体做法就是 SST 机制,即"索酬"、"索赔"和"跳闸"。索酬就是通过建立市场服务对象做好服务,从市场中取得应有的报酬;索赔体现出市场流程中部门与部门、上道工序与下道工序间互为咬合的关系,不能"履约"就要被索赔;跳闸就是发挥闸口的作用,如果既不索酬也不索赔,第三方就会跳闸,"闸"出问题。内部员工的市场就相当于外界的用户,有权利向其索赔,索赔多少都有具体的规定。比方说海外推进部门出口量非常大,它对事业部来讲就是真正的市场,订单就是命令单:一张订单需要做什么样的工作,这些工作要花多长时间完成,细则事先一一定好,接到订单看属于 A,B,C 哪一类,A 类应该 15 天完成,如果耽误一天,就要按规定赔钱。

为什么要这样做呢?海尔目前对美国出口量非常大,美国的超级连锁店一旦索赔一定会毫不客气,所以,海尔内部市场也要视同外部市场一样,按市场规律办事。过去出口的时候订单经常被耽误,牵扯的部门过多,现在每个人都面对市场,差一天差一小时都会被索赔。

员工有代表市场索赔的权利,也有对市场负责的义务。员工将因此成为一个义务与权利的统一体,既受用户、市场的监督制约,同时也代表用户和市场监督制约着别人。

张瑞敏强调,在市场链问题上,海尔不能犹豫、彷徨,更不能动摇,必须坚定不移地向着既定的目标努力。

2. 投资报酬率控制法

投资报酬率控制法是以利润额和投资额之比,从绝对数和相对数两方面来衡量整个企业或企业内部某一部门的绩效。这种方法与损益控制法的主要区别在于,它不是把利润看成一个绝对的数字,而是把它理解为企业运用投资的效果。由于企业的投资最终来源于利润,因此,如果企业的投资报酬率只相当于或者甚至低于银行利率,那么企业的投资来源便会趋于枯竭,从而使企业发展陷于停滞。所以,企业的目标不仅是最大限度的利润额,更应当是最大限度的投资报酬率。

投资报酬率主要用于那些实行分权制或事业部制管理体制的企业的内部控制。在这种体制下,事业部不仅是利润中心,而且是投资中心。也就是说它不仅需对成本、收入、利润负责,而且还要对所占用的全部投资(即全部固定资产和流动资产)承担责任。这就有助于事业部的主管人员从企业最高主管部门的角度来考虑自己的经营问题,有助于克服争投资、买设备、上项目而不顾投资效益的倾向,使他们的经营行为合理化,使各个分权单位的目标与企业目标取得最大限度的一致。

在那些典型的按职能和直线制组织起来的企业中,可以将投资报酬控制法应用在不同的产品系列中。这需要按不同的产品系列分摊销售收入、销售费用、工厂成本以及固定资产和流动资产。其中直接成本的分摊比较简单,间接成本的分摊可以按工时或其他标准进行。销售费用可以按销售额分摊。此外,现金、应收账款等也可按销售额分摊,库存可以按产品系列分摊。固定资产的分摊比较困难,但如果生产组织是按产品专业化原则设计的,则分摊就容易得多。如果上述分摊工作进行得比较细微和准确,那么投资报酬率就可以显示出资金投在哪些产品上才是最有利的,哪些产品是企业的优势产品,哪些产品已经过了其发展巅峰进入衰退期,从而资金以及其他资源应从这些产品中转移到其他优势产品或新产品中去,等等。

尽管投资报酬率控制法有显著的优越性,但要建立一个投资报酬率控制系统却不是一件轻而易举的事。最大的困难也许是在观念方面,企业的部门主管人员习惯于从职能和专业的角度看待经营和管理问题,要使他们按损益控制法的要求来考虑经营和管理问题,就已经很不容易;若要求他们按投资报酬率控制法的要求来考虑问题和作决策,则会更加困难。此外,从会计核算和财务的角度看,也有一些问题,例如,究竟应按固定资产原值或重置成本来计算,还是按折旧后的固定资产净值计算,这应当慎重考虑。按重置成本来计算的办法可行性高,并可避免因固定资产使用年限延长而出现投资报酬率虚增的现象;按净值来计算的办法则强调在固定资产发挥作用期间,折旧基金可以重新作为投资形成新的固定资产或用作流动资产,因而应按同样的投资报酬率考核这部分资金的运用效果,这样一来,投资收益的控制重点是放在新置的固定资产上,而不是放在已经陈旧或磨损的固定资产上。必须注意的是,投资报酬率控制法可能会出现消极作用。由于投资报酬率一般是以高于资金成本(即从外部取得资金的代价)的一定比率作为最低标准,所以,它不利于促进事业部去开发新产品和新技术的创新意识和敢于冒风险的意识而易导致企业的衰落,这是运用该方法时应该尽量避免的。

3. 管理审核

管理审核有时候被细分为管理审核和经营审核,这是为了强调狭义的管理与经营之间的不同。狭义的管理指企业内部的活动,而经营则指除内部活动之外的企业对外事务。

从这种意义上说,管理审核是指系统地评价、鉴定全部管理工作绩效的一种控制方法,而经营审核是指系统地评价、鉴定经营活动工作质量的一种控制方法。前者偏重对内部活动的评价,后者偏重对外部活动的评价。

管理审核的具体做法比较复杂,这里不再赘述。下面的例子或许能给人们一个初步的印象。

【管理实践】

管 理 审 核

管理审核最早的尝试性规定是由美国管理协会的杰克逊·马丁德尔(Jackson Martindell)所发展起来的一套评价方法。马丁德尔设计了一套多达 301 个问题的问卷,对公司的下列十类管理工作绩效逐一给予了评价。

(1) 经济职能。

(2) 公司结构。

(3) 盈利状况。

(4) 股东服务。

(5) 研究与开发。

(6) 董事会人选。

(7) 财务政策。

(8) 生产效率。

(9) 销售效能。

(10) 管理当局的评价。

在这十个方面中,给每个方面的问题都规定了加权分值。例如经济职能为 400 分;盈利状况为 600 分;销售效能为 1400 分;管理当局的评价为 2400 分不等,总分为 10000 分。按这个协会所规定的标准,一家公司必须得到 7500 分以上,才能被认为是优秀的。

思考题:

1. 什么是市场控制法、科层控制法、族群控制法和平衡计分卡控制法?

2. 什么是预算控制、比率分析方法和财务审计方法?

3. 什么是视察、报告、程序控制方法?

4. 什么是管理审核?

第十二章 控制工作的基本原则与策略

本章知识地图

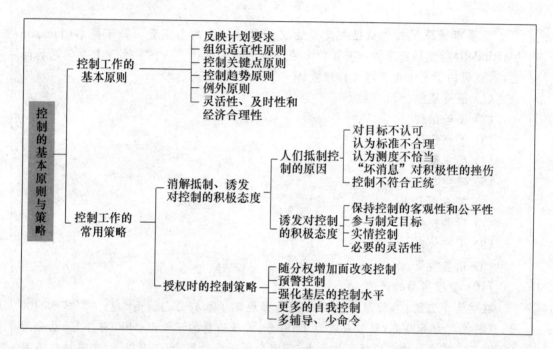

学习目标

(1) 理解并掌握控制工作的基本原则。

(2) 了解控制工作的常用策略。

案例:鸿运公司的成本控制措施

越来越高的汽油价格终于迫使以运输为主业的鸿运公司制定了一条规定,在公路上的最高车速限定在每小时 55 英里。因为把车速降下来,公司的汽油成本可以节约 10%以上。但是,那些卡车司机们对这条新规定大为不满,因为他们宁愿开快车,以便在一装一卸之间有更多的时间随意逗留。

鸿运公司为了确保司机们在路上遵守新的车速规定,保证汽油能省得下来,就在每台运货卡车上安装了电子监控仪,它能记录车速与跑时。而以前只有车上那个计程仪是唯一的凭证,它说明不了什么问题,装卸中途耽搁或消磨掉的时间,很容易听凭司机编造。

不出所料,卡车司机们以种种理由来对抗公司的这种控制,他们埋怨电子监控仪出了毛病,车速记录得不准确,实耗时间记录仪也没有反映真实的路况,一装一卸之间的耽搁他们不能负责,因为是码头上装卸货物太慢的缘故。

问题:
假如你是鸿运公司的经理,你怎样来让卡车司机们接受这套新的控制措施呢?

第一节　控制工作的基本原则

有效的控制系统的建立,必须遵循一些基本的原则。

一、反映计划要求

控制是实现计划的保证,控制的目的是为了实现计划,因此,计划越是明确、全面、完整,所设计的控制系统越是能反映这样的计划,则控制工作也就越有效。

二、组织适宜性原则

组织结构既然是对组织内各个成员拥有何种职权的一种规定,因而,它也就成为明确各个成员执行计划和纠正偏差职责的依据。因此,组织适宜性原则可理解为:若一个组织结构的设计越是明确、全面和完善,所设计的控制系统越是符合组织机构中的职责和职务的要求,就越有助于控制工作的开展。

组织适宜性原则的另一层含义是,控制工作应该考虑到每个主管人员的特点。也就是说,在开展控制工作时,不仅要考虑具体的职务要求,还应考虑到担当该项职务的主管人员的个性化特点。例如,对不同的主管人员提供的信息形式应该是不同的。比如统计师和会计师喜欢用复杂的表格形式;工程技术人员喜欢用数据或图表形式,甚至还有少数人,如数学家,则喜欢用数学模型。对主管人员来说,由于知识水平所限,不可能样样精通。因此,提供信息时就要注意他们的个性化特点,要以他们所能理解、所能接受的形式提供信息。同时,对于控制技术也是如此,不同的主管人员适用不同的控制技术。因为即使是很聪明的主管人员,也可能被某些复杂技术难倒。因此,明智的做法是不要通过难倒别人而炫耀自己的内行,而应设计一种使人们容易理解的方法,以使人们能够运用它。从一个虽然粗糙,但却是合理的方法中得到 80% 的好处,总比虽然有一个更加完善但不起作用,因而一无所获的方法要好得多。

三、控制关键点原则

控制关键点原则是控制工作的一条重要原则,其含义是:有效的控制需要特别注意对关键控制点的控制。关键控制点是指那些对计划的完成影响最大、控制效果最明显的因素。对一个主管人员来说,随时注意计划执行情况的每一个细节,通常是浪费时间精力、没有必要的。他们应当也只能够将注意力集中于计划执行中的一些主要影响因素上。事实上,控制住了关键点,也就控制住了全局。

选择关键控制点的能力是管理工作的一种艺术,有效的控制在很大程度上取决于这种能力。一般而言,关键控制点的选择应有利于加强主要管理工作,应有利于及时发现并解决问题,应有利于全面表现管理的绩效,应注意经济实用,应注意平衡,避免引起负面效应。

【管理实践】

通用电器公司推荐的关键控制点

(1) 获利能力。

$$利润率 = 利润/销售额$$

或 $$利润率 = 利润/资金占用量$$

(2) 市场地位。

(3) 生产率。

$$劳动生产率 = 劳动产出 / 时间 \cdot 人$$

(4) 产品领导地位:产品的技术先进性与功能完善性,反映了该企业在产品研发、生产、营销等方面的领导作用。

(5) 人员发展。

(6) 员工态度。

(7) 公共责任。

(8) 短期目标与长期目标的平衡。

四、控制趋势原则

对控制全局的主管人员来说,现状所反映的趋势可能比现状本身更重要,控制变化的趋势比仅仅改善现状重要得多,也困难得多。一般来说,趋势是多种复杂因素综合作用的结果,是在一段较长的时期内逐渐形成的,并对管理工作成效起着长期的制约作用。趋势往往容易被现象所掩盖,它不易被觉察,也不易被控制和扭转。例如,一家生产高压继电器的大型企业,当年的统计数字表明销售额较去年增长了 5%。但这种低速的增长却预示着一种相反的趋势。因为从国内新增的发电装机容量来推测高压继电器的市场需求,较上年增长了 10%,因而,该企业的相对市场地位实际上是在下降。尽管销售部门做出了较大的努力,但局面却仍未根本扭转。这迫使企业的上层主管人员从现状中摆脱出来,把主要精力从抓销售转向了抓新产品开发和技术改造,因而从根本上扭转了被动的局面。

五、例外原则

这一原则的含义是:主管人员越是将主要注意力集中在那些超出一般情况的特别好或特别坏的情况上,控制工作的效能和效率往往就越高。

质量控制中广泛地运用例外原则来控制工序质量。控制工序质量的目的是保持生产过程的稳定。如果影响产品质量的主要因素,例如原材料、工具、设备、操作工人等无显著变化,那么产品质量也就不会发生很大差异。这时可以认为生产过程是稳定的,或者说工序质量处于控制状态中。相反,如果生产过程出现违反规律性的异常状态时,应立即查明原因,采取措施使之恢复稳定。

需要指出的是,只注意例外情况是不够的。在偏离标准的各种情况中,有一些是无关紧要的,而另一些则不然,某些微小的偏差可能比某些较大的偏差影响更大。比如说,一个主管人员可能认为利润率下降了一个百分点非常严重,而对"合理化建议"奖励超出预算的 20% 不以为然。

因此,在实际运用当中,例外原则必须与控制关键点原则相结合。仅仅立足于寻找例外情况是不够的,应把注意力集中在关键点的例外情况的控制上。这两条原则有某些共同之处。但是,应当注意到它们的区别在于,控制关键点原理强调选择控制点,而例外原理则强调观察在这些点上所发生的异常偏差。

六、灵活性、及时性和经济合理性

控制的灵活性是指当计划本身因为各种原因不再适当因而需要变化时,相应的控制工作也应做出调整。有什么样的计划就应该有什么样的控制。计划改变则控制也要改变。

控制的及时性原则实际是要求控制工作要适时地开展。过早或过晚的控制,尤其是后者,往往达不到控制效果,甚至可能带来负面影响。

控制工作还必须讲究经济合理性。也就是说为进行控制而支出的费用应该合算。

第二节　控制工作的常用策略

一、消解抵制、诱发对控制的积极态度

毋庸讳言,控制常常是不受欢迎的。学生抱怨考试尤其是监考,组织内各部门或人员不喜欢预算的约束,类似的不欢迎控制的例子比比皆是。是什么原因导致那么多人不喜欢控制甚至抵制它? 可以采取哪些措施来诱发人们对控制的积极态度以促进控制工作的顺利开展?

1. 人们抵制控制的原因

1) 对目标不认可

人们不喜欢控制的一个原因是他们对完成控制目标没有真正的兴趣。某些学生的学习成绩不理想常常并非因为智力的原因,而是因为他们对掌握知识的目标没兴趣。一位电影摄影师可能根本不注意节约胶片,因为他认为公司有的是钱,不值得为了节约而容忍摄影质量的微小瑕疵。一位分公司的经理可能对推销新的低价产品系列并不感兴趣,因为他可能认为这些低廉的货色并非是能给公司增加信誉的产品。或许有的人认为顾客并非真正需要他们提供的那些细致入微的服务工作,因而在向顾客服务时总是比规范的要求打些折扣。这说明如果一个人未能接受一项目标,并将其归入个人的需求,他即会对推动他完成这些目标的任何控制机制感到讨厌。

2）认为标准不合理

一个人常常可能会同意某一目标，但却不喜欢某种控制，因为他认为有关成效的标准定得过高或者标准总是在提高。在这种情况下，尽管人们的工作已达到了原先被认为是极好的水平，但控制仍是一种催促人们做出更大努力的手段，容易招致员工的抱怨。

一个人受到的控制比较多还是比较少，也会影响他认为控制是否合理的感觉。大多数人期望，甚至欢迎对他的活动有某些控制，但是，当他的工作受到标准检查和报表等愈来愈多控制时，他就将产生一种"受压感"。甚至某些过去已被接受的标准，比如每周走访顾客的数目，因为又附加了其他方面的控制，现在也可能会变得使人讨厌。

3）认为测度不恰当

当有关人员对测度缺乏信赖时，控制就会遭遇怀疑和抵制。测度不恰当的情形是经常发生的，既可能是因为客观原因，比如测量指标选取不当、测量工具和方法存在问题，也可能是因为主观原因，比如测度工作中的疏漏甚至是故意的不公平。

4）"坏消息"对积极性的挫伤

如果控制报告总是一次又一次地带来坏消息，那也会挫伤人们对控制的积极性。每一个人对工作都有自己的期望，这种期望反映着人们的"自我设想"——自己是哪种人和哪一种水平的工人。而控制报告则是人们了解自己是否达到期望水平的一种手段。对于一次又一次的坏消息，比较现实的人会据此调整期望和现实之间的差距，甚至会重新调整自我期望。然而，有些人不能接受生活中的现实，从而会产生一种受挫感。而这种受挫感往往会驱使他们指责带来坏消息的控制机制。另外，某些人会因坏消息而感觉自己在同事面前毫无面子，或者担心坏消息可能导致自己降级、减薪或挨骂，那么很自然地，他们也会不喜欢这种控制。

5）控制不符合"正统"

一旦一个组织建立起了其社会结构，人们就将对何种行动是正统的这一点变得很敏感。例如，大学里的教师会期待本学科领域中的同行，向他就有关新课程的教学内容和方法方面提出建议。与此相反，如果学校的管理者或者其他系的教授试图给他以指导，这种行为就会被他看作是对他学术自由权的侵犯。在实施控制时情况与此很相似。如果控制来自雇员们认为的非正统的方面，即会引起强烈的反对。

正统的观念像其适用于人那样也适用于事。如果高度分权化已成为某公司的经营传统，很多工作人员都会将某些问题看作是由自己来决定的事。比如某个分公司经理，习惯上一直有权选雇当地的雇员，并为他们定薪。此时，如果总公司的任何人，甚至他的上司，试图检查他雇用的雇员的质量和他们薪资是否适宜，分公司的经理很可能会对这种新的控制产生反感。

2. 诱发对控制的积极态度

1）保持控制的客观性和公平性

控制难免会牵涉到人，因而控制也很容易掺杂有感情因素。但对于进行控制工作的管理者来说，他必须学会采取一种客观的、不动感情的态度来寻找控制所发现的问题的原因和解决方案。人类行为中的偏差正如机器故障一样是有其产生原因的。在上述两方面发生问题的原因都有可能很容易找到或很难确定。在涉及人的情况下，感情和态度都是应该考虑的问题。当一个人未能按期望的模式进行工作时，一个成功的管理者应该不是简单地对他做出一个人应如何行动的道德评断和发怒，而是学习毫无偏见地和有分析地解决控制上的问题。这并不是说管理者对个人的感情冷淡和无动于衷。相反，他应是敏感的和有感知力的。他既要注意既定的目标，也要考虑达到目标所必需的行动。他知道控制只是发现问题的手段，使用这些手段的目的在于寻求解决办法，而不是简单地责备人。

2）参与制定目标

参与在使下属接受制定的目标、行动的标准和测度的方法等方面是很有助益的。当一个人真正地参与了筹划计划和制定标准时，他会在心理上觉得介入了该项工作。他常会变得愿意承担责任，或至少对该事情获得更充分地了解。

参与的方式应根据每个公司的具体情况来定。有许多企业可以成功地实现全面的参与，而有一些企业则发现全面参与的做法使标准松弛，并且当管理者驳回下属的建议时还损伤了士气。不过，总的来说，由于参与制定目标这种做法往往能带来巨大的好处，所以仍然是一种值得尝试和推荐的方法。

3）实情控制

实情控制强调任何纠正行动应是根据某一特定环境中的事实提出的，而不应由于受到一位监督管理人员的压力而提出。比如，同样是地上有一张纸这种情形，多数人宁愿自觉地捡起它也不愿被人命令捡起它。实情控制实际上是强调，对于控制工作，员工的自觉行为往往比受控行为更有效率。

比如有一家生产复杂加工设备的公司，在将一个重要客户的订单排入日程时，工程部和生产部都排满了工作，而且都正在盼望夏季的公休。在这种情况下，有关的管理人员说按原定的交付日期（公休之前）交货是"不可能的"。但是这个客户过去曾与公司做过大笔的生意，而且今后可能继续这样做，同时客户的需求显然是很紧迫的。因而，在经过充分地协商后，双方同意努力按经过了延期的新发货日期发货。

在这种情况下，管理者并未生硬地规定紧迫的工作日程，并没有拍桌子，也并没有说必须按日期完成工作，否则得垮台。相反，他们只是将这项工作的情况完完全全地告知每一个参加该项工作的人。当客户的工程师们来厂访问时他们会见了承担这项"不可能完成"的工作的人员。同时，该公司的员工也完全了解客户工厂工程的进展情况。几个星期来，人们总的情绪一直是"我们知道不行，但我们将试试看"。继而人们的情绪发生了转变，"如果一切进行顺利，我们即能按期完成"。

实际上，这项订货在工厂放假休工的前一天即发了货。从订单排入日程开始直至发货，总的工期只相当于正常生产所需工期的一半。人们工作得都很努力，他们彼此相互帮助，并自愿地放下正常的工作而去进行眼下最重要的事情。发货前的最后试车和调整工作也比平常减少了，机器一次试车成功。当然生产成本比通常稍高，但保证了交货的日期。

在这种情况下，使用详细的控制图和来自高层管理的压力可能只能使成绩比平常稍好点，而这样是不足以按期交货的。相反，让大家充分地了解实际的情况，并对情况的要求自觉做出反应，工作就都完成了。这样来处理工作，士气比采用压力和生硬的控制时更高，而压力和生硬的控制还可能会导致紧张的情绪和不满。

在需要显而易见而情况又特殊时,实情控制并不罕见。例如,一场大风雪使得一家大银行的一半职员未能到达银行上班,而设法到行的职员却设法使当天的工作完成了。因此,由员工根据实情自发地形成一致的、积极的态度,并将这种态度带进工作中所产生的效率往往比压力管制下的效率更高,从而使控制工作更有成效。

4)必要的灵活性

"灵活性"有时候会成为某些人逃避正常管理的借口。然而,在现实生活中确有一些偏离通常的水平或原则的情形倒是可取的,所以不能因为这条道理有可能被人滥用而不承认它积极的方面。

比如,一家公司就曾使用下述的比较灵活的计划和控制方法:当一位上司每次向其下属分派一项任务时,他写下他对完成该项工作所需时间的估计。他首先将同完成该项工作的人共同简要地研究所作的估计,而且他们都知道这只是根据过去的经验所做出的一种主观的估计。然后,上司记录下该项工作实际完成的时间。如果所需的时间超过了估计的时间,上司就和进行该工作的人员都将记下超过时间的原因。每个人都认识到了可能会发生意外的延迟,故而任何人都不会由于受到压力而寻找任何借口,他只需简单地记录下受到的干扰。造成延迟的各种原因将被收集起来,并对其进行仔细地分析。当这种原因再次出现时,人们即可努力来排除它。

这种计划的方法很简单,只需制作几种特殊的表格以便于记录估计的时间、实际使用的时间和写出迟延的原因,真正增加的任务只是对各种报告的集中分析工作,而这一任务也无须详细地说明。

当这种计划得到适宜的实施时,可取得很好的结果。监督人员和操作人员都会变得有意识地抓紧时间,因而时间的浪费即会减少,特别是中午和下班前的一段时间。确定出延迟的原因也能导致节约。在几个月的实践之后,监督人员和操作人员都将更善于估计时间,在这种情况下将比以前更有可能对工作进度进行严密的控制。这种计划的中心点似乎有以下几个方面:使所有的有关人员了解实际的情况;高度的自我控制;有采取纠正行动的机会;控制的基础是合作精神而不是压力。

这种获得灵活性的特殊的方法虽然并非任何人都可不作任何改变地应用于任何公司,然而,这些方法说明,只要稍具独创性即可能使控制制度具有灵活性。只要这种调整能使被控制的人相信这个制度是"合理的",这一制度取得成功的机会就能增大。

二、授权时的控制策略

每当管理者向其下属授权工作(作业工作和管理工作)时,也就产生了他需要知道该工作进行得满意与否的问题,因而授权就不可避免要产生控制问题。在简单的情况下,管理者可在工作进行时进行观察,但是当授权的工作增多,通过直接观察来进行监督就不再可能。而如果管理者试图控制其下属的决策,那么他不就又否定了他起初给下属的授权吗?

这个问题困扰着很多管理人员。他们知道高度分权所带来的好处,但他们也知道他们将继续负有责任。他们常常希望能充分地分权——条件是他们这样做将"不会丧失控制"。

1. 随分权增加而改变控制

当一个管理人员向其下属授权大量的计划工作时,他并非一定要丧失控制权,但是他应当准备改变他的控制。首先,控制的焦点要从细节转向成绩。当决策集中时,管理者自己要为工作的各个阶段制定详细的有关工作方法和产出的标准。但是,当他愈来愈多地授出了计划和决策的职权时,他应将其注意力从作业的细节转向取得的成绩。然而,这并不是一种突然的转变,而是随分权的程度逐渐变化,逐渐放弃对细节的控制,逐渐地转变到依靠对成绩的评价。

其次,评价的次数也将有所变化。因为管理人员不再注意细小的活动,可以放弃多数(如果不是所有的)的日报表。管理者随着注意力的转移和分权程度的增长,将愈来愈注重总的成果,而报告所包括的时间一般亦将更长。一个在利润分散化基础上经营的分部,其月度损益说明书和资产负债表将成为高层管理所需要的主要报告。其他指标,如市场地位和产品发展等可能只需要一季度报告一次。

【管理实践】
美的组织结构变革实现分权与控制的良好结合

1968 年,美的成立。创业时的美的,需要高效的决策机制,直线式管理简单直接、环节清晰。当美的规模逐渐壮大,直线式管理弊端渐显。

1996 年,美的开始酝酿事业部管理。1997 年,改革全面铺开。集团总部负责总体发展战略、产业发展取向、资本运营和品牌管理,原有五大类产品生产单位改建为事业部,实行开发、生产、销售、服务一体化,事业部自主权的充分落实给企业带来了活力。

改革前,美的高层整天忙于具体经营事务。实行事业部制后,由于具体的经营问题都授权给各事业部自行处理,因此高层从日常工作中解脱出来,有更多的时间思考企业文化、经营方针、增长方式、组织发展、管理机制、市场定位等战略问题。这既实现了分权带给各事业部的灵活性,又实现了高层不失去对各事业部的总体、宏观的控制,从而有利于集团整体的健康发展。

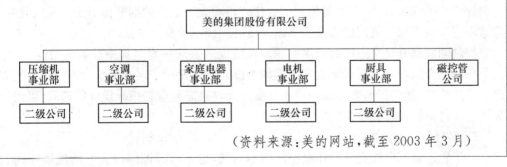

(资料来源:美的网站,截至 2003 年 3 月)

2. 预警控制

人们将注意力从频繁细致的控制报告转向定期的总的评价报告,并不排除使用一些警告信号式的控制。当授权程度增大,通常希望有一位下属来帮助上司注意即将出现的问题,而不使其上司在情况正常的时候受一般控制信息的干扰。当脱离标准的偏差超出某一规定时,管理人员可能需要别人来提醒他,从而应用计划工作中的"例外原则"。

【管理实践】

破窗效应——汤姆的故事

预警控制包含有"防微杜渐"的道理。西方学者提出的"破窗效应",也有异曲同工之意。所谓"破窗效应"是指如果有人打坏了一个建筑物的窗户玻璃,而这扇窗户又得不到及时的维修,别人就可能受到某种暗示去打烂更多的窗口玻璃。

美国有一家以很少解雇员工著称的公司。一天,资深车工汤姆为了赶在中午休息之前完成 2/3 的零件,在切割台上工作了一会儿之后,就把切割刀前的防护挡板卸下放在一旁,因为没有防护挡板,收取加工零件更方便更快捷一点。

但汤姆的举动被无意间走进车间巡视的主管正好发现。主管雷霆大发,除了亲自看着汤姆将防护板装上之外,又站在那里控制不住地大声训斥了半天,并声称要把汤姆一整天的工作量作废。

汤姆以为事情就可以这样结束了。没想到,第二天一上班,有人通知汤姆去见老板。在那间汤姆受过多次鼓励和表彰的总裁室里,汤姆听到了要将他辞退的处罚通知。总裁说:"身为老员工,你应该比任何人都明白安全对于公司意味着什么。你今天少完成几个零件,少创造了利润,公司可以换个人换个时间把它们补回来,可你一旦发生事故失去健康乃至生命,那是公司永远都补偿不起的⋯⋯"。

3. 强化基层的控制水平

如果能够提高基层控制工作的水平,那么高层管理者被控制工作牵制的精力就会减少。所以,高层管理者可以坚持要求低层管理使用某种具体的控制手段,尽管他自己可能并不为其制定标准,也并不接受其有关成绩的报告。例如,一位主管生产的副总经理可以在自身不参与具体事务的情况下要求作业单位采用可靠的质量检查计划,以提高质量管理工作的水平。这样既提高了基层的控制水平,又节省了自己的精力。

4. 更多的自我控制

当主管人员将更多的职权授予他的一位下属,而他自己的控制也从工作的具体细节转向评价总的成绩时,该下属对控制的责任即将增大。工作的细节仍旧是需要照管的,但是这将更多地依靠于低层的人员。下属人员必须控制他自己的活动。

控制问题部分是个态度和习惯问题。在传统的做法一直是集中控制的情况下,作业人员自然地会依赖于上级管理者和他们的参谋人员来发现错误并采取纠正行动。当职权已下放给他们,他们即需要形成一种新态度。同时也需要重新指导设计信息流,以使下层人员能获得他们进行自我控制所需的信息。

5. 多辅导,少命令

由于管理者不再注意日常作业中的细小问题,也不再试图解决大量的现场存在的问题,故很自然地会发出较少的命令,因而他应该和下属之间建立起一种辅导性关系以替代命令关系。如果已建立了有关成果的标准,下属和管理者都将知道应期待什么。同时,他们都将完全一致地希望取得这一成果,而且如果下属曾参与制定标准和测量成效的方法时,双方更将会以统一的观点来解释控制信息。在这种情况下,管理人员将很容易地转变成为一位辅导员。他不必发号施令,而只需向人们提出有关如何完成预期成果的建议,下属应主动地采取纠正措施。

　　总之,要实现分权条件下的良好的控制,就必须为所授权的任务制定出一组清楚的目标,并为测定这些目标达成的成绩制定出测度的方法。同时,还必须清楚地知道哪些政策、组织、管理方法和其他的公司规定是必须遵循的,以及哪些可只看作推荐性的做法。另外,对那些需要上级事先批准的行动必须给以清楚的说明。除此以外,高度的分权要求具有适当的人选,因此必须选拔、培训和很好地激励能够行使职权的下属人员。管理人员本身也必须能够且愿意调整自己的行为,并且创造出授权所涉及的双方相互配合和相互信任的气氛。

思考题:
1. 控制工作须遵循的基本原则有哪些?
2. 控制工作常用的策略有哪些?
3. 控制不受欢迎的主要原因有哪些? 怎样诱发对于控制的积极态度?

第十三章　管理思想的演进

本章知识地图

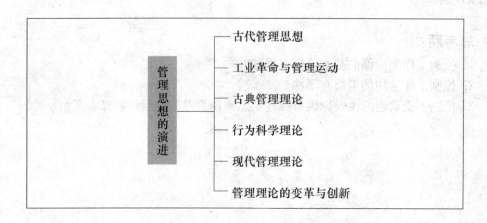

第一节　古代管理思想

一、古代中国的管理思想

中华民族拥有悠久的历史、灿烂的文化,其源远流长的传统文化无处不体现出中国古代的管理思想和对于管理的精辟见解。像我国古代的儒家思想中的尊贤用能、见贤思齐、为政以德及《孙子兵法》中的谋略思想等都是中国传统文化中的管理思想精华。美国学者克劳德·乔治不无佩服地说:"从《墨子》、《孟子》、《周礼》的古代记载中,已看到当时的中国人早已知道组织、计划、指挥和控制的管理原则。"甚至还有的美国管理学家认为美国的管理学思想源自"孙子兵法"。中国历代都有着至今看来仍不失其价值的管理实践,长期的管理实践产生了丰富的管理思想。

1. 中国古代管理实践

中国在两千多年的封建社会中,在中央集权的国家管理制度下,财政赋税的管理、官吏的选拔与管理、人口田亩管理、市场与工商业管理、漕运驿递管理、文书与档案管理等方面,历朝历代都有新的发展,并出现了许多杰出的管理人才,在军事、政治、财政、文化教育与外交等领域,显示了卓越的管理才能,积累了宝贵的管理经验。战国时期著名的"商鞅变法"是通过变法提高国家管理水平的一个范例;"文景之治"使国家出现了政治安定、经济繁荣的局面;万里长城的修建,充分反映了当时测量、规划设计、建筑和工程管理等的高超水平,体现了工程指挥者所具有的高度管理智慧;都江堰等大型水利工程,将防洪、排灌、航运综合规划,显示了我国古代工程建设与组织管理的高超水平;丁谓主持的"一举三得"皇宫修建工程堪称运用系统管理、统筹规划的范例。还有许多令人赞叹的管理实践都体现了中国古人高超的管理智慧。

综观中国古代管理实践可以看出,管理与行政基本融为一体。由于古代中国是典型的农业经济,行政管理是社会管理最主要的模式,因此,任何一项工程,任何一项管理活动,无不以国家或官府的名义展开,管理实践也只有在和行政融合的过程中才有表现的机会。实际上,我们所了解的中国古代管理实践,都是渗透在行政中的管理实践。中国古代的管理实践是一种经验管理,古代管理实践的成功与否主要取决于管理者或决策者的素质高低。管理者的个人知识、能力和经验越丰富,越有可能进行卓有成效的管理活动,否则,管理就可能缺乏成效,甚至失败。因此,管理实践是和个人经验分不开的,是一种典型的经验管理。

2. 中国古代名家管理思想

中国古代出现了许多的思想家,有着极为丰富的管理思想。其中,老子、孔子、孟子、孙子、管子的管理思想最具有代表性。

老子是先秦道家学说的创始人。在他的思想体系中,不仅有着深邃的哲学思想,而且包含着涉及政治、经济、文化、军事诸多方面的社会及国家管理思想。诸如"道法自然"、"无为而治"等许多思想对中外管理思想的发展产生了深刻影响。

孔子作为儒家学派的创始人,他的以"仁"为核心,以"礼"为准则,以"和"为目标的以德治国思想是其管理思想的精髓,成为了中国传统思想的主流。

孟子是孔子思想的嫡派传人,也是继孔子之后儒家学派最重要的代表,被后世尊为"亚圣",堪称中华民族的思想文化巨人。孟子的管理思想是孟子思想体系的一个重要组成部分,他的"性善论"的人性观、施"仁政"的管理准则以及"修其身而天下平"等思想,对中国管理思想的完善与发展做出了重要贡献。

孙子是中国古代著名的军事家,其军事思想和管理思想主要体现在他的传世之作《孙子兵法》中。全球众多知名公司把孙子兵法作为高级管理人员必读书,美国哈佛大学商学院把《孙子兵法》融入高级管理战略课程中,西点军校将《孙子兵法》列为指定科目。"不战而屈人之兵"、"上兵伐谋"、"必以全争于天下"、"出其不意,攻其不备"、"唯民是保"等思想至今仍不失为管理中的战略精髓。

管子是春秋初期齐国杰出的政治家、军事家和思想家。曾经辅佐齐桓公40年,富国强兵,政绩卓著,帮助齐桓公实现了称霸诸侯的理想。他的"以人为本"的思想、"与时变"的发展与创新精神、德能并举以及"德"与"能"不可偏废的选贤标准等许多管理思想,无不透射出永恒的智慧之光。

可见,中国古代管理思想博大精深,是一个管理思想的宝库,不仅是滋养中华民族蓬勃发展的智慧之源,而且是世界管理思想的重要源泉。

3. 中国古代管理思想的基本特征

中国古代管理思想具有以下基本特征。

(1) 把人作为管理的重心。"以人为本"的思想在中国古代管理思想中始终占主导地位。把人作为管理的重心,管理者必须以人为本,"爱人贵民",认为管理的成败在于用人。

(2) 把组织与分工作为管理的基础。强调组织与分工是管理的基础,提倡建立层次分明的组织体系,指出家庭是最基本的组织形式。儒家和法家的富国富民之学都是把一家一户作为一个单位，以男耕女织的个体农业作为社会生产的基本形式，"齐家"是管理的主要方面。

（3）强调了"农本商末"的固国思想。"重农限商"的思想一直在中国古代管理思想中居于主导地位，倡导以农富国。《管子》认为农业是富国富民的本事、本业；韩非提出"富国以农"、"仓廪之所以实者，耕农之本务也"；荀子主张，"轻田野之税，平关市之征，省商贾之数，罕兴力役，无夺农时，如是则国富矣"；商鞅主张以农固国，认为"国不农，则与诸侯争权不能自持也，兵力不足也"，只有通过政治、经济、法律等手段把农民稳定在土地上，国家才能安稳。

（4）突出了义与情在管理中的价值。中国古代充满着浓重的讲情讲义的管理思想，倡导"见利思义"、"义然后取"、"义，利也"、"兼相爱，交相利"、"晓之以理，动之以情"、"以德服人"等。

（5）赞赏用计谋实现管理目标。重视谋划，主张以谋取胜为上策，适应环境变化，善于权变，不拘泥于既定的清规戒律。

（6）把中庸思想作为管理行为的基准。中庸思想在中国古代管理思想中始终占重要地位，把中庸作为道德标准、决策准则。

（7）把求同视为管理的重要价值。重求同是中国古代管理思想的重要特征。中国地大物博、自给自足的地理及经济生活特点使得中国的管理活动获得了一个天然的"隔离机制"，管理体制和思维方式一直保持着自己的特色，没有发生过大的文化"断层"、交融与更替现象，长期以来一直稳定地延续下来，使中国的传统管理思想中凸显出求同性。孔子毕生致力于"克己复礼"；董仲舒甚至把封建统治制度——"道"与"天"联系起来，提出"道之原大与天，天不变，道亦不变。"国家的统一始终成为当政者的追求，这种思想被扩展到社会生活的各个方面。

二、古代西方的管理实践

1. 古代西方的管理实践及管理思想的形成

西方文明起源于古希腊、古罗马、古埃及和古巴比伦等文明古国，它与以中国为文明为代表的东方文明相互辉映、相互影响、相互补充，是人类文明的重要组成部分。

古埃及是人类历史上最早出现阶级和国家的地区之一，根据古埃及史学家马涅托的记载，从公元前 3000 年美尼斯统一埃及，到公元前 332 年被希腊征服为止，古埃及的历史可划分为 31 个王朝，后来西方学者将其划分为早期王国、古王国、中王国、新王国和后期埃及等几个历史时期。古埃及的管理思想随着国家的出现和生产、经济的发展而产生和发展。在古埃及数千年的历史中，其管理思想体现在：以中央集权专治统治作为本国主体管理体制；以王权神化的宗教思想作为社会管理的思想基础；在发展农业生产中由国家官僚机构统一管理水利工程和其他资源；在发展生产中组织经济、生产、工程、技术和文化活动。

古巴比伦位于幼发拉底河中游东岸，公元前 19 世纪初期，阿摩尼亚人以巴经伦为都城建立了古代巴比伦王国，这是一个将两河流域南、北、西部统一为奴隶制的中央集权国家。公元前 18 世纪，《汉穆拉比法典》的制定，废除了原来各城邦的立法，将全国法令统一起来。这是目前所知的人类历史上第一部完备的成文法典，它标志着古巴比伦法制管理思想的发展与逐步成熟。这部法典包括诉讼手续、盗窃处理、军人份地、租佃、雇佣、商业高利贷与债务奴隶、家庭与继承、伤害与赔偿、奴隶关系等。古巴比伦的农业和手工业分为制砖、缝纫、宝石匠、冶金、刻印工、皮革工、木工、造船工和建筑工等。其分工之细,管理之完善,是前所未有的。古巴比伦以农业和手工业为基础的经济发展导致了商业贸易规模的扩大,其王室经济的商业代理人垄断着国内外的大宗贸易,经理国家税收,进行高利贷和土地经营,这便是西方古代的"国家垄断资本经营"的雏形。此后,亚述帝国的兴起和公元前 10 世纪新巴比伦王国的建立,使奴隶制商品经济有了进一步的发展,各重要城市的神庙往往是手工业、商业和高利贷活动的中心。在工贸经营中,富有商家的出现及其成功的经营活动,积累了初步的工商、金融管理经验,而有序的管理又促进了经济的进一步发展。

欧洲管理思想的发展离不开古罗马的管理实践。古罗马所在的意大利半岛位居地中海中央,原本为地域辽阔的罗马帝国。罗马皇帝主要依靠军队和官僚进行统治,帝国初期的社会经济在原有基础上有所发展,帝国秩序的相对稳定、交通的发达、技术的提高,为农业、手工业和商业的发展创造了条件。公元前 3 世纪开始,随着罗马帝国的灭亡、奴隶制的衰落和基督教的兴起,古罗马的文化逐步被基督教教会文化取代。在基督教圣经中所包含的伦理观念和管理思想,对以后西方封建社会的管理实践起着全局控制作用,它使政治、经济、科学、文化的管理带上了浓厚的宗教色彩。

2. 西方早期管理思想的形成

18 世纪下半叶从英国开始的工业革命导致工厂制度产生,在管理实践和理论研究上,出现了各种对管理理论的建立和发展具有深远影响的管理思想。西方的管理也是随之出现了质的飞跃。这些管理思想主要有以下几种。

1) 小瓦特和包尔顿的科学管理制度

最早在企业管理中使用科学管理方法的,是瓦特和包尔顿。他们是发明和设计蒸汽机的两位先驱者的儿子。1796 年,他们的父亲在英国建立了索豪工程铸造厂,瓦特和包尔顿负责这家工厂的管理,并对管理事务进行了分工:小瓦特主持组织工作与行政,包尔顿负责销售与商业活动。他们为工厂制定了许多管理制度,并让组织工厂的许多代表收集各项可能影响蒸汽机需求的资料,并据此确定企业家生产能力和编制生产计划;依据工作流程的需要,有计划地安排机器的空间布置,组织生产过程规范,产品部件标准化;在会计与成本核算方面,他们建立了详尽的统计记录和控制系统,采用了原料成本、人工费用、成品库存等分别记账的会计制度,从而能够计算工厂制造的每台机器的成本和每个部门所获的利润;在人事管理方面,他们进行了工作效率研究,制定了管理人员与职工的培训计划,实行按成本支付工资的方法,并试图改进职工的福利,为职工建立了一套互助保险制度。瓦特与包尔顿在管理实践中的这些探索甚至会令今天的管理学家感到惊奇。

2) 亚当·斯密的劳动分工观点和经济人观点

亚当·斯密(Smith, Adam 1723—1790),是英国工场手工业开始向机器大工业过渡时期的资产阶级经济学家,古典政治经济学的杰出代表和理论体系的建立者。他的代表作《国民财富的性质和原因研究》不仅是经济学说史上的不朽巨著,而且是管理学宝贵的思想遗产。在这本名著中,他不仅阐述了劳动价值理论,而且详细分析了劳动分工带来的好处。

斯密认为,劳动是国民财富的源泉。一国财富的多寡,取决于两个因素:一是该国从事有用劳动的居民在总人口中所占的比重;二是这些人的劳动熟练程度、劳动技巧和判断力的高低。财富的增加可以提高人民的幸福程度,提高劳动者技巧的熟练程度,从而提高劳动生产率,是增加一国物质财富的重要途径。劳动分工有助于这个目标的实现。

斯密详细分析了制针业的情况。他指出,即使是制针这样简单的作业,如果每个人都完成全部的制造过程,那么一个雇用 10 个工人的工厂每天只能生产 2000 根;而如果将制造过程分解成好多个不同的作业程序,每个人只从事有限的操作,那么尽管工厂设备简陋,也可以使产量达到 48000 根以上。为什么"同样数量的劳动者因为有了劳动分工就能完成更多量的工作呢"? 斯密认为,原因有 3 个。

(1) 劳动分工可以使工人重复完成简单的操作,从而可以提高劳动熟练程度,提高劳动效率。

(2) 分工节省了通常由一种工作转到其他工作所损失的时间。

(3) 分工使劳动简化,使工具专门化,从而有利于创造新工具和改进设备,而新机械的发明和利用,又使得劳动进一步简化和减少,从而使一个人能够完成许多人的工作。

斯密关于劳动分工的分析,后来发展成为管理的一条基本原则。

3) 欧文的人事管理

罗伯特·欧文(1771—1858)是英国的空想社会主义者,在管理实践和管理思想方面有重要的贡献,是现代人事管理之父。他是 19 世纪初期最有成就的实业家之一,也是杰出的管理学先驱者,他最早播下了人事管理的种子。欧文认为,人是环境的产物,只有处在适宜的物质和道德环境下,人才能培养出好的品德。为了证明自己的哲学观点是正确的,为了培养人的美德,欧文在他自己的工厂里进行了一系列劳动管理方面的改革:停止雇用 10 岁以下的童工,将原来雇用的童工送入学校学习;其余的人每天工作时间不超过10 小时 3 刻钟;禁止对工人体罚;为工人提供厂内膳食;通过建造工人住宅与修筑道路来改善工人生活的社区环境;等等。欧文的实验表明,重视人的作用、尊重人、实现以人为本的管理,可以使企业获取更多的利润,为社会积累更多的财富。欧文的理论和实践对以后的管理,特别是人事管理有相当大的影响,所以有时也被称为现代人事管理的创始人。

4) 巴贝奇的作业研究报酬制度

查尔斯·巴贝奇(1792—1871)是英国的数学家、发明家、现代自动计算机的创始人和科学管理的先驱者。1832 年,他发表了《论机器与制造业经济学》一书。在这本书中,巴贝奇继续了斯密关于劳动分工的研究,并指出,劳动分工不仅可以提高工作效率,还可以带来减少工资支出的好处。他认为,一项复杂的工作,如果不进行分工,每个工作都要完成制造过程中的每项劳动,企业则必须根据全部工序中技术要求最高、体力要求最强的标准来雇用工人,并支付每个人的工资。相反,在进行了合理的分工后,企业就可以根据不同工序的复杂程序和劳动强度来雇用不同的工人,支付不同标准的工资,从而使工资总额减少。

此外,巴贝奇还强调不能忽视人的因素。他认为,企业与工人之间有一种共同的利益,主张实行一种分红制度,使提高了劳动效率的工人能因此而分享工厂的一定利润,并对那些提出合理建议且收到效果的工人给予奖励等。

欧文、斯密以及其他一些人对早期工厂管理的思考虽然是零散的,但对后来的科学管理和其他管理理论产生了重要的影响。

第二节　工业革命与管理运动

在管理思想和理论发展的历史上，美国"管理运动"具有里程碑式的意义。19世纪中叶以后，现代公司制度在美国确立，随着企业的规模、数量不断扩大，管理人员碰到了许多以前没有遇到过的问题，于是研究新的管理理论、规则和方法形成一个社会性潮流，直接导致Tailor制等现代管理理论的出现。因此，"管理运动"是现代管理的前奏，是古代管理走向现代管理的标志。回顾现代管理100多年的历史，不能不从美国的"管理运动"开始。

纵观人类发展历史，组织尤其是经济组织的演变与管理思想和理论的发展存在着互相促进的关系。经济组织的演变为管理提出新的研究课题，而管理研究的进展又为新型组织的巩固提供了支持和保证。这种如影随形的互动关系是管理思想和理论演进的根本动力。

一、美国铁路企业的成长与"管理运动"的开端

19世纪40年代末，美国掀起了铁路建设的热潮，由此导致了美国铁路企业的成长。由于修筑铁路所需的巨额资本只有通过资本市场才能筹集得到，因此使得美国铁路企业几乎一开始就走上了公司制道路，从此公司制作为一种组织创新形式风靡全世界。股份公司使企业规模突破了个人资本量的限制，使企业大规模扩张成为可能。大企业内部结构日益复杂，同时铁路企业的管理需要专业性的特殊技能和训练，支薪管理人员从此产生，现代职业经理阶层得以形成。铁路企业出现的一系列新问题推动企业管理理论研究的不断深入和发展。19世纪四五十年代，铁路管理是一个全新的问题，如协调困难、发生事故、运输成本高等，支薪经理人员面对这些严峻挑战，他们积极探索，不断创新，得以逐渐形成分工严密、结构合理、协调控制的铁路企业组织结构和管理制度，而与之相适应的近代财务会计、统计制度的基本方法也在50—60年代逐渐发展起来。

总之，铁路企业的成长和管理创新具有重要的意义。一方面，准确可靠、全天候、大规模、低成本的运输为后来制造业中现代企业的成长提供了必要条件；另一方面，铁路企业的组织管理创新成为后来制造业企业的组织管理创新的基础。因此，铁路企业的管理创新是美国"管理运动"的先声。

二、现代工商企业的成长与"管理运动"

管理运动的产生主要基于以下几个方面的原因。

(1) 19世纪六七十年代以后，在美国、德国等国家发动的"电气革命"（第二次工业革命）进一步促进了生产力发展，电能的运用使各个行业的团队工作规模进一步扩大。

(2) 钢铁、机械、化工、橡胶、汽车、玻璃、通讯等新产业兴起。这些新工业规模大、技术要求高、计算精确、变换迅速，给管理提出了新的要求。

(3) 运输业和通讯业的发展，使人际交往、社会联系的技术条件有了划时代的改变，一方面提高了市场交易效率和生产、服务的社会化，促进了一体化市场的发育并形成了国

际市场,企业之间的竞争日益激烈,另一方面降低了管理成本,许多企业逐步实现了大规模生产、大规模分配的结合,产、供、销一体化经营,于是在企业规模扩大、跨国公司方兴未艾的同时企业内部的劳动分工、机构设置进一步复杂化,多层次化。

(4)股份制的企业制度从铁路行业扩展到各个行业,所有权、控制权分离产生的职业经理人员形成了新的社会阶层(被称为经理革命),在原有管理方法难以适应新情况,组织创新迫切需要新的管理理论作保证的形势下,职业经理人员构成了管理理论专业研究队伍的主体,从而形成了社会性的管理研究潮流——管理运动。

(5)19世纪70年代美国出现了长期的经济萧条,市场疲软,需求持续下降。面对日益激烈的竞争压力,企业家们开始把注意力从技术转移到组织管理上来。这是管理运动在整个工业界开始的契机。1886年的美国机械工程师协会年会讨论的主题就是如何改进组织管理。耶鲁—汤制造公司总经理亨利·汤在年会上发表了题为《作为经济学家的工程师》的主题讲话,呼吁建立一门管理的科学;亨利·梅特卡夫发表论文总结了1881年在他管理的兵工厂中实行的一种从完备监督流程入手、分析控制管理费用的车间——订单记账制度;奥柏林·斯密提交的论文探讨了固定资产核算问题,引起了很大反响;等等。此后,管理运动如火如荼地开展起来。泰勒于同年加入该协会并参加了年会,后来泰勒的许多科学管理成果也在该协会的年会上公布。

在管理运动中,管理终于成为一个独立的领域,系统的管理思想和理论逐步形成,形成了较成熟的学术规范,管理人员也成为一种职业,管理教育也发展起来,管理人员不仅可以从实践中成长,而且可以通过大学教育来培养等,所有这些都对以后的管理发展产生了深远的影响。

第三节 古典管理理论

管理科学是随着工厂制度和工厂管理实践的发展而发展的,19世纪末、20世纪初开始形成体系,其主要标志是泰勒的《科学管理原理》(1911年)和法约尔的《工业管理和一般管理》(1916年)。这个时期的管理理论通常被称为"古典管理理论",主要代表人物有美国的泰勒、法国的法约尔及德国的韦伯。

一、科学管理理论

1. 泰勒其人及其科学管理原则

"科学管理"是20世纪初在西方工业国家影响最大、推广最普遍的一种管理思想和理论,它包括一系列关于生产组织合理化和生产作业标准化的科学方法及理论,是由美国的一名机械工程师泰勒首先提出并极力推广的,因此通常也被称作"泰勒制"。

弗雷德里克·泰勒(Frederick W. Taylor,1856—1915)出身于美国费城一个富有的家庭,中学毕业后就读于哈佛大学法律系,因病中途辍学。18岁进费城一家工厂学习制模及机工手艺。4年后,他到费城的米德维尔钢铁厂。1901年以后,他专门从事写作和演讲,1911年发表《科学管理原理》,提出通过对工作方法的科学研究来提高工人劳动素质的基本理论和方法。泰勒在该书中提出的理论奠定了科学管理的理论基础,标志着科学管理思想的正式形成,其因此被称为"科学管理之父"。

泰勒科学管理的核心是谋求最高效率,而要达到最高的工作效率的重要手段是用科学化的、标准化的管理方法代替旧的经验管理。泰勒科学管理的原则集中在以下几个方面。

1) 用科学管理代替凭经验的管理方法

泰勒和他的同事为了获到最佳的管理效果,在生产组织中十分注重管理的合理性和科学性。例如,为了确定一天合理的工作量和确定组织劳动的最佳方案,他进行了在一定时间内完成某一生产作业动作的研究。他以有利于操作和提高工效为原则进行了劳动工具的改革,其中,较为典型的事例是泰勒对钢铁厂工人使用铁锹的改革。改革前,每个工人在铲运原料时都使用同样大小的铁锹,根据他的设想,应按铲运原料比重的差别制造出不同大小的铁锹,按经验得出的最佳值确定每锹铲运量,经过这一改动,使得每位工人每班作业的铲运量提高了两倍。泰勒的以人为主体的、集技术与工具制造管理为一体的生产作业管理思想,为管理与作业管理提供了科学的范式。

2) 按科学的操作方法制定科学的工艺管理规程

泰勒十分注意生产作业管理的技术性和科学性,他把生产中的作业操作过程分解成许多连续完成的动作,在实践中测量并记录每一个动作所消耗的时间,然后按照经济合理的原则加以分析研究。在对合理的部分加以肯定,不合理的部分进行改进的基础上,制定统一的标准操作规程。在推行科学操作方法的基础上确定劳动定额,以便按定额进行生产作业管理。泰勒为了达到提高劳动生产率的目的,在工厂管理中用文件的形式固定工艺技术标准和工作量要求,实现了按标准进行计划管理的模式。这些工作,对于大规模工业生产管理具有重要的推动意义。

3) 对工人进行科学的选择和培训,以此为基础实行差别计件工资制

泰勒在实践中对经过挑选的工人进行专门的技术培训,以使他们适应科学的作业操作,掌握标准的方法去完成生产作业任务。这一做法,既改变了凭个人经验进行作业操作和靠师傅带学徒的落后训练模式,又为按标准实现计件工资管理方法的推广运用提供了必要的技术支撑条件。他在分配上,按照作业标准和时间定额规定了不同的工资率。对完成或超额完成工作定额的工人,以较高的工资率计件支付工资;对完不成定额的工人,则以较低的工资率计件支付工资。按他本人的说法,是对用最短时间完成每项工作、每单位工作或无缺陷完成每项工作的工人,给予比用较长时间才完成同样工作或虽然完成但完成有缺陷的工人以较高的工资。

4) 使管理与作业劳动分离

泰勒强调了管理工作与劳动的分离,他针对旧的管理模式中计划由工人凭经验制定和生产作业难以控制的缺陷,提出在实现新的管理制度后,必须由专门的管理部门按照科学规律来制定计划。他认为,即使有的工人很熟悉生产情况,也能掌握科学的计划方法,但要他在同一时间兼顾两项工作是不可能的,因此需要一部分人从事计划管理工作,另一部分人去按计划从事生产任务,即实现计划管理者和执行计划的劳动者的职能分离。在职能分离的基础上,他提出计划管理的具体任务是:规定标准的操作方法和操作规程;制定生产作业的定额;下达书面计划并安排人员实施;监督计划的执行。这实际上是一种以计划为核心,以标准的技术指标、定额为依据的生产作业管理模式,它确定了管理学的一大主体内容。

5）在管理中以协调一致代替不一致

1912年，泰勒在美国众议院特别委员会所作的证词中强调，科学管理是一场重大的精神变革，工厂工人应树立对工作、同事、雇主负责任的观念；同时，管理者（包括领工、监工、业主、董事会成员等）也必须改变对同事、工人以及一切日常问题的态度，增强责任观念。这样，当他们用友好合作和互相帮助来代替对抗和斗争时，工厂就能够通过提高生产率获得比过去更多的盈利，从而使工人工资大大增加，企业主的利润也迅速大幅度增长。

泰勒以自己在工厂的管理实践和理论探索，冲破了产业革命开始以来一直沿袭的传统的经验管理方法，将科学的管理方法引进了管理领域，并且创立了一套具体的管理方法，为管理理论系统的形成奠定了基础。同时，由于泰勒主张将管理职能从企业生产职能中独立出来，使得有人开始从事专职的管理工作，这就进一步促进了人们对管理实践的思考，从而有利于管理理论的发展。"泰勒制"在现场生产组织的推广也取得了显著的效果。由于采用了科学的作业程序和管理方法，推动了生产的发展，使得企业的生产效率提高了2～3倍。正是由于这些原因，泰勒的科学管理方法在20世纪初的美国和西欧受到了普遍欢迎。

"经济人"的人性假设是泰勒管理思想的核心。所谓"经济人"假设，就是认为人是以一种合乎理性的、精打细算的方式行事，人的行为受经济因素的推动和激发。经济人假设使管理人员与劳动者找到了一个共同点：一方要高额利润，另一方要高报酬，都有经济动机。管理者要获得高额利润，就必须高薪购买劳动者的积极性；而劳动者要获得高报酬，就必须为企业创造出高额利润。这一机制使工厂处于"良性"运转之中。

当然，泰勒的管理理论也有一定的局限性，他的科学管理理论存在着过于重视技术、内容比较窄、强调个别作业效率、忽视企业的整体功能等由历史条件决定的不足，但在当时却是一次史无前例的革命，是管理思想发展的一个"里程碑"，具有划时代的历史意义，其科学管理的许多思想和做法至今仍被许多国家参照采用。

2. 其他人的贡献

泰勒是科学管理的先锋，其同行与追随者也对科学管理做出了重要的贡献。

1）吉尔布雷思夫妇的贡献

弗兰克·吉尔布雷思被公认为动作研究之父，主要著作有《动作研究》、《应用动作研究》。动作研究是研究和确定完成一个特定任务的最佳动作的个数及其组合。吉尔布雷思夫妇通过对于动作的分解研究发现，一般所用的动作分类，如"移动手"，对于细致分析来说是过于粗略的。因此，吉尔布雷思把手的动作分为17种基本动作，他把这些叫做分解动作。吉尔布雷思夫妇为了记录各种生产程序和流程模式，制定了生产程序图和流程图。这两种图至今都还被广泛应用。吉尔布雷思夫妇除了从事动作研究以外，还制定了人事工作中的卡片制度——这是现行工作成绩评价制度的先驱。他们竭力主张，管理和动作分析的原则可以有效地应用在自我管理这一尚未开发的领域。他们开创了对疲劳这一领域的研究，该研究对工人健康和生产率的影响一直持续到现在。

虽然吉尔布雷思被人们称为动作研究之父，但他的研究领域远远超出了动作研究的范围。他致力于通过有效的训练、采用合理的工作方法、改善环境和工具，使工人的潜力得到充分的发挥，并保持健全的心理状态。他把新的管理科学应用到实践中，从而使它更容易被人们所接受并取得成功。人们可以根据他的工作成果制定出更好的动作模式，提高生产率,并以此建立、健全、激励报酬制度。吉尔布雷思的思想对后来行为科学的发展有一定的影响。

2) 亨利·甘特

亨利·劳伦斯·甘特(Gantt·Henry L,1861—1919)是泰勒创立和推广科学管理制度的亲密的合作者,也是科学管理运动的先驱者之一。甘特非常重视工业中人的因素,因此他也是人际关系理论的先驱者之一。

甘特对科学管理理论的重要贡献具体如下。

(1) 提出了任务和奖金制度。该制度规定,工人如果在规定的时间内或在少于规定的时间内完成工作,除了可以得到规定时间内的报酬外,还能按该时间的百分比获得另外的报酬。

(2) 强调对工人进行教育的重要性,重视人的因素在科学管理中的作用。甘特认为,任务和奖金制度可以使工长成为其下属的教师和帮助者,把关心生产转变为关心工人。甘特说:"我们做任何事情都必须符合人性。我们不能强迫人们干活;我们必须指导他们的发展。"这是早期关于人类行为认识的里程碑,它使甘特成为科学管理运动先驱中最早注意到人的因素的管理大师之一。

(3) 制定了甘特图。甘特以提出甘特图而闻名,最早他绘制了一种日平衡图,在第一次世界大战中发展成为甘特图,即生产计划进度图。在图中,平面图的横轴按比例划分为小时数、天数、周数,先把工作任务的计划完成时间用横线或横条画出,再把工作任务的实际完成情况用横线或横条画在计划完成情况线之下。甘特图有的按机器分,有的按工序分,有的还用作比较费用预算和实际支出。图表内用线条、数字、文字、代号等来表示所需的时间、实际产量、计划开工和完成的时间等不同的内容。甘特用图表帮助管理进行计划和控制的做法是当时管理思想的一次革命,在世界各地被广泛推广应用,并在此基础上发展成为计划评审法、关键线路法等。

3) 闵斯特伯格的工业心理学思想

雨果·闵斯特伯格(Hugo Mu nsterberg,1863—1916)是工业心理学的主要创始人,被尊称为"工业心理学之父"。闵斯特伯格的工业心理学思想产生于19世纪末20世纪初,当时,第二次工业革命使得工业的生产规模不断扩大、生产效率进一步提高。为了获得更高的生产效率,人们开始注意到如何有效地利用人的生理和心理资源的问题。泰勒的"科学管理"活动使得社会上对于科学管理的兴趣高涨起来。在"泰勒制"出现之前,心理学已经成为了一门独立的科学,但是将心理学直接应用到工业生产领域,研究如何适应和转变工人的心理、激发工人的干劲,以发挥生产效率,还是20世纪初才开始探索的。闵斯特伯格指出,在当时的工业中,人们最大的注意力是放在材料和设备的问题上;也有一些人注意到了工人的心理状态对工人工作效率的影响,如有关疲劳问题、工作单调问题、兴趣和愉快、工作报酬等,对于这一类问题,当时都是由一些外行人来处理的,他们对此缺少科学的理解。

1912年,闵斯特伯格出版了《心理学与经济生活》一书,该书在1913年被译为《心理学与工业效率》,该书包括三大部分内容:①最适合的人,即研究工作对人们的要求,识别最适合从事某种工作的人应具备什么样的心理特点,将心理学的实验方法应用在人员选拔、职业指导和工作安排方面;②最适合的工作,即研究和设计适合人们工作的方法、手段

219

与环境,以提高工作效率。他发现,学习和训练是最经济的提高工作效率的方法和手段,物理的和社会的因素对工作效率有较强的影响,特别是创造工作中适宜的"心理条件"极为重要;③最理想的效果,他研究了对人的需要施加符合组织利益的影响的必要性。闵斯特伯格指出心理家在工业中的作用应该是:帮助发现最适合从事某项工作的工人;决定在什么样的心理状态下,每个人才能达到最高产量;在人的思想中形成有利于提高管理效率的影响。

闵斯特伯格的研究对于今天的甄选技术、员工培训、工作设计和激励仍有重要的影响。但是,闵斯特伯格所考虑的面比较狭窄,仅限于个体心理的研究,缺乏社会心理学和人类学的观点和论据。所以,他的工业心理学在当时未能引起更为广泛的注意,而在其影响下的研究和理论为工业心理学增加了深度和广度,获得了人们更多的重视。

4) 福特制及其对科学管理的贡献

亨利·福特(Ford·Henry,1863—1947)是美国著名的"汽车大王",被认为是大规模生产的第一位倡导者。"福特制"是指由福特首创的一套生产和管理制度,福特制在生产和管理的实践中实现了许多科学管理的原理。

(1) 制造方式标准化。实行零部件标准化和作业标准化,大大提高了制造的精密性、零部件的互换性,提高了汽车的性能和质量,延长了汽车的寿命。

(2) 流水式装配线。为缩短生产作业途中搬运材料和部件的时间,福特公司发明了由自动搬运材料和部件的传送带组成的流水式装配线,并于 1913 年在海兰特·派克工厂建成并投入使用,生产率大为提高。

(3) 把服务大众作为宗旨。福特经常说,他办汽车工厂不是以赚钱,而是以服务大众为宗旨的。由于福特公司采用标准化和流水式装配线等先进措施,汽车的价格逐年下降。1910 年 T 型车的售价为 950 美元,1924 年已降为 290 美元。他采取措施大幅度地提高工人的工资,将每天的工作时间缩短为 8h。福特认为这样做的好处是,既能吸引和留住最优秀的工人,又能使工人有钱购买包括汽车在内的工业品,从而扩大了汽车销量。福特还在工人中实行利润分享计划,大大促进了生产率的提高。

(4) 建立人事部门,关心员工生活。"以确保他们的家是整齐干净的,他们饮酒不过量,他们的性生活没有不清白之处,并确保他们的空闲时间用在有益的事情上。"福特还设立了设备完善的拥有专职人员的医疗部门和福利部门,为工人开办职业学校,从 1926 年开始实行每周 5 天的工作制度。

3. 拔佳制的基本原则

拔佳制是由拔佳(Bata·Tomas)在学习福特管理思想的基础上发展起来的一种符合科学管理精神的管理制度。拔佳出生于奥匈帝国捷克兹林地区的摩拉维亚,1904 年他创建了制造鞋子的拔佳企业。他多次去美国接受培训和工作,学习了福特的管理思想,从而形成了具有自己特点的管理思想,那就是:依靠自己、全面质量管理、弹性战略、高度工艺技术、工人参与、把知识用做资本等。

拔佳制的主要特点是:不强调劳动分工而重视劳动整体化,不断创新和提高质量,工作小组和车间自治,利润分享,工人参与和共同决定,明确规定职责,弹性组织结构,有效的自动化,极为重视人的因素。

拔佳制的基本原则具体如下。

(1)"让工人思维,让机器工作"。

(2)"建立自己的供产销系统和全球经营战略"。

(3)"顾客是企业的主人"、"为公众服务"。

(4)"生产和利润不是目的,而是改善职工生活的手段。"

(5)"提高职工的生活质量是企业的首要职责"。

实行拔佳制后,拔佳的企业取得了很大的成功,拔佳的出生地兹林的摩拉维亚从一个贫穷闭塞的小村庄变为世界制鞋业的中心。

综上所述,泰勒及其同行与追随者的理论与实践共同构成了泰勒制。

二、法约尔的一般管理理论

泰勒的科学管理开创了西方古典管理理论的先河。继泰勒制之后所形成的组织理论,所研究的中心问题是组织结构和管理原则的合理化以及管理人员职责分工的合理化问题,其中影响最大的是法约尔及其一般管理理论。亨利·法约尔(Henri Fayol,1841—1925)是欧洲的一位极为杰出的经营管理思想家。1916年,75岁的法约尔发表了他的划时代名著《工业管理和一般管理》,对管理学的形成和发展做出了巨大贡献。

1. 法约尔对"经营"和"管理"的区别

法约尔认为,泰勒的科学管理理论同他的理论是相互补充的,因为他们都想努力通过不同的分析方法来改进管理。泰勒的研究是从"车床前的工人"开始的,重点内容是企业内部具体工作的效率。法约尔的研究则是从"办公桌前的总经理"出发的,以企业整体作为研究对象。

法约尔第一次明确区分了"经营"和"管理"的概念。法约尔认为"经营"和"管理"是两个不同的概念,法约尔认为,企业无论大小,简单还是复杂,其全部活动都可以概括为6种。为了突出管理的实质,法约尔又进一步将管理的要素划分为:计划、组织、指挥、协调和控制。

法约尔认为,"经营"是指导或引导一个组织趋向某一既定目标,它的内涵中包括了管理;法约尔提出了普遍意义上的管理定义,即"管理是普遍的一种单独活动,有自己的一套知识体系,由各种职能构成,是管理者通过完成各种职能来实现目标的一个过程。"管理包括在经营之中。通过对企业全部活动的分析,将管理活动从经营职能(包括技术、商业、业务、安全和会计等五大职能)中提炼出来,成为经营的第六项职能。法约尔认为,企业无论大小,简单还是复杂,其全部活动都可以概括为六种:①技术活动(指生产、制造、加工等活动);②商业活动(指购买、销售、交换等活动);③财务活动(指资金的筹措和运用等活动);④安全活动(指设备维护和职工安全等活动);⑤会计活动(指货物盘存、成本统计、核算等活动);⑥管理活动(其中又包括计划、组织、指挥、协调和控制五项职能活动)。法约尔明确指出,在这六种基本活动中,管理活动处于核心地位,即企业本身需要管理,同样的,其他5项属于企业的活动,也需要管理。

为了突出管理的实质,法约尔又进一步将管理的要素划分为:计划、组织、指挥、协调和控制。

(1)计划:管理人员要尽可能准确预测企业未来的各种事态,确定企业的目标和完成目标的步骤,既要有长远的指导计划,也要有短期的行动计划。

（2）组织：确定执行工作任务和管理职能的机构，由管理机构进一步确定完成任务所必需的机器、物资和人员。

（3）指挥：对下属的活动给以指导，使企业的各项活动互相协调配合。

（4）协调：协调企业各部门及各个员工的活动，指导他们走向一个共同的目标。

（5）控制：确保实际工作与规定的计划、标准相符合。

管理的五大职能并不是企业管理者个人的责任，它同企业经营的其他五大活动一样，是一种分配于领导人与整个组织成员之间的工作。法约尔认为领导和管理不同，领导是从企业拥有的所有资源中获寻尽可能大的利益以引导企业达到目标，就是保证六项基本职能的顺利完成。

2. 法约尔的 14 项管理原则

法约尔在他的《工业管理与一般管理》一书中首先提出了一般管理的 14 条原则。

（1）分工。劳动分工是各个机构和组织前进和发展的必要手段，属于自然规律的范畴，可以提高生产效率，也可使工人的培训费用大为减少。

（2）权力与责任。法约尔认为，权力即"下达命令的权利和强迫别人服从的力量"。权力可区分为管理人员的职务权力和个人权力。个人权力是指由担任职务者的个性、经验、道德品质以及能使下属努力工作的其他个人特性而产生的权力。个人权力是职务权力不可缺少的条件。出色的管理者要用个人的权力来补充职务权力的不足，责任和权力是相互的。有责任必须有权力，有权力就必然产生责任。

（3）纪律。任何组织要有效地工作必须要有统一的纪律来规范人的行为。法约尔认为，纪律的实质是遵守公司各方达成的协议。要维护纪律就应做到：①对协议进行详细说明，使协议明确而公正；②各级领导要称职；③在纪律遭到破坏时，要采取惩罚措施，但制裁要公正。

（4）统一命令。一个员工在任何活动中只应接受一位上级的命令。否则，就会使权力和纪律遭到严重的破坏。但是在实际企业管理中破坏这一原则的双重领导的现象是非常多的，为了保证统一指挥，必须要克服这些现象。

（5）统一领导。为达到同一目的而进行的各种活动，应由一位首脑根据一项计划开展，这是统一行动、协调配合、集中力量的重要条件。法约尔指出，统一领导和统一指挥的区别在于：人们通过统一领导来完善组织，而通过统一指挥来发挥人员的作用，统一指挥不能没有统一领导而存在，但并不来源于它。

（6）员工个人要服从整体。法约尔认为，整体利益大于个人利益的总和。协调这两方面利益的关键是领导阶层要有坚定性和做出良好的榜样。协调要尽可能公正，并经常进行监督。

（7）人员的报酬要公平。法约尔认为，报酬是人们服务的价格，报酬必须公平合理，尽可能使职工和公司双方满意。对贡献大和活动方向正确的职工要给予奖赏。

（8）集权。这条原则主要讨论了管理的集权与分权的问题，分权是提高部下作用的重要性的做法，而集权就是降低下级的作用。集权的程度应视管理人员的个性、道德品质、下级人员的可靠性以及企业的规模、条件等情况而定。

（9）等级链。"等级链"即从最上级到最下级各层权力联成的等级结构。它是一条权力线，用以贯彻执行统一的命令和保证信息传递的秩序。依据这条路线来传递信息，对于各层统一指挥是非常重要的,但它并不是最迅速的途径。等级制度是法约尔管理理论的核心。

(10) 秩序。秩序即人和物必须各尽其能,包括物的秩序和人的秩序。管理人员首先要了解每一工作岗位的性质和内容,使每个工作岗位都有称职的职工,每个职工都有适合的岗位。同时还要有条不紊地精心安排物资、设备的合适位置。

(11) 平等。平等是由善意与公道产生的。平等就是以亲切、友好、公正的态度严格执行规章制度。雇员们受到平等的对待后,会以忠诚和献身的精神去完成他们的任务。

(12) 人员保持稳定。最高层管理人员应采取措施,鼓励职工尤其是管理人员长期为公司服务。

(13) 主动性。给人以发挥主动性的机会是一种强大的推动力量。必须大力提倡、鼓励雇员们的认真思考问题和创新的精神,同时也应使员工的主动性受到等级链和纪律的限制。

(14) 集体精神。职工的融洽、团结可以使企业产生巨大的力量。实现集体精神最有效的手段是统一命令。在安排工作、实行奖励时不要引起嫉妒,以避免破坏融洽的关系。此外法约尔还认识到,人员间的思想交流特别是面对面的口头交流,有助于增强团结。因此他认为应该鼓励进行口头交流,反对滥用书面的联系方式。

法约尔把管理实践看作有别于会计、财务、生产、分销和其他典型生意职能的一种功能。他强调,管理是工商企业、政府甚至家庭中所有涉及人的管理的一种共同活动。法约尔 14 条管理原则是管理思想发展史上的一个里程碑。在这 14 条原则中对后来影响较大的有统一指挥、统一领导、等级制度。

3. 对法约尔管理思想的评价

管理思想的发展既是文化环境的产物,又是文化环境的过程。它伴随着文化模式、道德水准和社会制度的变迁而不断向前发展。只有站在这个高度,才能真正领会到法约尔一般管理理论中所蕴含的精神实质。

(1) 法约尔对管理"普遍性"的论述是管理思想发展上的一个重大贡献。法约尔提出:①管理是可以应用于一切事业的一种独立活动;②随着一个人在职务上的提升,越来越需要管理活动;③管理知识是可以传授的。

(2) 法约尔的管理思想具有很强的系统性和理论性。虽然法约尔的管理思想与泰勒的管理思想都是古典管理思想的代表,但法约尔管理思想的系统性和理论性更强,后人根据他建立的构架,建立了管理学并把它引入了课堂。法约尔的贡献是在管理的范畴、管理的组织理论、管理的原则方面提出了崭新的观点,为以后管理理论的发展奠定了基础。

(3) 法约尔的一般管理理论被誉为管理史上的第二座丰碑。这一理论作为西方古典管理思想的重要代表,后来成为管理过程学派的理论基础(该学派将法约尔尊奉为开山祖师),也是以后各种管理理论和管理实践的重要依据,对管理理论的发展和企业管理的进程均有着深刻的影响。对管理五大职能的分析为管理科学提供了一套科学的理论构架。因此,继泰勒的科学管理之后,一般管理也被誉为管理史上的第二座丰碑。

法约尔的管理理论并不是包罗万象、一成不变的。正如他自己所强调的,这些原则并不完整,也不是一成不变的,它不能回答特殊的问题,他不主张在实际工作中盲目地、刻板地套用这些原则,而应结合具体管理情况灵活应用它们。法约尔一般管理理论的主要不足之处是他的管理原则缺乏弹性,以至于实际管理工作者有时无法完全遵守。

时至今日,法约尔的一般管理思想仍然闪耀着光芒,其管理原则仍然可以作为管理实践的指南。

三、韦伯的组织理论

1. 韦伯及其主要著作

马克斯·韦伯(Weber Max,1864—1920)是德国的社会学家、经济学家和管理学家,是泰勒和法约尔的同时代人,是古典管理理论在德国的代表人物。韦伯在管理思想上的最大贡献是提出了"理想的行政集权制理论",被人称为"组织理论之父"。

韦伯出生于德国的埃尔福特一个有着相当广泛的社会和政治关系的富裕家庭,其父曾任普鲁士下院议员、帝国议会议员。他从小受到了良好的教育,研究涉猎经济学、社会学、政治学、宗教学等诸多领域。他指出,任何组织都必须有某种形式的权力作为基础,才能实现目标。只有理性—合法的权力才宜于作为理想组织体系的基础。

韦伯认为,人类社会存在三种为社会所接受的权力。

(1) 传统权力:传统惯例或世袭得来。韦伯认为,人们对其服从是因为领袖人物占据着传统所支持的权力地位,同时,领袖人物也受着传统的制约。但是,人们对传统权力的服从并不是以与个人无关的秩序为依据,而是在习惯义务领域内的个人忠诚。领导人的作用似乎只为了维护传统,因而效率较低,不宜作为行政组织体系的基础。

(2) 超凡权力:来源于别人的崇拜与追随。韦伯认为,超凡权力的合法性,完全依靠于对领袖人物的信仰,它必须以不断的奇迹和英雄之举赢得追随者,超凡权力过于带有感情色彩并且是非理性的,不是依据规章制度,而是依据神秘的启示。所以,超凡的权力形式也不宜作为行政组织体系的基础。

(3) 法定权力:理性——法律规定的权力。韦伯认为,只有法定权力才能作为行政组织体系的基础,其最根本的特征在于它提供了慎重的公正。原因在于:①管理的连续性使管理活动必须有秩序地进行;②以"能"为本的择人方式提供了理性基础;③领导者的权力并非无限,应受到约束。

有了适合于行政组织体系的权力基础,韦伯勾画出了理想的官僚组织模式。韦伯对组织管理理论的伟大贡献就在于他明确而系统地指出理想的组织应以合理合法的权力为基础,这样才能有效地维系组织的连续和目标的达成。为此,韦伯首推官僚组织,并且阐述了规章制度是组织得以良性运作的基础和保证。韦伯对理想的官僚组织模式的描绘,为行政组织指明了一条制度化的组织准则,这是他在管理思想上的最大贡献。

2. 韦伯的行政组织体系的特点

韦伯认为理想的行政组织是通过职务和职位来管理的。理想的行政集权组织的主要特点如下。

(1) 有确定的组织目标。人员的一切活动是为了实现组织目标。

(2) 明确的分工。每个职位的权力和责任都应有明确的规定。

(3) 自上而下的等级系统。组织内的每个职位,按照等级原则进行法定安排,形成自上而下的等级系统。

(4) 人员的考评和教育。人员的任用完全根据职务的要求,通过正式考评和教育训练来进行。

（5）职业管理人员。管理者有固定的薪金和明文规定的升迁制度,是一种职业管理人员。

（6）遵守规则和纪律。管理者必须严格遵守组织中规定的规则和纪律。

（7）组织中人员之间的关系。组织中人员之间的关系完全以理性准则为指导,不受个人情感的影响。

韦伯认为这种理想的行政组织是最符合理性原则的,其效率是最高的,在精确性、稳定性、纪律性和可靠性等方面都优于其他组织形式。这种组织形式适用于各种管理形式和大型的组织,包括企业、教会、学校、国家机构、军队和各种的团体。

3. 韦伯的理想官僚组织模式

韦伯的理想官僚组织模式具有下列特征。

（1）组织中的人员应有固定和正式的职责并依法行使职权。组织是根据合法程序制定的,应有其明确目标,并靠着这一套完整的法规制度组织与规范成员的行为,以期有效地追求与达到组织的目标。

（2）组织的结构是一层层控制的体系。在组织内,按照地位的高低规定成员间命令与服从的关系。

（3）人与工作的关系。成员间的关系只有对事的关系而无对人的关系。

（4）成员的选用与保障。每一职位根据其资格限制(资历或学历),按自由契约原则,经公开考试合格予以使用,务求人尽其才。

（5）专业分工与技术训练。对成员进行合理分工并明确每人的工作范围及权责,然后通过技术培训来提高工作效率。

（6）成员的工资及升迁。按职位支付薪金,并建立奖惩与升迁制度,使成员安心工作,培养其事业心。

韦伯对理想的官僚组织模式的描绘,为行政组织指明了一条制度化的组织准则,这是他在管理思想上的最大贡献。

作为韦伯组织理论的基础,官僚制在 19 世纪已盛行于欧洲。韦伯从事实出发,把人类行为规律性地服从于一套规则作为社会学分析的基础。他认为一套支配行为的特殊规则的存在,是组织概念的本质所在,没有它们,将无从判断组织性行为。这些规则对行政人员的作用是双重的:一方面他们自己的行为受其制约,另一方面他们有责任监督其他成员服从于这些规则。韦伯理论的主要创新之处来源于他对有关官僚制效率争论的忽略,而把目光投向其准确性、连续性、纪律性、严整性与可靠性。韦伯这种强调规则、能力、知识的行政组织理论为社会发展提供了一种高效率、合乎理性的管理体制。现在管理理论中普遍采用的高、中、低三层次管理就是源于他的理论。行政组织化是人类社会不可避免的进程,韦伯的理想行政组织体系自出现以来得到了广泛的应用,它已经成为各类社会组织的主要形式。韦伯的行政组织理论虽然不是管理思想的全新开创,只是社会实践的理论总结,但其思想对现代组织行为的现实具有重大的指导意义。

第四节　行为科学理论

行为科学研究员工在企业生产劳动中的行为以及这些行为产生的原因,以便调节企业中的人际关系,提高劳动生产率。行为科学理论重视研究人的心理、行为对高效率地实现组织目标的影响作用。尽管研究人的行为的科学早在 19 世纪就已经产生,但行为科学作为一种管理理论,则开始于 20 世纪 20 年代末到 30 年代初的霍桑实验,而真正地发展则是在 20 世纪 50 年代之后。行为科学的兴起和发展基本上可以划分为两个阶段:早期的"人际关系"理论阶段,其代表人物为梅奥和罗特利斯伯格;20 世纪 50 年代后的行为科学理论,其代表人物有马斯洛等人。

一、霍桑实验与人际关系学说

【管理实践】

只有满意的员工才是有生产力的员工。

——埃尔顿·梅奥

---

1. 梅奥与霍桑实验

梅奥是原籍为澳大利亚的美国管理学家,他主持了著名的霍桑实验,是早期行为科学—人际关系学说的奠基人,先后发表了《工业文明的人类问题》、《工业文明的社会问题》、《工业中的团体压力》等著作。梅奥在早期的研究中就发现,工人的问题不能用任何一种单独的因素来解释,必须在"总体情况的心理学"中来探讨。梅奥把组织作为一个社会系统来看待。他在 1926 年进入哈佛大学从事工业研究,不久就参加了霍桑实验,并于 1933 年发表了《工业文明的人类问题》一书,总结了霍桑实验前一阶段的工作。以后,他又断续地进行这项实验,并于 1945 年发表了《工业文明的社会问题》一书,进一步概括霍桑实验的成果,认为解释霍桑实验秘密的关键因素是小组精神状态的一种巨大变化。

霍桑实验是从 1924 年到 1932 年,在美国芝加哥城郊的西方电器公司所属的霍桑工厂中进行的一系列实验。霍桑工厂是一家拥有 25000 名工人的生产电话机和电器设备的工厂。它设备完善,福利优越,具有良好的娱乐设施、医疗制度和养老金制度。但是工人仍有强烈的不满情绪,生产效率也很不理想。为了探究其中的原因,在 1924 年,美国国家研究委员会组织了一个包括各方面的专家在内的研究小组对该厂的工作条件和生产效率的关系进行了全面的考察和多种实验。霍桑实验分 4 个阶段进行:车间照明变化对生产效率影响的各种实验;工作时间和其他条件对生产效率的影响和各种实验;了解职工工作态度的会见与交谈实验;影响职工积极性的群体实验。实验对人际关系学说和行为科学的创立有很大的作用,实验是在梅奥的主持下进行的。

2. 霍桑实验的主要内容及其结论

(1) 霍桑实验的主要内容

① 车间照明实验。实验目的是研究照明情况对生产效率的影响。实验把 12 名女工分成"实验组"和"控制组",研究工作者对两个组的工作情况做了仔细的观察和精确的记录。开始时,两个组的照明度一样,以后逐步把实验组的照明度降低,但实验组同控制组一样,产量都是一直上升的,而且即使在不充分照明的条件下,依然能维持其效率。实验者得出结论:照明度并不是影响工人生产力的要素。

②电话继电器装配实验。实验目的是了解各种工作条件的变动对小组生产效率的影

响,以便能够更有效地控制影响工作效率的因素。他们先后选择了工资报酬、工间休息、每日工作长度、每周工作天数等因素对工作效率影响的实验。发现无论哪个因素变化,产量都是增加的。实验者认为参加实验的女工产量增长的原因,主要是由于参加实验的女工受到人们越来越多的注意,并形成一种参与实验计划的感觉,因而情绪高昂。实验的结论:工作条件、休息时间以至于工资报酬等方面的改变,都不是影响劳动生产率的第一位的因素。最重要的是企业管理当局同工人之间,以及工人相互之间的社会关系。

③ 访谈计划实验。实验目的是为了解职工对现有管理方式的意见,为改进管理方式提供依据。实验人员对两万名左右的职工进行了访谈,访谈开始了解和研究职工对公司领导、保险计划、升级、工资报酬等方面的意见和态度。他们自由地谈论起公司和管理人员的事情,但不是按照研究者事先拟好的提问表来回答问题,而是谈些他们认为更重要的问题。谈话以后,虽然工作条件还没有改变,工资率也维持原状,但心理却觉得各种情况都改善了。访谈计划实验的结果是企业管理当局认识到必须对工厂管理人员进行训练,使他们能更好地倾听和了解工人的个人情绪和实际问题。访谈计划虽然取得了相当的成绩,但也有不足之处。那就是难以反映企业中非正式组织的情况。实验的结论:任何一位员工的工作成绩,都要受到周围环境的影响。

④电话线圈装配工实验。为了研究非正式组织的行为、规范及其奖惩对工人生产率的影响而设计出来的一组实验。实验的过程是选了 14 名男工在一间单独的观察室中进行。其中绕线工和焊工分成 3 组,每个小组由 3 名绕线工和 1 名焊工组成。两名检验工则分担检验工作。工人的工资报酬是按小组刺激工资制计算的。通过实验,研究人员首先注意到的是,工人们对"合理的日工作量"有明确的概念,而这个"合理的日工作量"低于企业管理当局拟定的产量标准。他们制定了非正式的产量定额,并运用团体压力使每个工人遵守这个定额。实验的结论:第一,非正式组织不顾企业管理当局关于产量的规定而另外规定了自己的产量限额;第二,工人们使上报的产量显得平衡均匀,以免露出生产得太快或太慢的迹象;第三,非正式组织制定了一套措施来使不遵守非正式组织定额的人就范。对电话线圈装配工中社会关系分析的结果表明,在正式组织中存在着非正式组织。

(2) 霍桑实验的结论。关于霍桑实验,许多管理学者发表了大量的著作。其中主要的是梅奥和罗特利斯伯格等人的。他们依据霍桑实验的材料,得出以下三点主要的结论。

①职工是社会人。"社会人"是人际关系学说对人性的基本假设。这种假设认为人不仅有经济和物质方面的需要,而且还有社会及心理方面的需要。梅奥等人认为,职工是社会人,必须从社会系统的角度来对待他们。

②在正式组织中存在着"非正式组织"。所谓正式组织就是传统管理理论所指出的,为了有效地实现企业的目标,规定企业各成员之间相互关系和职责范围的一定组织体系。梅奥认为,在正式的法定关系掩盖下都存在着非正式群体构成的更为复杂的关系体系。它同正式组织相互依存,对生产率的提高有很大的影响。

非正式组织的有利之处主要有以下 11 点:积极支持企业管理当局的政策和目标;使个人有表达思想的机会;提高士气;降低职工离职率;以社会报酬的形式对职工进行补偿;改善信息交流工作;使职工在一个不重视个人特点的组织内有维持个人特点的机会;提高职工的自信心并减轻他们的紧张状态;对指定任务的完成给予支持;在工作环境中提供人与人之间的温暖;提高个人之间的协作程度;减少个人对工作和环境的厌烦感。

非正式组织的不利之处主要有以下五点:抵制企业管理当局的政策和目标;限制职工的个人自由;强迫职工一致、可能共谋组成同管理当局敌对的工会;反对革新和改变;限制产量。

梅奥主张对待非正式组织的正确态度是:正式和重视非正式组织的存在;应对非正式组织及其成员的行为进行引导,注意在正式组织的效率的逻辑同非正式组织的感情的逻辑之间保持平衡,以便使管理人员同工人之间、工人相互之间能互相协作,充分发挥每个人的作用,提高效率,使之有利于正式组织目标的实现。

③新型的管理者的管理能力在于提高职工的满足度。梅奥认为,工作条件、工资报酬并不是决定生产效率高低的首要因素,首要因素是工人的士气,而工人的士气又同满足率有关。工人的满足率越高,生产效率就越高。新型的管理者的管理能力在于提高职工的满足度,以鼓舞职工的士气,提高劳动生产率。罗特利斯伯格在《管理和士气》一书中指出,"一个人是不是全心全意地为组织提供他的服务,在很大程度上取决于他对他的工作、对他工作上的同伴和他的上级的感觉。"所谓职工的满足度主要是指职工的安全的感觉和归属的感觉等社会需求方面的满足程度。梅奥指出了决定工作满意度的 6 个主要因素:报酬、工作本身、提升、管理、工作组织、工作条件。这是行为科学在以后发展的理论基础,并对以后的管理思想发展起着重大的影响。

霍桑实验的结论是人际关系学说的基本要点,也是行为科学在以后发展的理论基础,并对以后的管理思想发展起着重大的影响。霍桑实验在管理思想史上占有极其重要的地位,是管理思想的一个伟大的历史转折,给管理学的发展开辟了一个崭新的领域。行为科学也就由此成为管理学的一个重要分支,从此管理思想进入了一个丰富多彩的新世界。

二、行为科学理论的发展

在霍桑实验之后,西方管理学界出现了一批关注行为科学发展的学者,他们在梅奥等人研究成果的基础上进行了一系列深入的研究,促进了行为学派理论的发展。

1. 马斯洛需求层次理论

人的行为是由一定动机引发的,而动机又产生于人们本身的各种需求之中,由于需求存在着轻、重、缓、急,且有着内部的层次结构,因此有必要从人类需求的层次结构出发进行由此引发的动机和行为研究。这方面研究的核心理论即为"需求理论"及其激励理论。

需求层次论是研究人的需要结构的一种理论,是美国心理学家马斯洛(Abraham h·maslow,1908－1970)所首创的一种理论。他在 1943 年发表的《人类动机的理论》一书中提出了需求层次理论。这种理论的构成根据 3 个基本假设:①人要生存,他的需要能够影响他的行为。只有未满足的需要能够影响行为,满足了的需要不能充当激励工具;②人的需要按重要性和层次性排成一定的次序,从基本的(如食物和住房)到复杂的(如自我实现);③当人的某一级的需要得到最低限度满足后,才会追求高一级的需要,如此逐级上升,成为推动继续努力的内在动力。马斯洛提出需要的 5 个层次分别是生理需要、安全需要、社交需要、尊重需要、自我实现需要。马斯洛的需求层次论认为,需要是人类内在的、天生的、下意识存在的,而且是按先后顺序发展的,满足了的需要不再是激励因素等。

除此之外,马斯洛还详细说明了认知和理解的欲望、审美需要在人身上的客观存在,但是他也说明,这些需要不能放在基本需求层次之中。

2. 赫茨伯格双因素理论

　　激励因素—保健因素理论是美国行为科学家弗雷德里克·赫茨伯格(Fredrick Herzberg,1923—)提出来的,又称双因素理论。赫茨伯格曾获得纽约市立学院的学士学位和匹兹堡大学的博士学位,之后在美国和其他30多个国家从事管理教育和管理咨询工作,是犹他大学的特级管理教授。他的主要著作有:《工作的激励因素》(1959,与伯纳德·莫斯纳、巴巴拉·斯奈德曼合著)、《工作与人性》(1966)、《管理的选择:是更有效还是更有人性》(1976)。双因素理论是他最主要的成就,在工作丰富化方面,他也进行了开创性的研究。

　　20世纪50年代末期,赫茨伯格和他的助手们在美国匹兹堡地区对200名工程师、会计师进行了调查访问。访问主要围绕两个问题:在工作中,哪些事项是让他们感到满意的,并估计这种积极情绪持续多长时间;哪些事项是让他们感到不满意的,并估计这种消极情绪持续多长时间。赫茨伯格以对这些问题的回答为材料,着手去研究哪些事情使人们在工作中快乐和满足,哪些事情造成不愉快和不满足。结果他发现,使职工感到满意的都是属于工作本身或工作内容方面的;使职工感到不满的,都是属于工作环境或工作关系方面的。他把前者叫做激励因素,后者叫做保健因素。

　　赫茨伯格及其同事后来又对各种专业性和非专业性的工业组织进行了多次调查,他们发现,由于调查对象和条件的不同,各种因素的归属有些差别,但总的来看,激励因素基本上都是属于工作本身或工作内容的,保健因素基本都是属于工作环境和工作关系的。但是,赫茨伯格注意到,激励因素和保健因素都有若干重叠现象,如赏识属于激励因素,基本上起积极作用;但当没有受到赏识时,又可能起消极作用,这时又表现为保健因素。工资是保健因素,但有时也能产生使职工满意的结果。

　　赫茨伯格的双因素理论同马斯洛的需求层次论有相似之处。他提出的保健因素相当于马斯洛的生理需要、安全需要、感情需要等较低级的需要;激励因素则相当于受人尊敬的需要、自我实现的需要等较高级的需要。当然,他们的具体分析和解释是不同的。但是,这两种理论都没有把"个人需要的满足"同"组织目标的达到"这两点联系起来。

　　双因素理论促使企业管理人员注意工作内容方面因素的重要性,特别是它们同工作丰富化和工作满足的关系,因此是有积极意义的。赫茨伯格告诉我们,满足各种需要所引起的激励深度和效果是不一样的。物质需求的满足是必要的,没有它会导致不满,但是即使获得满足,它的作用往往是很有限的、不能持久的。要调动人的积极性,不仅要注意物质利益和工作条件等外部因素,更重要的是要注意工作的安排,量才录用,各得其所,注意对人进行精神鼓励,给予表扬和认可,注意给人以成长、发展、晋升的机会。随着温饱问题的解决,这种内在激励的重要性越来越明显。

3. X 理论和 Y 理论

【管理实践】

有关人的性质和人的行为的假设对于决定管理人员的工作方式来讲是极为重要的。各种管理人员以他们对人的性质的假设为依据,可用不同的方式来组织、控制和激励人们。

——道格拉斯·麦格雷戈

道格拉斯·麦格雷戈是美国著名行为科学家,他在 1957 年 11 月的美国《管理评论》杂志上发表了《企业的人性方面》一文,提出了有名的"X 理论－Y 理论",该文在 1960 年以书的形式得到了出版。

麦格雷戈认为,有关人的性质和人的行为的假设对于决定管理人员的工作方式来讲是极为重要的,各种管理人员以他们对人的性质的假设为依据,可用不同的方式来组织、控制和激励人们。基于这种思想,他们提出了有名的 X 理论—Y 理论。

(1) X 理论。麦格雷戈认为持 X 理论观点的管理者对人的基本判断有以下几点。

① 一般人天性好逸恶劳,只要有可能,他们就会逃避工作。

② 大多数人都没有什么雄心壮志,也不喜欢负什么责任,宁可让别人领导。

③ 大多数人的个人目标与组织目标都是自相矛盾的,为了达到组织目标必须靠外力严加管制。

④ 大多数人都是缺乏理智的,不能克制自己,很容易受别人影响。

⑤ 大多数人都是为了满足基本的生理需要和安全需要,所以他们将选择那些在经济上获利最大的事去做。

⑥ 人群大致分为两类,多数人符合上述假设,少数人能克制自己,这部分人应当负起管理的责任。

基于这种对人作出的"性本恶"的判断,持 X 理论观点的管理者必然会在管理工作中对员工采取强制、惩罚、解雇等管理方式迫使它们工作。具体管理措施如下。

① 管理人员关心的是如何提高劳动生产率、完成任务,他的主要职能是计划、组织、经营、指引、监督。

② 管理人员主要是应用职权,发号施令,使对方服从,让人适应工作和组织的要求,而不考虑在情感上和道义上如何给人以尊重。

③ 强调严密的组织和制定具体的规范和工作制度,如工时定额、技术规程等。

④ 应以金钱报酬来收买员工的效力和服从。

由此可见,此种管理方式是"胡萝卜加大棒"的方法,一方面靠金钱的收买与刺激,一方面靠严密的控制、监督和惩罚迫使其为组织目标努力。麦格雷戈发现当时企业中对人的管理以及传统的组织结构、管理政策、实践和规划都是以 X 理论为依据的。

(2) Y 理论。通过对人的行为动机和马斯洛的需求层次的研究,麦格雷戈发现在人们的生活还不够丰裕的情况下,"胡萝卜加大棒"的管理方法是有效的;但是当人们达到了丰裕的生活水平时,这种管理方法就无效了。因为,那时人们行动的动机主要是追求更高级的需要而不是"胡萝卜"(生理需要、安全需要)了。麦格雷戈认为,由于上述的以及其他许多原因,需要有一个关于人员管理工作的新理论,把它建立在对人的特性和人的行为动机的更为恰当的认识基础上,于是他提出了 Y 理论。这一理论的主要内容具体如下。

① 一般人并不是天生就不喜欢工作的,工作中体力和脑力的消耗就像游戏和休息一样自然。工作可能是一种满足,因而自愿去执行;也可能是一种处罚,因而只要可能就想逃避,到底怎样要看环境而定。

② 外来的控制和惩罚并不是促使人们为实现组织的目标而努力的唯一方法,甚至可以说是对人的一种威胁和阻碍,并放慢了人成熟的脚步。人们愿意实行自我管理和自我控制来完成应当完成的目标。

③ 人的自我实现的要求和组织要求的行为之间是没有矛盾的。如果给人提供适当的机会就能将个人目标和组织目标统一起来。

④ 一般人在适当条件下,不仅学会了接受职责而且还学会了谋求职责。逃避责任、缺乏抱负以及强调安全感,通常是经验的结果而不是人的本性。

⑤ 大多数人而不是少数人在解决组织的困难问题时都能发挥较高的想象力、聪明才智和创造性。

⑥ 在现代工业生活的条件下,一般人的智慧潜能只是部分得到了发挥。

根据以上假设,相应的管理措施具体如下。

① 管理职能的重点。在 Y 理论的假设下,管理者的重要任务是创造一个使人得以发挥才能的工作环境,发挥出职工的潜力,并使职工在为实现组织的目标贡献力量时,也能达到自己的目标。此时的管理者已不是指挥者、调节者或监督者,而是起辅助者的作用,从旁给职工以支持和帮助。

② 激励方式。根据 Y 理论,对人的激励主要是给予来自工作本身的内在激励,让他担当具有挑战性的工作,担负更多的责任,促使其工作做出成绩,满足其自我实现的需要。

③ 在管理制度上给予工人更多的自主权,实行自我控制,让工人参与管理和决策并共享权力。

第五节　现代管理理论

一、社会系统学派

社会系统学派的形成以美国管理学家切斯特·巴纳德(Chester ·I· Banard,1886—1961)的现代组织理论体系的建立为标志。社会系统学派的理论基础主要有:意大利社会学家帕雷托的理论、德国社会学家马克斯·韦伯的理论、美国心理学家库尔特·卢因和库尔特·科弗卡的心理学理论以及梅奥等人的人际关系学说等。

【管理实践】

社会的各级组织都是一个协作的系统,即由相互进行协作的各个人组成的系统。
——切斯特·巴纳德

切斯特·巴纳德是社会系统学派代表人物,由于他在研究组织和管理性质及理论方面做出的杰出贡献而曾经得到过 7 个名誉博士学位。巴纳德使用社会的、系统的观点来分析管理问题,后人称他为"现代管理理论之父"。他于 1909 年进入美国电话电报公司工作,1922 年进入美国新泽西贝尔电话公司,1927 年起担任新泽西贝尔电话公司总经理,一直到退休。他对组织管理工作的极大热情还使他自愿参与了许多社会组织的活动,在漫长的工作经历中积累了丰富的经营管理经验,并深入分析了现代管理的特点,写出了许多重要著作。其中最有名的是 1938 年出版的《经理人员的职能》,被誉为美国现代管理科学的经典著作。该书连同他 10 年后出版的《组织与管理》是其系统组织理论的代表作,是其毕生从事企业管理工作的经验总结。他将社会学概念应用于分析经理人员的职能和工作过程,并把研究重点放在组织结构的逻辑分析上,提出了一套协作和组织的理论。他认为,社会的各级组织包括军事的、宗教的、学术的、企业的等多种类型的组织都是一个协作的系统,它们都是社会这个大协作系统的某个部分和方面。这些协作组织是正式组织,都包含 3 个要素:协作的意愿、共同的目标和信息联系。所有的正式组织中都存在非正式组织。正式组织是保持秩序和一贯性所不可缺少的,而非正式组织是提供活力所必须的。两者是协作中相互作用、相互依存的两个方面。所有的协作行为都是物的因素、生物的因素、人的心理因素和社会因素这些不同因素的综合体。

一个协作系统是由相互协作的许多人组成的。个人可以对是否参与某一协作系统做出选择,这取决于个人的动机,包括目标、愿望和推动力,组织则通过其影响和控制的职能来有意识地协调和改变个人的行为和动机。对于个人目标和组织目标的不一致,巴纳德提出了"有效性"和"能率"两条原则。当一个组织系统协作得很成功,能够实现组织目标时,这个系统就是"有效性"的,它是系统存在的必要条件。系统的"能率"是指系统成员个人目标的满足程度,协作能率是个人能率综合作用的结果。这样就把正式组织的要求同个人的需要结合起来,这在管理思想上是一个重大突破。

经理人员的作用就是在一个正式组织中充当系统运转的中心,并对组织成员的活动进行协调,指导组织的运转,实现组织的目标。经理人员的主要职能有 3 个方面:①提供信息交流的体系;②促成个人付出必要的努力;③规定组织的目标。一个组织的生存和发展有赖于组织内部平衡和外部适应。

管理的艺术就是把内部平衡和外部适应综合起来。巴纳德用了"感觉"、"判断"、"感知"、"协调"、"平衡"、"相称"等词语来表述管理过程。

经理人员成为企业组织的领导核心,必须具有权威。权威是存在于正式组织内部的一种"秩序",是个人服从于协作体系要求的愿望和能力。要建立和维护一种权威,关键在于能否在组织内部建立起上情下达、下情上达的有效的信息交流沟通(对话)系统,这一系统既能保证上级及时掌握作为决策基础的准确信息,又能保证指令的顺利下达和执行。要维护这种权威,身处领导地位的人必须随时掌握准确的信息,做出正确的判断,同时还需要组织内部人员的合作态度。巴纳德对信息交流沟通(对话)系统的主要要素进行了探讨,他们对于大型组织(企业集团)建立权威至关重要。

组织的有效性取决于个人接受命令的程度。巴纳德分析个人承认指令的权威性并乐于接受指令的四个条件:①他能够并真正理解指令;②他相信指令与组织的宗旨是一致的;③他认为指令与他的个人利益是不矛盾的;④他在体力和精神上是胜任的。经理人员不应滥用权威,发布无法执行或得不到执行的命令。

巴纳德在《组织与管理》一书中再次突出强调了经理人员在企业组织与管理中的重要领导作用,从五个方面精辟地论述了"领导的性质"这一关系到企业生存和发展的带根本性的问题。

(1) 构成领导行为的四要素:确定目标,运用手段,控制组织,进行协调。

(2) 领导人的条件:平时要冷静、审慎、深思熟虑、瞻前顾后、讲究工作的方式方法;紧急关头则要当机立断、刚柔相济、富有独创精神。

(3) 领导人的品质:活力和忍耐力、当机立断、循循善诱、责任心以及智力。

(4) 领导人的培养和训练:通过培训增强领导人一般性和专业性的知识,在工作实践中锻炼平衡感和洞察力,积累经验。

(5) 领导人的选拔:领导人的选择取决于两种授权机制——代表上级的官方授权(任命或免职),代表下级的非官方授权(接受或拒绝),后者即被领导者的拥护程度是领导人能否取得成功的关键。领导人选拔中最重要的条件是其过去的工作表现。

巴纳德在组织管理理论方面的开创性研究,奠定了现代组织理论的基础,后来的许多学者如德鲁克、孔茨、明茨伯格、西蒙、利克特等人都极大地受益于巴纳德,并在不同方向上有所发展。对于经理人员,尤其是将一个传统的组织改造为现代组织的经理人员来说,巴纳德的价值尤其突出。因为传统的组织偏重于非正式组织和非结构化的决策与沟通机制,目标也是隐含的,要将其改造为现代组织,就必须明确组织的目标、权力结构和决策机制,明确组织的动力结构即激励机制,明确组织内部的信息沟通机制。这三个方面是现代组织的柱石;同时在转变的过程中,要充分考虑利用非正式组织的力量。

二、决策理论学派

决策理论学派是在巴纳德的社会系统学派的基础上发展起来的,他们把第二次世界大战以后发展起来的行为科学理论、系统理论、运筹学、计算机科学等综合运用于管理决策问题,形成了关于决策和决策方法的完整理论体系。

决策理论学派代表人物主要有赫伯特·西蒙和詹姆斯·马奇等人。

【管理实践】

作为管理决策者的经理,其决策制定包括 4 个主要阶段:①情报活动:找出制定决策的理由,即探寻环境,寻求要求决策的条件;②设计活动:找到可能的行动方案,即创造、制定和分析可能采取的行动方案;③抉择活动:在各种行动方案中进行抉择;④审查活动:对已进行的抉择进行评价。

——赫伯特·西蒙

赫伯特·西蒙(Harbert A. Simen,1916－2001),是美国管理学家和社会科学家,在管理学、经济学、组织行为学、心理学、政治学、社会学、计算机科学等方面都有较深造诣。他的主要著作有《管理行为》、《公共管理》、《人的模型》、《组织》、《经济学和行为科学中的决策理论》、《管理决策的新科学》、《自动化的形成》、《人工的科学》、《人们的解决问题》、《发现的模型》、《思维的模型》等。他在《管理行为》(1976 年第三版副标题——管理性组织决策过程研究)、《组织》和《管理决策的新科学》等书中对决策过程进行了深入的讨论,形成了系统的决策过程理论。

西蒙一生得的奖很多,1958年,西蒙获得美国心理学会颁发的心理学领域的最高奖——心理学的杰出贡献奖;1975年获得计算机领域的最高奖——图灵奖;1978年获得诺贝尔经济学奖;1986年获得美国总理科学奖——科学管理的特别奖。

西蒙的主要决策理论包括以下内容。

1. 管理就是决策

决策理论学派非常强调决策在组织中的重要作用,认为管理就是决策。

传统的管理将组织活动分为高层决策、中层管理和基层作业,认为决策只是组织中高层管理的事,与下面的其他人员无关。但是西蒙却认为,决策不仅仅是高层管理的事,组织内的各个层级都要做出决策,组织就是由作为决策者的个人所组成的系统。西蒙认为,组织是指人类群体当中的信息沟通与相互关系的复杂模式。它向每个成员提供决策所需要的大量信息和决策前提、目标及态度,它还向每个成员提供一些稳定的可以理解的预见,使他们能预料到其他成员将会做哪些事,其他人对自己的言行将会做出什么反应。成员的决策其实也就是组织的决策,这种决策的制约因素很多,涉及到组织的各个层次和各个方面,被称为"复合决策"。管理活动的中心就是决策。计划、组织、指挥、协调和控制等管理职能都是做出决策的过程。因此,管理就是决策的过程,管理就是决策。

西蒙也强调管理不能只追求效率,也要注意效果。效率是在一定目标和方向上的效率,效果则是决定方向、目标等的根本问题。西蒙等人认为,在"信息爆炸"的当代,重要的不是获得信息而是对信息进行加工和分析,并使之对决策有用。他还认为今天的稀有资源不是信息,而是处理信息的能力。西蒙决策理论的核心概念和根本前提是人类认知能力的局限性。决策学派据此提出了信息处理模式。西蒙将人的思考过程看作一种信息处理过程,所以,可以利用程序使计算机也能像人一样思考和创造。但是他们只是决策者的决策工具,并不能取代决策过程。管理人员还必须对可供决策的方案评价以后进行抉择,做出最后判断。一旦选定方案,经理人员就要对其承担责任和负担一定的风险。

2. 决策的过程

在传统的思维中,人们一般认为决策是从几个被选方案中选出一个最优的行动方案。但是西蒙等人认为,决策包括从一开始的调查、分析、选择方案等整个一系列的活动。它是一个分阶段,涉及到很多方面的复杂的活动。西蒙的决策划分包括4个阶段。

(1)搜集情况阶段。即搜集组织所处环境中有关经济、技术、社会各方面的信息以及组织内部的有关情况。通过收集情况,发现问题,并对问题的性质、发展趋势做出正确的评估,找出问题的关键。情报的收集应该尽可能全面,而且要真实,否则的话对以后的决策会有误导作用,极有可能做出错误的决策。

(2)拟订计划阶段。拟订计划即在确定目标的基础上,依据所搜集到的信息编制可能采取的行动方案。这时可能会有几个候选方案,决策的根本在于选择,被选方案的数量和质量对于决策的合理有很大的影响,因此要尽可能提出多种方案,避免漏掉好的方案。

(3)选定计划和实施阶段。选定计划即从可供选用的方案中选定一个行动方案。这时要根据当时的情况和对未来的预测,从中选择最合适的一种方案。在选择方案时,首先要确定选择的标准,而且对各种方案应该保持清醒地估计,使决策保持一定的伸缩性和灵活性。计划选好了以后就要制定实施方案,方案的实施也是很重要的一个环节,也要制订一个合理的实施计划,这个计划要清晰且具体。对时间有一个合理的分配,对人财物也要作一个清晰的分配。在执行决策中,还要做好决策的宣传工作,使组织成员能够正确理解决策,同时创造出一种有利于实现决策的气氛。

(4) 评价计划阶段。评价计划即在决策执行过程中,对过去所做的抉择进行评价。通过评估和审查,可以把决策的具体的实行情况反馈给决策者。如果出现了偏差,就及时地纠正,保证决策能够顺利实施,或者有的时候就修改决策本身,以使决策更加地科学合理。而且,通过执行决策的审查和使上级了解本组织、本部门的决策执行情况的问题,为以后他们作决策提供信息。

这4个阶段中的每一个阶段本身都是一个复杂的决策过程。问题的确认需要决策,而拟订各种被选方案就使决策的性质更加明显。所以,不能觉得只有决策活动才是最重要的。事实上,没有前两个阶段的正确决策,也就不可能做出正确的决策,而没有决策的执行,再好的决策也只是一张空文。西蒙认为决策的过程中,最重要的是信息联系,决策的各个阶段均是由信息来联系的。上面说了决策的几个程序,一般来说,决策是要遵守这样的程序的,但是也不能完全机械地用上面的过程来一步步地做,比如,在拟订方案阶段,出现了新的问题,这就需要重新返回第一个阶段来收集情报,结果又回到了第一个阶段。按说决策应该是充分地收集信息,然后做一个最好的决策,但有时候就没有足够的时间来收集信息,例如在经营中出现了突发事件,需要立刻解决,这时的决策就在很大程度上要依据管理者的经验和直觉来决定。

3. 决策的"有限理性"原理

"有限理性"原理是赫伯特·西蒙的现代决策理论的重要基石之一,也是对经济学的一项重大贡献。新古典经济理论假定决策者是"完全理性"的,认为决策者趋向于采取最优策略,以最小代价取得最大收益。西蒙对此进行了批评,他认为事实上这是做不到的,应该用"管理人"假设代替"理性人"假设。而现实生活中很少具备完全理性的假定前提,人们在进行决策时常需要一定程度的主观判断,也就是说,个人或企业的决策都是在有限度的理性条件下进行的。这是由于以下内容。

(1) 信息的不完全性。信息可以帮助我们对备选方案进行选择,所以在选择方案时要做到绝对合理,就需要对各种备选方案可能的结果具备完整的知识,但实际上人们在此方面的知识经常只能是部分和片面的,人们很难得到关于某一件事情的全面的知识,而且有时候得到的知识还是虚假的或者错误的。

(2) 预测的困难性。因为结果是未来的,还没发生的,所以在对它们进行评价的时候不能够说正确与否,对方案的判断只能够是想象力和经验的结果。价值判断更是不完整和不可预测的。这使预测只不过是一种对未来的期待,实际情况到底怎样还没法预料。

(3) 穷尽可行性的困难性。只有人们把所有的方案都找出来,才能做出科学合理的"最优的方案",绝对的合理性要求在可能发生的所有替代方案中选择,但是没有人能够把所有的候选方案都找出来,尤其是对企业中一些较为复杂的事务的决策,涉及的面很广,信息多,还远达不到将所有可能的结果和途径都考虑到的地步。

因此,在西蒙看来,"最优化"的概念只有在纯数学和抽象的概念中存在,在现实生活中是不存在的。按照满意的标准进行决策显然比按照最优化原则更为合理,因为它在满足要求的情况下,极大地减少了搜寻成本、计算成本,简化了决策程序。因此,满意标准是绝大多数的决策所遵循的基本原则。而且,基于人和组织不可能全知全能的这个前提下,西蒙提出了"管理人"假设,这种假设不同于以往管理科学和行为科学理论中的"经济人"假设。他认为"管理人"是在有限合理性的基础上,不考虑一切可能的复杂情况,只考虑与问题有关的情况,采用"令人满意"的决策准则,从而可以做出令人满意的决策。

另外,西蒙还提出了程序化决策和非程序化决策等理论。西蒙的决策理论不但适用于企业组织,而且也适用于一切正式组织机构的决策。他对于决策过程的理论研究工作是开创性的,而且也是管理方面唯一获得诺贝尔经济学奖的人。目前这种理论已经渗透到管理学的不同分支,成为了现代管理理论的基石之一。

三、经验主义学派

经验主义学派也被称为经理主义学派、案例学派,它以向企业的经理提供管理企业的成功经验和科学方法为目标。经验主义学派认为,古典管理理论和行为科学理论都不能充分适应企业发展的实际需要,主张从企业管理的实际出发,研究企业的成功经验和失败教训,加以总结归纳,找出有共性的东西,并上升到理性认识,通过这种办法来学习管理,并为管理者提供有益的建议。

经验主义学派的管理者认为必须研究管理案例,通过案例研究向一些大企业的经理提供在相同情况下的管理经验和方法。在他们看来,只有经验主义学说才能有效地指导管理实践。

经验主义学派的主要代表人物有:彼得·德鲁克、欧内斯特·戴尔、艾尔福雷德·斯隆和威廉·纽曼等人。

1. 彼得·德鲁克

【管理实践】

"管理是一种器官,是赋予机构以生命的、能动的、动态的器官。没有机构(如工商企业),就不会有管理。但是,如果没有管理,那也就只会有一群乌合之众,而不会有一个机构。而机构本身又是社会的一个器官,它之所以存在,只是为了给社会、经济和个人提供所需的成果。可是,器官从来都不是由它们做些什么,更不用说由它们怎么做来确定的。它们是由其贡献来确定的。"

——彼得·德鲁克

彼得·德鲁克(Peter F·Drucker)于 1909 年生于奥匈帝国的维也纳,先后在德国和英国边工作边学习,1937 年移居美国,终身以教书、著书和咨询为业,被尊为"大师中的大师"、"现代管理之父",曾任美国银行和保险公司组成的财团的经济学者,美国通用汽车公司、克莱斯勒公司、IBM 公司等大企业的顾问,美国佛蒙特州的本宁顿学院的科学德鲁克讲座教授。德鲁克于 1945 年创办了德鲁克管理咨询公司,自任董事长。他著述颇丰,主要著作有:《管理实践》、《管理:任务、责任、实践》、《公司的概念》、《经济人的末日》、《工业人的未来》、《剧变时代的管理》、《有效管理者》等。事实上,自从 20 世纪 40 年代管理学学术研究兴起以来,德鲁克的文章从来都是企业界,特别是一线经理们关注的焦点,他也因此而被誉为"美国公司总裁的导师"。

德鲁克的管理思想主要包括以下内容。

(1) 目标管理的思想和理论。"目标管理"的概念是德鲁克 1954 年在其名著《管理实践》中最先提出的,其后他又提出"目标管理和自我控制"的主张。德鲁克认为,并不是有了工作才有目标,而是有了目标才能确定每个人的工作。所以"企业的使命和任务,必须转化为目标",如果一个领域没有目标,这个领域的工作必然被忽视。因此管理者应该通过目标对下级进行管理,当组织最高层管理者确定了组织目标后,就必须对其进行有效分解,转变成各个部门以及各个人的分目标,管理者根据分目标的完成情况对下级进行考核、评价和奖惩。

所谓目标管理就是指组织中的上级和下级一起协商,根据组织的使命确定一定时期内组织的总目标,由此决定上、下级的责任和分目标,并把这些目标作为组织经营、评估和奖励每个单位和个人贡献的标准。目标管理具有以下特点。

① 员工参与目标制定。不像传统的目标设定法那样完全由上司设定和分派目标给下级,而是采用员工参与的方式制定目标,就是上级与下级共同参与目标选择,并对如何实现目标达成一致意见。

② 建立目标体系。企业制定出一定时期内期望达到的总目标后,由各部门和全体员工根据企业总目标的要求,采取"自上而下"与"自下而上"相结合以及横向各职能部门相互配合的方式来协商确定各个部门、各个员工的分目标,这就形成了以企业总目标为中心的、上下左右密切衔接和协调一致的目标体系。

③ 重视成果。目标管理以制定目标为起点,以目标完成情况的考核为终结。工作成果是评定目标完成程度的标准,是人事考核和奖评的依据,也是评价管理工作绩效的唯一标志。目标管理强调员工的自我管理和自我控制,企业只是通过目标完成情况对员工的工作绩效进行评价。

(2) 有效的管理者理论。德鲁克在《有效的管理者》一书中论述了他的有效的管理者的思想和理论。德鲁克以其卓越的睿智告诉人们:管理者的效率,往往是决定组织工作效率的最关键因素;并不是高级管理人员才是管理者,所有的负责行动和决策且又是有助于提高机构的工作效能的人,都应该像管理者一样工作和思考。

德鲁克通过自己的研究和观察,提出了管理者要做到有效性所需要的条件,他认为要成为有效的管理者必须养成五种思想习惯。

① 知道如何利用时间。管理者应该清楚,自己掌握支配的时间是很有限的,他们必须要利用这有限时间进行系统的工作。关于利用时间,他提供了简便易行的办法:记录时间、安排时间和集中时间。把管理者对时间的分配情况记录下来,然后问一下这样的问题:"这件事如果根本不做,会出现什么情况呢?"如果没什么,就不去做。"哪些事是可以让别人办,效果也一样好的?"如果有,就安排给别人。"我是否浪费了别人的时间而无助于发挥人家的有效性?"如果有,减掉这样的事。而减少时间浪费,就是要找出由于缺乏制度或远见而造成的时间浪费;人浮于事造成的时间浪费;组织不健全带来的时间浪费(表现为会议太多);信息失灵造成的时间浪费。对于利用时间更为重要的,是要善于集中利用可供支配的"自由时间"。

② 注意使自己的努力产生必要的成果,而不是工作本身,重视对外界的贡献。在开始一项工作的时候,他们首先想到的问题是"人们要求我取得什么成果?",而不是像现实

生活中的许多管理者那样,从要做的工作开始着手。

③ 把工作建立在优势上——他们自己的优势,善于利用自己的优势长处,上级、同事和下级的长处,以及形势的优势。配备人员,要用人所长,看他是否具备完成这项任务的能力和素质。

④ 精力集中于少数主要领域。有效的管理者把精力集中于少数主要领域。在这些领域里,优异的工作将产生杰出的成果。他们给自己定出优先考虑的重点,并坚持重点优先的原则。

⑤ 善于做出有效的决策。德鲁克认为,有效的决策常常是根据"不一致的意见"做出的判断,而不是建立在"统一的看法"基础上的。

另外,德鲁克的管理思想和理论还有事业理论、管理器官论、组织理论等,这些重要管理思想和管理理论对管理理论的发展起到了重要的推动作用,同时对企业管理实践发挥着重要的指导作用。

2. 欧内斯特·戴尔

欧内斯特·戴尔是经验主义学派的代表人物之一,是美国著名的管理学家。

经验主义学派往往主张采取比较方法对企业进行研究,而不是从一般原则出发,戴尔在他的著作中故意不用"原则"这个词。他在 1960 年出版的《伟大的组织者》一书中断然反对存在着任何有关组织和管理的"普遍原则",主张用比较的方法对大企业的管理经验进行研究。他在该书中主要研究了美国杜邦公司、通用汽车公司、国民钢铁公司和威斯汀豪斯电气公司等四家大公司的一些"伟大的组织者"成功的管理经验。戴尔认为,迄今为止,还没有人掌握企业管理上的"通有准则",至多只能讲各种不同组织的"基本类似点"。他认为,管理知识的真正源泉就是大公司中"伟大的组织者"的经验,主要就是这些"伟大的组织者"的非凡个性和杰出才能。戴尔认为,要掌握成功的企业和"伟大的组织者"的经验,就要用比较的方法来研究组织,发现并描述各种不同组织结构的"基本类似点"。把这些"基本类似点"搜集起来并予以分析,就可以得出某些一般结论,应用于其他类似或可比较的情况,作为一种对发展趋势作预测的手段。比较方法的价值在于它试图确定一般结论可以适用的领域。比较方法不像哥白尼或爱因斯坦那样用少数定理来说明所有的组织的全部问题,而至多只是在某些范围有限的问题上得出一些一般性的结论,例如分权化对管理费用的影响,"专权管理"或个人控制对管理潜力发展的影响,"平等主义"或委员会组织对高层管理效率的影响等。通过比较得出一般结论的方法可以采用演绎法(从假设出发,到实际情况中去检验),也可以采用归纳法(从具体情况的观察入手中去检验,得出一般性结论),或把这两种方法结合起来,就可能得出某些指导方针。如果再考虑到各种组织之间的差异并针对具体情况作些修正,这种指导方针有可能在极为有限的范围内做出预测。

为了使组织的比较研究有效,必须在研究中满足某些必要条件。这些重要的却很容易为人所忽略的必要条件包括以下几个。

(1) 建立一个要领的框架。研究者必须选择在不同情况下进行观察的各种变数。这些变数可能是多种多样的,例如,可以通过各种职能来对组织进行研究。组织为了取得成绩,必须行使一些什么职能和职权,履行一些什么职责? 也可以采取其他的分类方法。例如按切斯特巴纳德提出的经理人员工作的过程来划分:工作的地点、工作的时间、工作的人、工作的对象、工作的方法或程序。如苏逊(Sune Carlson)教授在1951年出版的《经理人员行为》一书中就对不同公司中的12位主要经理人员作了这样的分析比较,用定量方法衡量了他们的工作效率和有关的成果。也可以像埃里契·弗洛姆(Erich Fromm)1947年在《为自己的人》一书中所做的那样用归类的方法对不同类型的主要经理人员进行比较。他把经理人员分成以下五类:容忍型、榨取型、销售型、贮藏型和生产型。按这种分类法对经理人员进行研究,有可能了解他们领导的组织结构的类型。例如,可以通过对不同情况进行比较的方法来检验控制幅度随着管理等级的上升而愈来愈小的假设。

(2)注意事物的可比较性。在对不同组织的类似点进行描述和比较时,也必须考虑到它们之间的差异。只有在两个进行比较的事物之间存在着基本类似点的情况下,比较才有价值。这可以举以下这个例子来说明。有一家公司在进行一项劳资之间的集体合同谈判时,工会代表以其他公司为例,要求对怀孕的女工给予工资补贴,而资方代表不同意,谈判几乎破裂。但以后有人对本公司的职工队伍进行分析,才发现本公司一共只有五个女工,而且全都超过了60岁。所以根本不存在上述的问题,是无法进行比较的。

(3)明确地表述目标。只有明确地表述了所研究的组织的目标和目的以后,才能对它们进行比较并评价其效果。这种目标可能是利润最大化、权力、士气、职工幸福或以上各项的结合。一般讲来,目标明确的人比目标不明确的人易于成功。有的人成功地实现了他确定的目标,却被一些并不明确表述自己的目标的人所攻击。例如,有的管理人员取得了较好的组织效率,却受到了某些组织"工程师"的攻击。原来这些组织"工程师"所追求的并不是组织的效率,而是组织图上的整齐美观,成为对称形、金字塔形或"扁平形"。如果偏离了这种"对称性",就被看成是异端。但他们却不把自己的这种目标明确地表述出来。又如有些人际关系学者对正式组织理论进行攻击,认为它们使组织成员感到压抑、不愉快、烦恼,但他们也不把自己的目标明确地表述出来。其实,任何组织都需要对"投入"和"产出"进行平衡,这就必须有一定的正式组织。不加区别地对正式组织进行攻击是没有道理的。

(4)比较和结论必须恰当。对组织进行的比较和得出的结论必须符合原来提出的假设和条件。如果得出的结论带有限制性或不能令人信服,那也不足为怪。因为可能随着资料的增加和分析的深入,会得出更加令人信服的结论和扩大适用的范围。戴尔认为,如果具备了以上一些必要的条件,比较方法可能总结出一些成功企业经验,并应用于其他企业。他指出,比较方法可应用于对各种机构、职能、思想意识进行研究和分析。例如,可在公司内部或行业内部进行比较研究,可对同一公司的不同阶段和类似的公司进行历史的比较或横向的比较,也可以在同一行业的不同公司之间进行比较,但较困难一些。更困难的是对不同领域(工商业、军事、政府、教会等)的活动进行比较。另一种类型的比较是对同一行业或不同行业的组织的各种不同职能(预测、计划、人事、协调、控制、信息联系等)进行比较。最后,还可以在不同国家和不同思想家的思想体系中进行比较。

3. 其他代表人物及经验学派的思想

经验学派的代表人物还有艾尔福雷德·斯隆和威廉·纽曼。艾尔福雷德·斯隆是美国的高级经理人员,曾长期担任美国通用汽车公司的总经理和董事长。他是事业部管理体制的首创人之一。斯隆设计出一种使集权和分权得到较好平衡的一种组织模式,通用汽车公司在他的领导下,迅速发展并成为世界上最大的汽车公司。威廉·纽曼是美国的管理学家,他的主要代表著作有:《经济活动:组织和管理技术》、《管理的过程》。

经验主义学派的基本管理思想是:有关企业管理的理论应该从企业管理的实际出发。特别是以大企业管理经验为主要研究对象,加以抽象和概括,然后传授给管理人员或向经理提出实际的建议,也就是说,他们认为管理学就是研究管理的经验。通过研究管理中的成功和失败,就能理解管理中存在的问题,就自然地学会进行有效的管理。尽管经验主义学派是一个庞杂的学派,但他们都把实践放在第一位,以适用为主要目的。

四、权变理论学派代表人物和主要著作

"权变"是指偶然事件或偶然性。权变理论的主要涵义是权宜应变。因此,权变理论学派也称为因地制宜理论、情景管理理论、形势管理理论以及情况决定论等。权变理论学派是 20 世纪 60 年代末 70 年代初在美国经验主义学派基础上进一步发展起来的管理理论。权变理论学派的核心就是力图研究组织的各子系统内部和各子系统之间的相互联系,以及组织和它所处的环境之间的联系,并确定各种变数的关系类型和结构类型。它强调在管理中要根据组织所处的内外部条件随机应变,针对不同的具体情况寻求不同的最适合的管理模式、方案或方法。

1. 权变理论的主要代表人物

权变理论是一种较新的管理思想,权变理论的主要代表人物具体如下。

(1)英国学者伯恩斯和斯托克。他们最早运用权变思想来研究管理问题,并合著了《革新的管理》一书。

(2)美国学者劳伦斯和洛希。1967 年两人合写了《组织和环境》一书,论述了外部环境和组织结构之间的关系,提出组织结构的主要特点是:分散化和整体化。

(3)美国学者卢桑斯。主要著作有《权变管理理论:走出丛林的道路》、《管理导论:一种权变学说》。管理学界一般认为,卢桑斯的"如果—就要"关系理论是权变理论的思想基础。卢桑斯将现存的管理理论划分为 4 种学派,即过程学派、计量学派(或称管理科学学派)、行为学派和系统学派。他将自己的理论视为是对上述理论的发展。他的管理理论重点突出了将管理与环境妥善结合起来,并使管理理论更贴近管理实践。

(4)英国女管理学家伍德沃德。她的主要著作有:《经营管理和工艺技术》、《工业组织:理论和实践》、《工业组织:行为和控制》。

(5)莫尔斯和洛希,主要著作有《超 Y 理论》、《组织及其成员:权变方式》。

(6)菲德勒。主要著作有《领导游戏:使人适合情况》。

(7)卡斯特和罗森茨韦克。主要著作有《组织与管理:系统观点与权变理论》等。

2. 权变理论主要思想

(1)权变理论学派的核心思想。权变理论学派的核心是在现实中不存在一成不变、普遍适用的理想化的管理理论和方法,管理应随机应变,即采用什么样的管理理论、方法及技术应取决于组织的环境。权变理论认为,组织和组织成员的行为是复杂的,加上环境的复杂性和不断地变化,使得普遍适用的有效管理方法实质上是不可能存在的。因此,应该根据具体情况来选用合适的管理方法。这就需要进行大量的调查研究,将组织的情况进行分类,建立不同的模式,根据不同的模式选用适宜的管理方式。

(2)权变理论学派的理论基础。是以超 Y 理论为理论基础的。权变理论学派认为并

不是在所有的情况下 Y 理论都比 X 理论效率高,管理思想和管理方式应该依据成员的素质、工作的特点和环境情况而定,不能一概而论。

超 Y 理论的主要内容包括以下方面。

① 人们是怀着许多不同的需要加入工作组织的,而且人们有不同的需要类型。

② 不同的人对管理方式的要求也是不同的。

③ 组织的目标、工作的性质、职工的素质等对组织机构和管理方式有很大的影响。

④ 当一个目标达到以后,可以继续激起职工的成就感,使之为达到新的、更高的目标而努力。

(3) 权变关系。权变学派在企业结构方面的共同点,是把企业看成一个受外界环境影响而又对外界环境施加影响的开放系统。管理的方式和技术要随着企业的内外环境的变化而变化,所以在管理因变量和环境自变量之间存在着一种函数关系。环境变量与管理变量之间的函数关系就是权变关系,这是权变管理理论的核心内容。环境可分为外部环境和内部环境。不论是一般外部环境,还是特定外部环境,都存在于企业之外,在管理上是难以直接控制的。内部环境基本上是正式组织系统,它的各个变量与外部环境各变量之间是相互关联的。

(4) 影响权变关系的因素主要有:①组织的规模;②相互联系和影响的程度;③组织成员的个性;④目标一致性;⑤决策层次的高低;⑥组织目标的实现程度。

(5) 权变理论学派的管理方法。

① 计划制订的权变论。权变理论学派认为,计划就是为了实现企业所确定的目标而制定出所要做的事情的纲要,以及如何做的方法,包括确定企业总任务,确定产生主要成果的领域,规定具体的目标,以及制定目标所需要的政策、方案和程序。在制订计划以前,要对环境中的机会、组织的能力与资源、经营管理上的兴趣和愿望、对社会的责任 4 个方面及其相互关系进行分析。权变学派认为,要根据不同的情况,分别制定"有目标的计划"和"指导性的计划"。

② 权变理论的组织论。权变理论学派在组织结构方面的共同点是,把企业看成是一个"开放式系统",是一个受外界环境影响而又对外界环境施加影响的系统。

按照生产系统的工艺技术复杂性和连续性的程度,可以把这种组织复杂性的结构因素分为 5 种:工作的专业化程度、程序标准化程度、规划或信息正规化(以书面形式记录)程度、集权化程度(由具有正式决策权力的等级层次数目来判断)、权力结构的形式(由管理幅度和等级层次数目来判断)。

权变理论学者研究发现,组织面貌同企业的规模大小和企业对其他单位的依赖程度是密切相关的。

五、管理科学学派

数量管理学派又称管理科学学派,是泰勒科学管理理论的继续和发展,该理论的正式形成是在第二次世界大战以后,与行为科学平行发展起来的。1939 年,美国曼彻斯特大学教授布莱克特领导的小组建立的运筹学,发展了新的数学分析和计算技术,这些成果应用于管理工作就产生了数量管理理论。

1. 数量管理学派代表人物和主要著作

布莱克特是数量管理学派的主要代表人物。他是一位物理学教授,诺贝尔奖金获得者。管理科学在创建时有各方面的专家参加布莱克特领导的运筹学小组。该小组在第二次世界大战中发挥了重大的作用。布莱克特的代表著作是《运筹学方法论上的某些方面》。

丹齐于1947年在研究美国空军自愿配置问题时,提出了求解线性规划问题的一般方法——单纯形法,从此运筹学在美国逐渐应用到民用企业中去。

埃尔伍德·斯潘赛·伯法是西方管理科学学派的代表人物之一,曾任教于美国加利福尼亚大学管理研究院、哈佛大学工商管理学院,代表作是《现代生产管理》。《生产管理基础》是伯法根据《现代生产管理》改写的,简明易懂,曾被《哈佛商业评论》推荐为经理必读书目。

2. 数量管理学派的主要思想

数量管理学派即管理科学学派,是泰勒管理学派的继续和发展,有时人们把数理学派、决策学派和系统学派称为管理科学学派。这个学派认为,管理就是制定和运用数学模式与程序的系统,就是用数学符号和公式来表示计划、组织、控制、决策等合乎逻辑的程序,求出最优的答案,以达到企业的目标。所以,所谓管理科学就是制定用于管理决策的数学和统计模式,并把这种模式通过电子计算机应用于管理之中。

管理科学学派的主要内容包括以下几个方面。

(1) 关于组织的基本看法。他们认为组织是由"经济人"组成的一个追求经济利益的系统,同时又是由物质技术和决策网络组成的系统。

(2) 关于科学管理的目的、应用范围、解决问题的步骤。它们的目的就是将科学原理、方法和工具应用于管理的各种活动之中。应用范围着重在管理程序中的计划和控制这两项职能。解决问题的步骤分为:①提出问题;②建立数学模型;③得出解决方案;④对方案进行验证;⑤建立对解决方案的控制;⑥把解决的方案付诸实施。

(3) 关于管理科学应用的科学方法。这主要有线性规划、决策树、计划评审法和关键线路法、模拟、对策论、概念论、排队论。

(4) 管理科学应用的先进工具,这里主要是指计算机。

管理科学学派借助于模型和计算机技术研究管理问题,重点研究的是操作方法和作业方面的管理问题。现在管理科学也有向组织更高层次发展的趋势,但目前完全采用管理科学的定量方法来解决复杂环境下的组织问题还面临着许多实际困难。

伯法在论述中以适宜的方法探讨了生产系统的设计和运转中遇到的各种问题。他提出:在一定生产系统中,成功的管理依赖于计划,关于实际情况的信息系统,管理者对需求、库存状况、进度、质量水平、产品和设备革新等方面的变化所做出的决定。因此,管理者需要在决策理论的指导下做出合理的决定,管理科学学派试图建立一个坚定地植根于数学和科学以及现实世界的决策逻辑结构。

生产系统中所产生问题的性质,要求两种主要类型的决策,一种是长期决策,它关系到生产系统的设计,例如产品的选择和设计、设备和生产过程的选择、加工对象的生产设计、作业设计、生产系统的地址选择、设备平面布置等。另一种是短期决策,它关系到生产系统的动作和控制,例如库存和生产控制、生产系统的维修和可靠性、质量控制、劳动控制、成本控制等。系统可以分为开放系统和封闭系统两类。开放系统的特点在于输出对输入做出反响,但输出却并不影响输入。封闭系统即反馈系统,是受它自己过去行为的影响。一个反馈系统有一个封闭的回路结构,它使系统的过去行动的结果回过来控制未来的行动。管理人员把系统概念应用于工作的最大好处是加深了对其所管理系统的理解。系统思想的最重要贡献之一也许是次优化概念,即从子系统来看是最优的,但从整个系统来看却是不好的。

分析方法中必须确定衡量效率的尺度可以包含利润、贡献、总成本、增量成本、机器停工时间、机器利用率、劳动成本、劳动力利用率、产品单位数量和流程时间等,还必须建立一个模型。这其中,E(效率)能够表现为那些限定该系统的变数的函数,其公式一般为以下形式:$E=f(XIYI)$。其中 E 为效率,f 代表函数关系,XI 代表可控变数,YI 代表非可控变数。伯法列出的分析方法主要有:成本分析、线性规划、等待线或排队模型、模拟模型、统计分析、网络计划模型、启发式模型、计算机探索求解方法、图解和图像分析等。

生产系统的设计和业务的计划控制与生产系统的类型相关。在实际环境中,分配型组织、大量生产—分配系统、生产和管理间断生产系统以及大规模项目在生产和业务管理中面临的任务各有不同。例如,分配型组织的任务主要有确定分配的性质、预测需求、确定一次订货量、服务水平和保险库存量等;大量生产—分配系统的任务主要有确定、预测需求和多阶段库存系统、物质设备的长期总体规划、生产设施设计、设备和人力总体规划等;间断生产系统的任务主要有确定制定标价政策、安排设备、最经济的原材料采购、劳动力、机器设备的控制等;大规模项目的任务主要有通过制定作业网络来达到最终结果,制定作业网络的进度表等。

第六节　管理理论的变革与创新

20 世纪 80 年代以后,世界政治和经济环境发生了重大变化,企业为了在这种环境下寻求生存和发展,引发了管理学者深入的思考和探索,管理思想也随之发生了重大的转变。

一、当代管理环境的变化及其对管理理论和实践的影响

1. 当代管理环境的变化

由于世界经济的结构和世界经济格局的变化,导致当代管理环境发生了一系列的变化。主要表现为以下几方面。

(1) 经济环境。主要表现为经济全球化和经济一体化。

(2) 技术环境。国际网络技术的普及和全球信息高速公路的开通、电子商务的迅速发展。

(3) 法律环境。消费者环保意识、自我保护意识、法律观念增强、可持续发展的要求。

(4) 社会和文化。由于经济的全球化和网络技术的发展,跨国交流越来越频繁,国与国之间的文化冲突也愈发激烈,相似的地方互相融合,不同的、有差异的地方却加强,使得特色与本土化愈发明显。

2. 管理环境的变化对管理理论与实践的影响

管理环境的变化必然会对管理思想、管理理论与方法和管理实践产生深刻的影响。

（1）对管理思想的影响。

① 重视对人的管理。

② 以顾客为导向。

③ 重视对无形资产的管理。

④ 重视企业竞争。

（2）对管理方法和手段的影响。

①在经营决策方面，计算机被应用到高层决策上，使得高层决策的速度和精确度加大。

②在生产管理方面，"准时生产制"（Justin Time）在生产和物资管理中的应用，大大降低了零部件和其他物资的库存，降低了成本。

③在生产流程方面，实施企业再造。

④在营销方面，出现了网络营销，以及"企业形象塑造"。

（3）对组织结构方面的影响。

① 组织的分立化。

② 组织的柔性化。

③ 组织结构中空化、网络化。

④ 组织规模的合理化。

（4）对管理人员的影响。对管理人员的素质要求越来越高。

二、当代管理思想

当代管理思想比较集中的体现为以下几个方面。

1. 托马斯·彼得斯的管理思想

彼得斯的管理思想主要体现在：①人受到"两重性"的驱动，他既要作为集体的一员，又要突出自己，他既要成为一个获胜队伍中的一个可靠的成员，又要通过不平凡的努力而成为队伍中的明星；②只要人们认为某项事业从某种意义上说是伟大的，那么他们就会情愿地为了这个事业吃苦耐劳。彼得斯提出了管理的八条原则和调动人的潜力的五条途径等管理思想。

（1）彼得斯的管理的八条原则。

彼得斯在分析了美国的许多大小企业以后，提出了成功的公司必须遵循的八条原则，即：①看准就干，行动果断，以求发展；②接近顾客；③自主创业；④以人促产；⑤深入基层；⑥专心搞本行；⑦精兵简政；⑧张弛互济。

（2）彼得斯的调动人的潜力的五条途径。

①所有的人都是以自我为中心的，对来自他人的赞扬感到快慰，有普遍趋于认为自己是优胜者的趋势；② 人是环境的奴隶；③人迫切需要活得有意义，对于这种意义的实现愿意付出极大的牺牲；④人们通常将成功看成是由自身因素决定的，而把失败归于体制所造成的，以便使自己从中开脱出来；⑤大多数人在寻求安全感时，好像特别乐于服从权威，而另一些人在利用他人向他们提供有意义的生活时，又特别乐于行使权力。

（3）彼得斯的管理哲学。在彼得斯看来，成绩优秀的公司既为人们提供了出人头地的机会,又将这一机会和一种具有超越意义的哲学和信念体系结合起来。

最后彼得斯对人性的认识进行了归纳:①人们需要有意义的生活;②人们需要受一定的控制;③人们需要受到鼓励和表扬;④人们的行动和行为在一定的程度上形成态度和信念,而不是态度和信念形成行动和行为。

2. 波特的竞争战略思想

波特提出了行业结构竞争力分析的五种竞争力分析模型、三种基本战略理论和进行战略分析的手段——价值链分析方法。

(1) 行业结构竞争力分析的五种竞争力分析模型。波特指出有五种竞争力量,任何行业的竞争规律都体现了五种竞争力的作用,这五种力量分别是潜在竞争者进入的能力、供应商的讨价还价能力、替代品的替代能力、行业内竞争者现在的竞争能力、购买者的讨价还价能力,行业的这5种作用力决定了行业结构,也决定了行业的盈利能力,他们影响成本和企业所需的投资—即影响投资收益的诸多因素。这五种力量分别如下。

① 潜在竞争者进入的能力。竞争环境是由多种动态因素构成的,每个行业随时都可能有新的进入者加入竞争。当潜在竞争者进入该行业后,就会形成新的竞争力量。潜在进入者威胁的大小,取决于行业的进入壁垒和该行业现有企业的反击能力。行业进入壁垒的高低主要取决于法律政策因素、技术因素、规模经济因素、经验曲线效应。

② 供应商的讨价还价能力。在企业进入某一行业以后,要在市场获取资源,这种获取是要花成本的,对供方来说,是提供投入产品的差异,对进入某个行业的企业来说,就要考虑行业中供方和企业的转换成本。除了这个因素以外,还必须考虑替代品投入的现状和供方的集中程度,而批量大小对供方的重要性与产业总成本及特色也影响产业中企业前向整合和后向整合。

③ 替代品的替代能力。替代品对企业的生存构成威胁,这种威胁主要来自于替代品相对价格的表现。

④ 行业内竞争者现在的竞争能力。同行业现有企业的竞争是最直接、最显见的。行业内现有企业为争取改善自身的市场地位总是要进行竞争。这种竞争会带来研究投资的增加,或者使降价势在必行,这些都会降低利润。

⑤ 购买者的讨价还价能力。作为购买者,所追求的就是以最小的支出获得最大的满足,因而必然存在对产品的选择和讨价还价的问题。对于进入企业来说,购买企业产品的买方是决定企业生存的主要力量。他们主要从两个方面影响企业:一是砍价杠杆,二是价格敏感性。

(2) 波特提出三种基本战略和进行战略分析的手段价值链分析。

首先,波特提出了三种基本竞争战略

① 成本领先战略。成本领先战略是这3种战略中最明确的一种,它主要依靠追求规模经济、专有技术、优惠的原材料以及其他一些因素,使企业的产品成本低于行业的平均水平,从而获得较大的利润和市场份额。在很大程度上成本领先战略依赖企业的技术水平和管理水平。

② 差异化战略。这种战略是企业力求使自己在行业内部独树一帜,它在行业内有一种或多种特质,以它的特质获得溢价的报酬。这种战略主要依赖于建立的基础产品本身、销售交货体系、营销渠道及一系列其他的因素。

③ 目标集聚战略。波特认为这种战略是着眼于行业内的一个狭小的空间做出选择。采取集聚战略的企业选择行业内一种或一组细分市场,并量体裁衣。

其次,波特提出了行业结构竞争力分析手段——价值链分析

对于分析和实施战略,波特提出了一种独特的分析工具即价值链。波特认为一个企业盈利能力的关键是企业是否能搜取其为买方创造的价值,或是否确保这种价值不落入他人的手中。

波特认为每一个企业都是进行设计、生产、营销、交货以及对产品起辅助作用的各种活动的集合。所有这些活动都可以用价值链表示。而这个价值链中的各种活动反映了企业的历史、战略、推行战略的途径和这些活动本身的根本经济利益。波特认为,一定水平的价值链是企业在特定的行业内活动的组合,且竞争者价值链之间的差异是竞争优势的一个关键来源。

3. 约翰·P·科特的管理新规则

科特将美国经济的发展分为 3 个阶段。

第一个阶段是 1860 年—1930 年,这个阶段是美国经济迅速发展和美国大企业快速增长的阶段。在此阶段中:美国的经济发展主要有两个特征:一是美国大多数大公司都是在这一阶段成长和发展起来的;二是美国在这一阶段的发明超过了历史上任何一个国家 50 年发明的数量。

第二个阶段是从 1929 年"黑色的星期二"开始的。大萧条的发生摧毁了人们对放任的资本主义经济体制的信任,凯恩斯的经济学第一次得到了广泛的应用。尤其是在二战后,国际形势给美国经济的发展带来了良好的发展机遇,使得美国经济和大公司的发展都取得了巨大的成功。

第三个阶段是从 1973 海湾石油生产国第一次大幅度和统一地提高石油的价格,使得西方世界发生了一次极大的能源危机,它标志着战后美国经济统治时代的结束,开始了真正的全球化的经济时代。

可以说,美国经济发展的第一阶段是深受工业革命的影响,第二阶段是深受政府行为的影响,而进入第三阶段却是一个全球化竞争的阶段。

科特认为在新的形势下不能再按原先的管理规则,而是应该遵守一种新的规则,这种规则是建立在经济发展的第三阶段的特征基础上的。因此,现在企业的应变能力对能否取得成功变得越来越重要,这一切都需要有强而有力的领导。

4. 彼德·德鲁克的知识管理

彼德·德鲁克作为最早提出知识社会和知识管理概念的学者,1988 年在《哈佛商业评论》上发表了一篇《新型组织的出现》的论文,指出在经历了管理权和所有权分离,命令—支配型组织后,由于信息技术的发展,企业组织将进入新的形态:由专家小组构成的知识型企业,知识成为最重要的生产要素。这表明现代管理学的发展已经进入了一个新的阶段——知识管理的时代。

5. 彼德·圣吉的学习型组织

彼德·圣吉在 1990 年出版了《第五项修炼——学习型组织的艺术与实务》一书。圣吉以他的老师弗雷斯特教授的《新型企业的设计》一文的构想为基础,融合了其他几种出色的理论、方法与工具,提出了学习型组织的概念。圣吉认为,企业组织持续发展的精神

基础是持续学习,并详细论述了建立学习型组织的五项修炼,通过五项修炼,培养弥漫于整个组织的学习气氛,进而形成一种符合人性的、有机的、扁平化的组织,即学习型组织。他还分析了学习型组织的一些重要特征,如组织成员拥有一个共同愿景,组织由多个创造型团体组成,组织具有"以地方为主"的扁平式结构。

6. 尔斯查·M·萨维奇的第五代管理

1991年,查尔斯·M·萨维奇《第五代管理》,提出了突破工业时代严格的等级制和例行程序,实现"知识网络化"管理。对企业的科学管理不单是重新设计企业的具体管理流程,而是使企业的经营观念、经营战略、组织结构、组织行为、管理规范、管理方法、管理技术、企业文化都要完成适应网络化管理需要的整合。

三、学习型组织:一种新型的组织形式

企业组织的管理模式问题一直是管理理论研究的核心问题之一,而对未来企业组织模式的探索研究,又是当今世界管理理论发展的一个前沿问题。从传统的以泰勒职能制为基础,适应传统经济分工理论的层级组织到威廉·大内提出的适应企业文化环境的 Z 型组织,都是为了建立一个适应经济发展的企业组织形态。20 世纪 80 年代以来,随着信息革命、知识经济时代进程的加快,企业面临着前所未有的竞争环境的变化,传统的组织模式和管理理念已越来越不适应环境,其突出表现就是许多在历史上曾名噪一时的大公司纷纷退出历史舞台。因此,研究企业组织如何适应新的知识经济环境,增强自身的竞争能力,延长组织寿命,成为世界企业界关注的焦点。在这样的大背景下,以美国麻省理工学院教授彼得·圣吉(Peter M. Senge)为代表的西方学者,吸收东西方管理文化的精髓,提出了以"五项修炼"为基础的学习型组织理念。

【管理实践】

把镜子转向自己,是心智模式修炼的起步;借此,我们学习发掘内心世界的图像,使这些图像浮上表面,并严加审视。它还包括进行一种有学习效果的、兼顾质疑与表达的交谈能力——有效地表达自己的想法,并以开放的心灵容纳别人的想法。

——彼得·圣吉

彼得·圣吉 1947 年出生于芝加哥,1970 年在斯坦福大学获航空及太空工程学士学位,之后进入麻省理工学院斯隆管理学院攻读博士学位,师从佛睿思特教授,研究系统动力学整体动态搭配的管理理念;1978 年获得博士学位后,圣吉留在斯隆,继续致力于将系统动力学与组织学习、创造原理、认知科学、群体深度对话与模拟演练游戏融合,从而发展出"学习型组织"理论。作为他们研究成果的结晶,圣吉的代表作《第五项修炼——学习型组织的艺术与实务》于 1990 年在美国出版,该书于 1992 年荣获世界企业学会最高荣誉的开拓者奖,圣吉本人也于同年被美国《商业周刊》推崇为当代的最杰出的新管理大师之一。

学习型组织理论认为,在新的经济背景下,企业要持续发展,必须增强企业的整体能力,提高整体素质;也就是说,企业的发展不能再只靠像福特、斯隆、沃森那样伟大的领导者一夫当关、运筹帷幄、指挥全局,未来真正出色的企业将是能够设法使各阶层人员全心投入并有能力不断学习的组织——学习型组织。

如果给学习型组织简单地下一个定义,所谓学习型组织是指通过培养迷漫于整个组织的学习气氛、充分发挥员工的创造性思维能力而建立起来的一种有机的、高度柔性的、扁平的、符合人性的、能持续发展的组织。这种组织具有持续学习的能力,具有高于个人绩效总和的综合绩效。学习型组织具有下面的几个特征。

1. 组织成员拥有一个共同的愿景

组织的共同愿景,来源于员工个人的愿景而又高于个人的愿景。它是组织中所有员工愿景的景象,是他们的共同理想。它能使不同个性的人凝聚在一起,朝着组织共同的目标前进。

2. 组织由多个创造性个体组成

在学习型组织中,团体是最基本的学习单位,团体本身应理解为彼此需要他人配合的一群人。组织的所有目标都是直接或间接地通过团体的努力来达到的。

3. 善于不断学习

这是学习型组织的本质特征。所谓“善于不断学习”,主要有四点含义。

(1)强调“终身学习”。即组织中的成员均应养成终身学习的习惯,这样才能形成组织良好的学习气氛,促使其成员在工作中不断学习。

(2)强调“全员学习”。即企业组织的决策层、管理层、操作层都要全心投入学习,尤其是经营管理决策层,他们是决定企业发展方向和命运的重要阶层,因而更需要学习。

(3)强调“全过程学习”。即学习必须贯彻于组织系统运行的整个过程之中。约翰·瑞定提出了一种被称为“第四种模型”的学习型组织理论。他认为,任何企业的运行都包括准备、计划、推行3个阶段,而学习型企业不应该是先学习然后进行准备、计划、推行,不要把学习和工作分割开,应强调边学习边准备、边学习边计划、边学习边推行。

(4)强调“团体学习”。即不但重视个人学习和个人智力的开发,而且更强调组织成员的合作学习和群体智力(组织智力)的开发。

学习型组织通过保持学习的能力,及时铲除发展道路上的障碍,不断突破组织成长的极限,从而保持持续发展的态度。

4. “地方为主”的扁平式结构

传统的企业组织通常是金字塔式的,学习型组织结构是扁平的,即从最上面的决策层到最下面的操作层,中间相隔层次极少。它尽最大可能将决策权向组织结构的下层移动,让最下层单位拥有充分的自主权,并对产生的结果负责,从而形成以“地方为主”的扁平化组织结构。例如:美国通用电器公司目前的管理层次已由9层减少为4层,只有这样的体制,才能保证上下级的不断沟通,下层才能直接体会到上层的决策思想和智慧光辉,上层也能亲自了解到下层的动态,吸取第一线的营养。只有这样,企业内部才能形成互相理解、互相学习、整体互动思考、协调合作的群体,才能产生巨大的、持久的创造力。

5. 自主管理

学习型组织理论认为,“自主管理”是使组织成员能边工作边学习,使工作和学习紧密结合的方法。通过自主管理,可使组织成员自己发现工作中的问题,自己选择伙伴组成团队,自己选定改革进取的目标,自己进行现状调查,自己分析原因,自己制定对策,自己组织实施,自己检查效果,自己评定总结。团队成员在“自主管理”的过程中,能形成共同愿景,能以开放求实的心态互相切磋,不断学习新知识,不断进行创新,从而增加组织快速应变、创造未来的能量。

6. 组织的边界将被重新界定

学习型组织的边界的界定,建立在组织要素与外部环境互动关系的基础上,超越了传统的根据职能或部门划分的"法定"边界。例如,把销售商的反馈信息作为市场营销决策的固定组成部分,而不是像以前那样只是作为参考。

7. 员工家庭与事业平衡

学习型组织努力使员工丰富的家庭生活与充实的工作生活相得益彰。学习型组织对员工承诺支持每位员工充分地自我发展,而员工也以承诺对组织的发展尽心作为回报。这样,个人与组织的界限将变得模糊,工作与家庭之间的界限也将逐渐消失,两者之间的冲突也必将大为减少,从而提高员工家庭生活的质量(满意的家庭关系、良好的子女教育和健全的天伦之乐),达到家庭与事业之间的平衡。

8. 领导者的新角色

在学习型组织中,领导者是设计师、仆人和教师。领导者的设计工作是一个对组织要素进行整合的过程,他不只是设计组织的结构和组织政策、策略,更重要的是设计组织发展的基本理念;领导者的仆人角色表现在他对实现愿景的使命感,他自觉地接受愿景的召唤;领导者作为教师的首要任务是界定真实情况,协助人们对真实情况进行正确、深刻的把握,提高他们对组织系统的了解能力,促进每个人的学习。

学习型组织有着它不同凡响的作用和意义。它的真谛在于:学习一方面是为了保证企业的生存,使企业组织具备不断改进的能力,提高企业组织的竞争力;另一方面学习更是为了实现个人与工作的真正融合,使人们在工作中活出生命的意义。

尽管学习型组织的前景十分迷人,但如果把它视为一帖万灵药则是危险的。事实上,学习型组织的缔造不应是最终目的,重要的是通过迈向学习型组织的种种努力,引导一种不断创新、不断进步的新观念,从而使组织日新月异,不断创造未来。

学习型组织的基本理念,不仅有助于企业的改革和发展,而且它对其他组织的创新与发展也有启示。人们可以运用学习型组织的基本理念,去开发各自所置身的组织,创造未来的潜能,反省当前存在于整个社会的种种学习障碍,思考如何使整个社会早日向学习型社会迈进。或许,这才是学习型组织所产生的更深远的影响。

思考题:

1. 简述从古典管理理论、行为科学理论到现代管理理论演化的脉络。
2. 简述泰勒、法约尔、韦伯、德鲁克等人的主要管理思想。
3. 什么是学习型组织?
4. 简述霍桑实验的主要结论及其意义。
5. 简述企业再造理论产生的背景及意义。
6. 简述迈克尔·波特的竞争战略思想。
7. 简述美国的"管理运动"及其意义。

参 考 文 献

[1] 彼得·德鲁克. 管理的前沿[M]. 许斌,译. 北京:企业管理出版社,1988.

[2] 斯蒂文·库克. 制定管理决策教程[M]. 邸东辉,译. 重庆:华夏出版社,2000.

[3] 张雪松. 哈佛决策[M]. 北京:人民出版社,2005.

[4] 任浩. 现代企业组织设计/21 世纪工商管理 MBA 系列新编教材[M]. 北京:清华大学出版社,2005.

[5] 理查德·L·达夫特著. 组织理论与设计(第 7 版)[M]. 王凤彬,译. 北京:清华大学出版社,2003.

[6] 伯克. 组织变革——理论和实践[M]. 燕清,译. 北京:中国劳动社会保障出版社,2005.

[7] 石伟. 组织文化——复旦博学·21 世纪人力资源管理丛书[M]. 上海:复旦大学出版社,2004.

[8] 王凤彬,李东. 管理学[M]. 北京:中国人民大学出版社,2004.

[9] 罗宾斯. 管理学(第 7 版)[M]. 孙健敏,译。北京:中国人民大学出版社,2004.

[10] 理查德·L·达夫特. 管理学(第 7 版. 英文版)[M]. 北京:清华大学出版社,2006.

[11] 丹尼尔 A·雷恩. 管理思想的演变[M]. 赵睿,等,译. 北京:中国社会科学出版社,2000.

[12] 斯蒂芬·P·罗宾斯,大卫·A·德森佐. 管理学原理(第五版)[M]. 辽宁:东北财经大学出版社,2005.

[13] 周三多,陈传明,等. 管理学原理[M]. 南京:南京大学出版社,2006.

[14] 陈琳主. 管理原理与实践[M]. 北京:国防工业出版社,2007.

[15] 法约尔. 工业管理和一般管理[M]. 周安华,译. 武汉:中国社会科学出版社,1982.

[16] 韦伯. 社会与经济组织理论[M]. 北京:商务印书馆,1998.

[17] C. I. 巴纳德. 经理人员的职能[M]. 孙耀军,译. 北京:中国社会科学出版社,1997.

[18] 邢以群. 管理学(第二版)[M]. 杭州:浙江大学出版社,2005.